【第二版】

协商的力量

The Power of Deliberation

广州同德围公咨委调查研究

赵竹茵 著

厦门大学出版社 国家一级出版社
XIAMEN UNIVERSITY PRESS 全国百佳图书出版单位

图书在版编目（CIP）数据

协商的力量：广州同德围公咨委调查研究 / 赵竹茵
著. -- 2 版. -- 厦门：厦门大学出版社，2022.9
　　ISBN 978-7-5615-8537-5

　　Ⅰ. ①协… Ⅱ. ①赵… Ⅲ. ①城市管理－研究－广州
Ⅳ. ①F299.276.51

中国版本图书馆CIP数据核字(2022)第043736号

出 版 人	郑文礼
责任编辑	甘世恒
出版发行	厦门大学出版社
社　　址	厦门市软件园二期望海路 39 号
邮政编码	361008
总　　机	0592-2181111　0592-2181406(传真)
营销中心	0592-2184458　0592-2181365
网　　址	http://www.xmupress.com
邮　　箱	xmup@xmupress.com
印　　刷	厦门集大印刷有限公司

开本	720 mm×1 020 mm　1/16
印张	15
插页	1
字数	252 千字
版次	2020 年 9 月第 1 版　2022 年 9 月第 2 版
印次	2022 年 9 月第 1 次印刷
定价	65.00 元

本书如有印装质量问题请直接寄承印厂调换

厦门大学出版社
微信二维码

厦门大学出版社
微博二维码

第二版序言

广州同德围公咨委设立至今,已经十个年头。随着同德围综合整治的推进,曾经困扰当地居民的交通、教育、医疗等问题大为改善。广州地铁八号线北延段开通,在同德围设立鹅掌坦、同德、上步、聚龙四个站点,拆迁一度受阻的西村站已完成土建工程。网络时代到来,居民的生活样态发生变化,地方往事中的那些城市治理顽疾,有的迎刃而解,有的无果而终,更多是改头换面、形散神散。深度参与了当地综合整治的同德围公咨委,在街道政务中心原址二楼办公,公咨委主任韩志鹏经常担任主流媒体的评论员就公共问题发表个人意见。

当同德围有关的民生问题不再形成社会热点,再度回顾当地综合整治历程,思考围绕同德围公咨委展开的协商式治理留下了什么以及应该留下什么,可能会更加冷静更为理性;面向未来,其中的公共协商机制建构也许更有参考价值。

当前我国的民主创新时常发生在微观公共治理领域,由广泛参与而开启的相对直接、较少经过现存权力关系调节的公共协商较为多见,在本书第一版研究的基础上,笔者将同德围公咨委与温岭泽国镇参与式预算和梅州蕉岭村民议事会进行对比,分析不同类型基层民主创新的实践流程,力图探索协商式治理的程序原则及实现路径。

上述基层民主创新体现了协商式治理的不同实践路径。其中公咨委的协商对象是具体治理措施,参与式预算针对具有专业性的预算活动,村民议事会面向村庄公共事务。从公共协商与现存政治制度的关系看,公咨委促成居民意见与行政决策有序链接,参与式预算使群众意见进入人大决议,村民议事会使更大范围的群众参与村民自治。

上述基层治理民主创新实践显示,完整的公共协商流程至少包括参与者产生、讨论、协商、决议输出和权力体系反馈等环节。为此,协商式治理的程序原则应当包括广泛覆盖、充分表达、理性互动、有效输入和真实反馈;主要实现路径是规范公共集会、固定组织会议、代表大会等公共协商会议,对发起协商、确定组织者、发表意见、辩论和表决等流程予以明确,通过政治领导人支持、立法授权、社会组织嵌入公共部门、设置专门机制等方式促进协商决议输出及转化,通过建构权力体系的反馈机制确保制度成为闭环。

再版文稿增加了第六章实践与探索,将以上关于协商式治理程序原则及实现路径的研究纳入,同时修改了第一至五章的部分表述。再版文稿力图增加原书案例研究的系统性和延展性,为关于公共参与等主题的地方立法提供参考,力求在时代的逐浪淘沙中,留下广州城市治理的记忆和思考。

名词解释

同德围:地名。位于广州市中心城区的中偏西部,广州市白云区的西南角。在历史上,同德围地区主要包括鹅掌坦、田心、粤溪、上步、横滘五个村落。同德围主要位于白云区,同时包括越秀区、荔湾区中与白云区交接的边界部分区域。白云区政府同德街道办事处所辖区域构成同德围的主要部分。同德街向东与白云区棠景街、越秀区矿泉街为邻,南端与荔湾区西村街交接,西部与白云区松洲街连接,北侧与白云区石井街相连。目前,同德街所辖区域及上述部分街区与其交接的部分区域,共同构成地理上的同德围。

同德围综合整治:根据广州市委、市政府的决策部署,为全面建设幸福广州,加快完善城市交通、教育、卫生、消防、环卫等公共基础设施和服务体系建设,增强区域城市综合服务功能,改善同德围地区人居环境,切实解决同德围地区居民出行难、上学难、看病难、如厕难等问题,开展同德围地区综合整治工作。根据2012年8月广州市人民政府办公厅印发的《同德围地区综合整治工作方案》,同德围综合整治的工作目标是:实现区域交通状况有较大改善,配套公共基础设施建设基本满足居民需求,建成与服务需求量相适应的配套服务体系。工作任务开始实施时间,分为近期(2012—2013年底)、远期(2014—2016年)两个阶段组织实施,工作任务分为重点综合整治工作任务和跟踪督办的日常建设与管理工作任务两部分。

公咨委:全称为公众咨询监督委员会,又称公众意见征询委员会、公众意见咨询委员会。指从2012年起广州为解决地方治理问题引入社会力量参与公共决策形成的公共议事协调制度,简称公咨委,又称咨监委。根据2013年广州市政府办公厅发布的《广州市重大民生决策公众意见征询委员会制度(试行)》,公众意见征询委员会制度是政府重大民生决策征询民意制度的重要实现形式,是政府决策过程中问需于民、问计于民、问政于民,尊重并保障公众知情权、参与权、表达权、监督权的重要载体和平台。针对具体决策事项成立的公众意见征询委员会遵循"一事一会"的原则，由主办决策事项的政府部门发起，于决策事项拟议阶段成立，至决策完成时终止。2015年、2018年，广州发布《重大民生决策公众咨询监督委员会工作规定》《重大民生决策公众意见咨询委员会工作规定》，对公咨委的运行予以规范和调整。

同德围公咨委：全称为同德围地区综合整治工作咨询监督委员会，后更名为同德围公众咨询监督委员会，是广州设立的第一个"公咨委"。2012年2月广州市政府批准设立同德围地区综合整治工作咨询监督委员会，拉开广州以"公咨委"开展地方治理问题的帷幕。同德围公咨委的设立是广州创新公共决策公众参与的重要探索。

目 录

导 论

　　自从古老的中国步入近代以来,实现国家现代化是几代人的共同理想。面对晚清时节的内忧外患,思想家魏源①提出"师夷长技以制夷",希望通过学习西方的先进技术实现民族自强,成为中国近代改良思想的先声。在"五四运动"前夕开始的"新文化运动",为中国树立起民主和科学两面旗帜,为后续的现代化之路提供了持久的思想动力。20世纪,通过一系列的军事和外交活动,中国逐步收回因历史上签订的不平等条约而丧失的关税主权,并开展了一系列的国民经济建设运动,力图推动经济领域的现代化。中华人民共和国成立后,于1954年召开第一次全国人民代表大会,明确提出要实现工业、农业、交通运输业和国防四个现代化。在1956年召开的中国共产党第八次全国代表大会上,上述四个现代化被写入党章。1964年第三届全国人民代表大会上的政府工作报告提出,把我国建设成为一个具有现代农业、现代工业、现代国防和现代科学技术的社会主义强国。

　　经过半个世纪之后,2013年召开的中国共产党第十八届三中全会提出,推进国家治理体系和治理能力现代化。在2017年召开的中国共产党第十九次全国代表大会上,习近平新时代中国特色社会主义思想被确立为中国共产党的行动指南。习近平新时代中国特色社会主义思想,明确全面深化改革总目标是完善和发展中国特色社会主义制度、推进国家治理体系和治理能力现代化。至此,现代化从早期关注技术实现民族自强的朴素愿望,历经侧重于经济发展的施政纲领,逐步跻身于上层建筑领域的国家治理根本目标。2019年,中国共产党第十九届四中全会审议通过《中共中央关于坚持和完善中国特

---

　　① 魏源(1794—1857),名远达,字默深,汉族,湖南邵阳人,著名学者,中国近代启蒙思想家、政治家、文学家,为晚清新思想的倡导者,主要著作有《海国图志》《默觚》等。

色社会主义制度、推进国家治理体系和治理能力现代化若干重大问题的决定》,总结了我国国家制度和国家治理体系的显著优势,号召全国人民坚持不懈地推进制度建设,为当代中国发展提供根本制度保障。

现代化是一个严整而多层的体系。在国家制度和国家治理层面,人民群众对公共生活的参与程度和效果经常被作为衡量现代化的指标。随着现代化在全世界范围的演进,在着力推进国家治理体系和治理能力现代化的背景下,审视中国地方治理转型的实例,探求其中人民群众参与公共决策的动力渊源,无疑有助于理解中国的发展道路;在此基础上展开的制度和理论反思,将有助于我们进一步推动社会深刻而持久的变革,坚持和完善中国特色社会主义制度,促进国家治理体系和治理能力现代化的全面提升。

广州是中国南方的重要城市,是中国改革开放的前沿。在广州的基层治理中,通过居民内部以及居民和公权力部门协商而开展的同德围综合整治[①],在居民利益的参差交错中,在相对较短的时间内,改善了困扰当地多年的公共设施和服务不足问题,完成了一次地方治理创新实践。在同德围综合整治中设立的公共议事机制公咨委[②],通过收集、提炼、传递居民意见,改变了公共决策路径,影响了地方治理措施,促进地方治理取得成功。同德围公咨委在解决地方治理具体问题的层面,通过扩展居民参与,在一定程度上完善了地方治理体系,提升了地方治理能力,促进了地方治理的现代化转型。

随着城市发展,同德围地区人口数量大幅上升,居民对公共设施和服务的需求日益增加并且急迫。群众参与地方治理的热情不断高涨,地方治理体系需要迅速回应居民的治理需求并协调居民内部不同利益关系,形成和推进令

---

① “同德围综合整治”的官方出处为 2012 年 8 月 4 日广州市人民政府办公厅印发的《同德围地区综合整治工作方案》。指自 2012 年 2 月开始,为改善同德围地区人居环境,针对当地居民出行难、上学难、看病难、如厕难等问题的改善和解决工作。2012 年 2 月 25 日,《同德围地区综合整治工作任务(征求意见稿)》以非官方形式在大洋网等网站进行发布;3 月 9 日,同德围公咨委向居民派发了《同德围综合整治工作任务征求意见表》。

② 同德围公咨委成立时,名称为“同德围地区综合整治工作咨询监督委员会”,简称“同德围咨监委”;在 2015 年,更名为“同德围公众咨询监督委员会”,简称“同德围公咨委”。在本书中,如无特别指出,简称“同德围公咨委”。

居民满意的治理措施。为此,权力体系尝试建立一种通过引入居民参与开展公共协商应对社会问题的治理机制——公咨委应运而生。以公咨委作为平台开展协商式治理,是权力体系在应对复杂且急变的社会治理需求时,为寻求破解之道而主动释放出一定的公众参与空间,从而带来的治理模式转型。它并非社会力量与权力体系对抗的结果,而是权力体系为扩展覆盖领域、提升应对问题能力有意创设的一种柔性治理方式。它通过引入公众参与有效回应了居民需求,从而提升了地方治理能力,为基层治理带来协商、民主、协商民主以及全过程人民民主等政治发展的话语和契机。围绕同德围公咨委形成的地方治理模式是政府与居民合作治理城市社区的成果,是城市社区治理现代化的广州样本。

本书以同德围公咨委在 2012—2015 年的活动为主要切入点,呈现同德围的发展蜕变,管窥地方治理中的国家与社会关系,思考中国地方治理转型道路。本书力图描绘同德围综合整治的背景、参与者和推进方式;尝试揭示同德围公咨委成功运行的基础——地方治理中的公权力应当如何拓展覆盖领域和深化运行幅度,从而完善治理体系和提升治理能力。本书旨在阐述的主要问题包括:地方治理中的国家与社会关系、公众参与样态,公权力在地方治理制度建设和现代化转型中的责任和担当,程序完整、环节合理的社会主义协商民主基本框架,协商式治理的程序原则及实现路径。

本书第一章的主要内容是介绍同德围综合整治的背景。通过描述同德围的地理形态、行政区划、人口来源,分析当地的人口结构及其所属社会阶层;通过梳理同德围的出行难、就医难、入学难等问题及其成因,分析当地社会主要矛盾的领域;通过简要呈现广州的经济、社会和文化发展情况,勾勒出同德围所处的城市背景。

第二章通过呈现同德围综合整治治理措施的形成过程,管窥地方治理中的国家与社会关系。关于同德围问题的早期个人意见、群体意见和公共讨论呈现了当地公共设施和服务不足问题,并为即将开展的协商式治理奠定了基础。受到治理措施影响的居民深度参与了治理措施的制定,以社会精英提议和行政领导的回应为起点,当地居民和主导同德围综合整治的政府部门成为权力体系外、内的两个端口,通过协商促成同德围治理措施的制定。2012年初,政协委员的提议使同德围居民的治理需求进入权力体系;在市领导的推进下,同德围公众咨询监督委员会设立;公咨委在广泛征集居民治理意见后,将1036条群众意见整合为12项治理需求输入权力体系;针对公咨委提交的群众意见,市、区两级政府回应性输出20余项治理措施。在这个过程中,非官方组织机制公咨委成为社会系统向权力系统进行利益输入的重要渠道,权力系统对此予以鼓励并通过公咨委与居民协商互动,在公共决策的利益输入环节体现出国家与社会关系从权威模式向商议合作模式的转型。

第三章通过描述同德围综合整治治理措施的协商式推进进程,呈现地方治理中居民参与和权力运行的互动样态。以同德围公咨委为平台开展的协商式治理,在治理措施的实施中,奉行了集体决策的民主协商原则:受到治理措施影响的居民参与了治理措施的实施,为此而进行的争论中蕴含着理性思考。在同德围综合整治中,公咨委发挥协商平台作用,缓和居民在高架桥建设中的利益冲突;发挥群众监督功能,促成地铁站设置等项目调整;逐步发展成治理主体,参与到平息变电站建设等项目引发的居民上访。公权力部门鼓励居民参与推进治理措施并将协商作为主要工作方式,使同德围公咨委守护住居民的信任。通过政府官员、社会精英以及居民共同参与的公共协商,居民意见被纳入公共决策,权力体系在治理措施的实施中避免了官僚主义、形式主义作风,回应了居民的治理需求。

第四章讨论同德围协商式治理的力量源泉。以杨先生为代表的当地居民和以陈扬为代表的媒体人是前期推动力量,他们心怀对家园和城市的爱恋,以现代媒体作为平台,呈现并激活了同德围居民的参与热情。出于对公共事务的关怀,政协委员韩志鹏成为同德围协商式治理的灵魂。作为积极参与地方治理的社会精英,韩志鹏在公咨委的协商中发挥了引领作用。在广州市委、市政府的领导下,地方官员开放的治理态度和从根本上解决问题的决心,推动各级行政部门支持居民参与地方治理,并为公共协商释放空间,这是同德围协商式治理的决定性因素。在2012—2018年间,广州市政府通过制定行政规章以及规范性文件开展了相关制度建设,规范和保障了地方治理的公众参与。上述力量风云际会,在权力体系主导下,通过动员居民参与公共讨论、引导协商走向、制定协商规则,共同成就了同德围的协商式治理。

第五章的主要内容是思考中国地方治理转型道路,提出程序完整、环节合理的社会主义协商民主基本框架。党和国家近年来倡导的协商民主,为同德围协商式治理实践提供了理论支撑。在地方治理中落实协商民主,需要实现有效的公众参与。近代以来,中国在不同意识形态背景下的几种政治思想,共同关注公众参与和权力体系的融合,强调结合人民群众的参与能力探索符合国情的公众参与道路。改革开放后,广州通过打造参与式立法、推进协商式治理和建设多元纠纷化解机制,开展了以公权力运行为引领,扩展公共参与空间和幅度的社会主义协商民主实践。当前应当在不同案例呈现的矛盾冲突和权衡妥协中,关注地方治理中协商民主的系统性实现:一是协商在特定治理过程的落实程度,重点是协商内部程序是否合理,基于包容性、理性、公共性和开放性等价值构建协商民主内部程序;二是协商与整个政治体系的结合及与其他制度的衔接,从特殊性、制度化和普遍性角度完善协商民主的输出环节,将协商过程融入整个政治体系并与其他制度形成配合。通过政党协商、人大协商、政府协商、政协协商、人民团体协商、基层协商以及社会组织协商的制度化实践,推进构建程序完整、环节合理的社会主义协商民主体系。

第六章的主要内容是探索协商式治理的程序原则和实现路径。基于同德围公咨委的主要制度框架——参与者产生、协商程序和民主环节,对比广州同德围公咨委、温岭泽国镇参与式预算和梅州蕉岭村民议事会实践,提出当前协商式治理的制度结构至少应当包括以下方面:参与者产生、讨论、协商、输出、回应;相应的协商式治理程序原则主要包括:广泛覆盖原则,充分表达原则,理性互动原则,有效输出原则,积极回应原则。在此基础上,对协商式治理的实现路径提出对策建议:一是规范公共集会、固定组织会议、代表大会等公共协商会议的参与者产生机制,二是对提出议题、确定组织者、发表意见等讨论过程予以明确,三是对公开辩论和表决程序做出规范引导,四是通过政治领导人支持、立法授权、社会组织嵌入公共部门、设置专门机构等方式促进协商决议输出,五是通过明确权力体系的回应方式、期限、理由以及问责机制确保基层协商民主成为制度闭环。

国家治理体系和治理能力,具体指国家制度和制度的执行能力。国家治理体系包括一系列有机联系的国家制度,国家治理能力是指运用国家制度管理社会事务的能力。国家治理体系和治理能力是政治过程的不同方面,国家治理能力是治理体系的动态表现,治理体系是治理能力的静态基础。习近平总书记指出,一个国家选择什么样的治理体系,是由这个国家的历史传承、文化传统、经济社会发展水平决定的,是由这个国家的人民决定的。我国今天的国家治理体系,是在我国历史传承、文化传统、经济社会发展的基础上长期发展、渐进改进、内生性演化的结果。[①] 同德围综合整治证明了上述观点,实践性地表明促成中国地方治理转型的主要动力是居民需求和权力体系回应之间的互相建构;中国地方治理现代化主要依据的并非外部条件,而是公权力为回应人民群众需求而自我完善的内部条件。

不同于经济基础层面的器物革新,国家治理体系和治理能力现代化关乎于公共生活中合理秩序的设置,以及为此而作出的种种考量,这需要在上层建筑领域内作出宏大且深远的谋划,并且为此展开坚定而持久的探索。党的十九大报告提出,要打造共建共治共享的社会治理格局。习近平总书记在2018年3月参加十三届全国人大一次会议广东代表团审议时,对广东提出"四个走在全国前列"的要求,要求广东在营造共建共治共享社会治理格局上走在全国前列。在2021年纪念中国共产党成立100周年大会上,习近平总书记提出"发展全过程人民民主"的重要论断。探索全过程人民民主的实现路径,通过地方治理创新全过程人民民主的载体和机制,成为当前党和国家机关各个方面各个层级的重要课题。

上述治国理政思想,为广东社会治理现代化提供了道路指引。我国全过程人民民主是全链条、全方位、全覆盖的民主,是最广泛、最真实、最管用的社会主义民主。我们要通过基层治理中人民群众广泛参与的协商式治理创新实践,把全过程人民民主具体地、现实地体现到地方治理的各项措施中,体现到党的国家各项治理制度之中,最终落实到人民群众对美好生活的向往之中。同德围的协商式治理实践显示出:在地方治理中,社会领域为追求更好的公共设施和服务会催生出公众参与的渴望,而权力体系在提升治理效能的进取之中同样孕育着对公众参与的需求;以公权力运行为引领拓展公众参与的空间和幅度,针对具体问题探索公共协商的制度化实践,推进以共建共治共享为目标的社会主义协商民主是广州践行全过程人民民主探索地方治理转型的来路,同时也是远方。

[①] 习近平.改进完善国家治理体系,我们有主张有定力[N].人民日报(海外版),2014-02-18.

第一章　走进同德围
——同德围地区的治理困境及其城市背景

围,是中国地名通名。一指围占江湖淤滩而造的田;又指古代农村地区为了防御而围绕聚落垒起的障碍物,多用土石或荆棘做成,称为"围",也叫"围子";用作堤坝名称,主要分布于中南地区,如湖南省湘阴县文洲围,广东省德庆县翠塘围、花县文冈围,等等;用作自然村落名称,在许多省区均有分布,如黑龙江省阿城区苏家围、内蒙古自治区太仆寺旗张春围子、山东省兰陵县坊前围子、安徽省金寨县宋西围子、台湾省台中县詹厝围,等等。①

在《广东省交通地图册》中,"围"字地名有 508 个,占地名总数的 1.9%。②与"围"有关的地名如此之多,其原因大抵在于,广东的平原河网低地或滩涂必须围垦造田才能开发利用,所以以基、围为通名的地名在这类地形分布区很常见,尤以珠江、韩江、潭江、鉴江、漠阳江三角洲地区为著,如珠江三角洲所属各县有桑园围、长利围、赤项围、罗格围、景福围、龙利围、大有围等。甚至城市也颇多与堤围有关的地名,如广州的长堤、东堤、新基路、黎家基、长堤街、水松基、水盛围等,皆是在水利工程基础上发展起来的城市地名。③ 在珠三角纵横交错的河网中,广州的同德围是个雕刻着岭南水乡印记的常见地名。

同德围位于广州市中心城区的中偏西部,广州市白云区的西南角。在历史上,同德围地区主要包括鹅掌坦、田心、粤溪、上步、横滘五个村落。同德围主要位于白云区,同时包括越秀区、荔湾区中与白云区交接的边界部分区域。白云区政府同德街道办事处所辖区域构成同德围的主要部分。同德街向东与白云区棠景街、越秀区矿泉街为邻,南端与荔湾区西村街交接,西部与白云区

① 吴郁芬,哈丹朝鲁,孙越峰,等.中国地名通名集解[Z].北京:测绘出版社,1993:136.
② 马显彬.客家方言地名"围"[J].嘉应学院学报(哲学社会科学),2012(3):20-22.
③ 司徒尚纪.广东地名的地理历史研究[J].中国历史地理论丛,1992(1):21-55.

松洲街连接,北侧与白云区石井街相连。目前,同德街所辖区域及上述部分街区与其交接的部分区域,共同构成地理上的同德围。①

同德围在清朝到民国时期,属于南海县恩洲堡。在 20 世纪 50 年代,附近村民齐心协力修建了河堤,将现有这块地方围了起来,繁衍生息。同德,寓意同心同德的历史;围,显示了这块地方最初的形态。② 同心同德的美好寓意,通过"围"字加强了蕴含的"环绕""拦挡"之意,以致从地名上看,这里敛藏着对群策群力的期许和勠力同心、改天换地的集体主义情怀。

第一节 同德居民

同德围是城乡接合部,以住宅为主的地区。这里的居民,除了鹅掌坦等五个自然村村民外,还包括多个大型住宅小区居民和租住流动人员。根据媒体报道,同德围的实际居民早已超过 30 万人。在 2005 年,整个同德围共 34 万人口,其中流动人口占据最高份额,逾 25 万人,占总人数的 73%;其次是人户分离的本市居民,在 2003—2008 年保持在 8 万左右。③ 根据官方数据,2012 年同德街人口 14.8 万人,其中本街户籍人口 1.9 万人,人户分离人口 5 万人,流动人口 3.2 万人,其余常住人口 4.7 万人;同德街面积 3.81 平方千米,密度为每平方千米 3.9 万人,人均用地 25.6 平方米。现状建筑面积 560 万平方米,毛容积率 1.5,用地已建成超过 96%,为高密度居住区。④ 在 1994 年 11 月,广州市政府批准设置同德街时,规划入住人口 13 万人,⑤当时仅有户籍居民 6400 人。⑥

---

① 其中包括原石井街西郊村的海味街和与横滘村接壤的越秀区棠溪村部分区域(约 4.7 平方千米左右);原石井街西郊村的海味街与鹅掌坦村接壤,包括现在的水产研究所地块。

② 杨进.一场真实的城市突围战[N].广州日报,2014-04-23.

③ 吴娓婷.身份意识与群众抗争运动——以广州市同德围抗争事件为个案[D].广州:中山大学,2009.

④ 广州市规委会.同德街控制性详细规划[Z].2013-11-22.

⑤ 广州市白云区地方志编纂委员会.白云区志[Z].广州:广东人民出版社,2001:162.

⑥ 杨进.一场真实的城市突围战[N].广州日报,2014-04-23.

中华人民共和国成立后三次大规模的广州本地人口迁入,使同德围渐成人口稠密的居住区①。

第一次是 1990 年因被市政府规划为大型的住房解困区,同德围陆续接收全市的困难户、拆迁户。在拆迁时,老城区的人口密度大,居住环境不完善,而新建的同德安置房是按当时的商品房标准。那时同德围的人口没有现在密集,公共设施和服务不足的问题并不突出。

第二次是因为地铁和内环路建设,数以万计的老城区居民从荔湾区的老西关迁来。1990 年,国家计委批准广州建设地下铁道工程,地铁工程在当时是广州有史以来最大的建设项目。② 地铁一号线穿越芳村、荔湾、越秀、东山、天河五个行政区,除芳村、天河两个新发展区外,均是人口稠密、繁华的商业和居民住宅区。需动迁居民 2 万户,涉及人口 10 万人,拆迁面积 110 万平方米,征用土地 150 万平方米。在吸引外资、发展地铁沿线物业的同时,市政府两次以一号令的形式明确了"永迁"的规定,也就是说,10 万地铁沿线居民将永远离开原来的家。③

第三次是 1998 年兴建教师新村,带来新一轮大规模人口迁入。同德围德康路的富康教师新村,属市教育系统首批分配的房改房之一,截至 2002 年,已先后有 900 户高校、中学的教师分到住房并入住。④

这些从广州其他地区"迁入"的居民,基于子女入学考虑、户口挂靠在单位地址等原因,有相当一部分户籍没有迁入同德围,导致这里较为普遍地存在"人户分离"现象。

同德围大约 4 平方千米土地上的居民大体可以分为三类:自然村村民、住宅小区居民和租住的流动人员。他们有不同的特点。

住宅小区居民的城市市民特征相对明显。在住宅小区居民中,安置的困难户、拆迁户以及教师居民,大多具有本市户籍和不动产;此外,教师居民属于

① 广州百科全书[Z].北京:中国大百科全书出版社,2015:49.
② 我市地铁工程正式立项[J].广州市政,1990(1):32-33.
③ 蔡振远,车晓蕙.广州地铁大决策[J].中国国情国力,1996(5):22-23.
④ 周琼.900 住户年底可领房产证[N].新快报,2002-10-01.

公共部门的"事业编制"①人员,享有一定的身份权利。户籍、不动产以及"编制"所带来的经济、社会权利,奠定了当代中国城市居民的"市民"②权利基础。在计划经济时代,城镇户籍意味着在粮油肉的配给、招工等方面享有一定特权。改革开放后,国家取消了粮油配给制,也不再通过户籍限制农业人口进城务工,城镇户籍所代表的权利重心逐渐转向。在中国大城市买房"限购"、买车"限号"等政策下,城市户籍对于居民的现实意义更多在于买房、买车等"许可";此外,随着人口流动频繁,教育资源紧缺,拥有本市户籍还意味着子女可以相对便利地进入公办学校享受义务教育以及参加高考。对于部分拥有物业的住宅小区居民来说,还可以依法对个人所有的不动产享有财产权以及相应的衍生权利。③ 具有事业编制的群体职业相对稳定,在医疗、养老等方面的保障相对较强。整体来看,住宅小区居民的城市市民权利实际拥有程度较高,在获取购房、购车以及子女入学资格方面具有优势,而且部分居民还可以享受一定的体制性保障。

从与土地的关系来看,村民居民对同德围的依附性相对较强,村民与土地的关联程度相对较高。大部分村民居民属于村集体所有制企业股东,可能参与村集体经济分配股利;④而且,对于村属集体土地,村民拥有集体所有权。⑤

----

① 《事业单位登记管理暂行条例》第 2 条规定,事业单位是指国家为了社会公益目的,由国家机关举办或者其他组织利用国有资产举办的,从事教育、科技、文化、卫生等活动的社会服务组织。《地方各级人民政府机构设置编制管理条例》第 15 条规定,机构编制管理机关应当按照编制的不同类别和使用范围审批编制。地方各级人民政府行政机构应当使用行政编制,事业单位应当使用事业编制……;第 28 条规定,编制是指机构编制管理机关核定的行政机构和事业单位的人员数额和领导职数。

② 此处居民侧重指在广州居住的人,市民指可以享受广州市民权利的人;二者范围不一致,但有部分重合。

③ 根据部分城市的规定,拥有不动产可以"入户";部分小区的配套学校,规定小区业主的子女可以入学。上述权利可以界定为拥有不动产的衍生权利。

④ 《宪法》第 8 条规定,国家保护城乡集体经济组织的合法的权利和利益,鼓励、指导和帮助集体经济的发展。

⑤ 《宪法》第 10 条规定,农村和城市郊区的土地,除由法律规定属于国家所有的以外,属于集体所有;宅基地和自留地、自留山,也属于集体所有。

尽管广州的"村改居"政策改变了"城中村"的性质以及村民身份,但是村民居民的经济权利在一定程度上得到保留。2000年的广州市村镇建设管理工作会议,确定广州村镇建设五年主要目标是加大城乡接合部城市管理力度,中心城区内的"城中村"改制工作基本完成;加快旧村改造,城市规划发展区内全面推行农民公寓建设;基本没有土地、不以务农为主要职业的农民,全部成建制转为城镇居民,实行城市化管理。[①] 2002年,市委办公厅、市政府出台文件[②],部署当时的138个"城中村"改制工作,改制后村民农业户口变更为居民户口,实现"农转居";撤销"城中村"的村委会建制和农村管理体制,取而代之的是建立社区居委会的自治组织。[③] 但是,2008年,上述两个机关出台的补充文件[④]明确规定:"政府征收农村集体土地,越秀区、海珠区、荔湾区、天河区、白云区、黄埔区、萝岗区按照10%的比例,其他各区(县级市)根据适度从紧并与以往政策相衔接的原则,在不超过15%的范围内确定具体比例,划定经济发展留用地。以往征地时政府与集体经济组织签订征地留用地协议的,仍按照原比例执行,并创造条件积极落实。""实施区域开发时,应预先规划集体经济组织发展留用地,并尽可能相对集中连片使用,以利于集体经济发展。"可见,相关政策划定了经济发展留用地,村民凭借农村集体经济组织股东身份可以获得土地收益。即使在"村改居""农转居"以后,村民居民对于土地的拥有程度还是超过其他居民。

从与城市的关系来看,租住在同德围的流动人员的身份相对较为模糊。由于紧邻老城区的中心,房屋租金又相对便宜,同德围吸引了相当多的外来工租住。这片土地或许并不高大上,却诠释了开放包容的城市精神。在同德围租住的流动人员基本上可以分为两类:一类是"有资本"的在街面上从事各种商业和服务业的小业主,即我们通常所说的"个体户";另一类是"无资本"的完

① 郑毅,黄爱华,戴谢.广州改造"城中村"目标确定[N].羊城晚报,2000-09-06.
② 中共广州市委办公厅、广州市人民政府办公厅印发的《关于"城中村"改制工作的若干意见》,穗办〔2002〕17号。
③ 杜家元.广州"村改居"面临的主要问题及解决思路[J].城市观察,2014(6):143-154.
④ 中共广州市委办公厅、广州市人民政府办公厅印发的《关于完善"农转居"和"城中村"改造有关政策问题的意见》,穗办〔2008〕10号。

全靠打工生活的工薪阶层。"打工族"都是"无资本"的工薪阶层,以是否具有"知识技术"为标准分为"白领"和"蓝领"。"城中村"居住的"白领"一般从事企业技术员、营销人员、教师、医生、出租车司机、编辑、记者、公司文员等职业,"蓝领"一般是加工制造业雇工、建筑装修业雇工、餐饮商铺等服务业雇工、运输装卸工、散工等。除此之外,还有身份性质较为负面的"粉领"以及"黑领"。① 对于绝大部分流动人员来说,同德围只是他们的工作场所或暂住地。他们也许会抱怨公共设施和服务不足,但是一旦这里的状况得到改善,生活成本大幅攀升,他们有可能会失去在此租住的意愿,搬迁到其他地方。

按照 21 世纪初中国社会科学院"当代中国社会结构变迁研究"课题组所作的《当代中国社会阶层研究报告》②,中国社会等级可以分为五个层面:上层、中上层、中中层、中下层、底层。其中社会上层主要是指拥有组织、文化、经济资源③的高层领导干部、大企业经理人员、高级专业人员及大私营企业主;中上层主要包括拥有组织、经济、文化资源的中低层领导干部、大企业中层管理人员、中小企业经理人员、中级专业技术人员及中等企业主;中中层包括拥有或少量拥有经济、文化资源,或者拥有很少量的三种资源的初级专业技术人员、小企业主、办事人员、个体工商户、中高级技工、农业经营大户;中下层包括拥有少量经济资源,或者很少量三种资源的个体劳动者、一般商业服务人员、工人、农民;底层包括拥有很少量或者基本没有三种资源的生活处于贫困状态并缺乏就业保障的工人、农民和无业、失业、半失业者。

基于以上分类,在以职业为基础,以组织、经济和文化资源的占有状况为标准进行的社会分层框架中,同德围居民整体所处的位置在中等偏下。

---

① 李培林.巨变:村落的终结——都市里的村庄研究[J].中国社会科学,2002(1):168-179.按照原文,"粉领"指"发廊小姐"等,"黑领"指从事非法当的人员。

② 陆学艺.当代中国社会阶层研究报告[M].北京:社会科学文献出版社,2002:9.

③ 组织资源包括行政组织资源与政治组织资源,主要指依据国家政权组织和党组织系统而拥有的支配社会资源(包括人和物)的能力;经济资源主要是对生产资料的所有权、使用权和经营权;文化(技术)资源是指社会(通过证书或资格认定)所认可的对知识和技能的拥有。以上标准参考:陆学艺.当代中国社会阶层研究报告[M].北京:社会科学文献出版社,2002:8.

同德围农村居民基于物业及农村集体经济组织的股份收益,可能拥有一定的经济资源,但是在组织、文化资源方面相对匮乏。在上述五类社会阶层中,农村居民与个体工商户、农业经营大户相似,属于中中层社会阶层。首先,城乡二元制下的农村户籍,决定他们依据国家政权组织和党组织系统而拥有的支配社会资源的能力和机会相对较少,以致他们当中的大多数人都不具备组织资源。其次,农村居民文化资源不足,这从"城中村"的生活环境中可窥豹一斑。在公开报道中,"城中村"的负面信息较多,例如大多数"城中村"环境脏乱、市政设施不配套、治安混乱,造成诸多社会隐患和城市问题,是城市现代化发展的严重障碍。由于"城中村"出租房屋获得收入较为便捷,部分村民呈现出寄生型精神状态,不思进取,甚至出现"二世祖"等典型负面现象。[①] 尽管随着城市扩张,"城中村"居民由于"拆迁补偿"以及出租土地、房屋带来的经济收入可能远高于普通城市居民,但是综合来看,"城中村"居民的组织、经济和文化资源呈现出不均衡状态。

在同德围的住宅小区居民中,安置的困难户、城市建设的拆迁户以及安置房中的教师所处的社会阶层有所不同,但整体上他们处于社会中层至社会底层之间;拆迁户居民、教师保障房居民和其他新建商品房居民中,还有部分可能处于社会中上层。

首先,安置房的困难户居民整体上处于社会中下层至底层之间。他们拥有少量或者根本没有组织、经济以及文化资源,在作为困难户被分配安置房时原处于社会底层。而进入同德围居住后,由于拥有了不动产以及随着房产大幅升值,他们有可能跻身拥有少量经济资源的社会中下层。

其次,保守地估计,拆迁户居民位于社会中下层及以上,而并非社会底层。拆迁户居民所属的社会阶层较为复杂,除了在拆迁地址具有物业之外,他们并没有太多身份上的共性,以致整体判断其所属的社会阶层存在一定困难。但是,基于他们在广州历史上较为繁华的区域拥有物业的事实,可以判断在迁入同德围前他们拥有一定的经济资源;而如果他们还拥有一定的组织、文化资源,那么将有可能属于社会中层及以上阶层。

---

① 陈柳钦.我国城市化进程中的"城中村"现象及其改造[J].管理学刊,2010(6):48-53.

最后，当地教师居民和其他商品房业主居民，属于社会中层及以上阶层。教师身份决定他们具有文化资源。而事业编制意味着他们拥有公共部门的身份特征，相对于其他社会阶层而言，他们具有一定程度的组织资源。有研究表明，在公共部门的收入分配中，行政编和事业编除了前者在收入和住房公积金方面有优势之外，其余均无显著差异，这凸显了编制的普遍价值。① 他们的收入也许并不高，但是拥有相对充分的退休、医疗保障，决定他们在经济资源方面不至于匮乏。其他商品房居民，与广州其他地区的同类商品房居民的社会阶层差别不大，同属于在城市拥有不动产的社会中层及以上阶层。

同德围流动人员居民主要位于社会底层，极少部分可以归为中下层。首先，流动人员难于享有组织资源。因为与组织资源密切相关的党和国家政权组织系统，常规性地将支配社会的组织资源赋予公共部门，同德围的流动人员难于进入这些部门，接触及获取组织资源的机会有限。尽管随着基层党组织建设的拓展和丰富，各地关于"流动党员"出现了各种党组织创新形式，上述问题得到一定程度改善，但是目前面向流动人员的组织资源释放仍然存在较大的优化空间。其次，流动人员拥有的经济资源极其有限。他们当中的"打工族"主要是工薪阶层，除了工资之外没有其他收入来源；加之工作不稳定，以及养老、医疗保险难以实际享受，需要负担房租成本等原因，他们可支配的经济资源极其微薄。而即使是"城中村"的小业主，也都是从事小本生意，很多是家庭自雇人员，他们在缴了铺面租金和税费之后，所剩的收入其实也就是略高于普通工薪阶层而已。② 再次，流动人员的文化资源相对匮乏。由于拥有的文化资源不足，难于形成专业技术，流动人员大多从事劳动服务行业，靠打散工、做小生意、开出租车、扫大街等为生的农民工，由于谋生压力，他们除了必要的休息以外，时间几乎都花在工作上，这导致他们主动参与公共文化活动较少。根据马斯洛的需求层次理论，在同德围综合整治前当地农民工的需求还属于第一层次的生理需求，他们首先考虑的是如何赚钱改善物质生活，而非参与公

---

① 钱先航,曹廷求,曹春方.既患贫又患不安:编制与公共部门的收入分配研究[J].经济研究,2015(7):57-71.

② 李培林.巨变:村落的终结——都市里的村庄研究[J].中国社会科学,2002(1):168-179.

共文化服务。①

在同德围具有明显身份辨识度的三类居民,整体上位于社会中层偏下。同时由于其中的流动人员占居民总数的绝大多数,在由社会中层、社会中下层、社会底层三个层级组成的人口结构图中,金字塔形趋向明显,并且金字塔的基座社会底层流动人员在数量上占有绝对优势,超过了位于上端的社会中层、社会中下层两个层级人口之和的两倍。

以上关于同德围的人口结构以及所属社会阶层的轮廓,是我们分析当地社会矛盾及其破解之道的基础。因为阻碍和促进社会正常运行的因素必然与居民的生产生活息息相关,而要对这些问题作出剖析,我们需要知晓当地居民的身份和他们的生活状态。

第二节　地方往事

自从 20 世纪 90 年代以来,同德围地区人口迅速增加,村民居民、住宅小区居民和流动人员形成了多层次的社会结构。在人口高速增长的压力下,当地的公共设施和服务不仅位于广州市区的平均水平以下,而且不能满足居民的基本需求。曾经"同心同德"的居住地同德围,变成汇聚着各种社会矛盾的"问题围"。由于大众传媒、信息网络的发展,同德围问题经过多元视角的散射,既呈现为公共设施和服务不足引发的社会矛盾,也一度向社会发展的非均衡性偏移;由于迟迟未能形成行之有效的治理措施,居民和媒体将诘问投向了地方政府,逐渐触及城市管理的水平和能力问题。

在 2012 年以前,同德围的交通、医疗、教育、生活服务等问题日益凸显。在人口急剧增加的 20 多年里,与居民生活相伴的公共设施和服务水平没有同步提升,并且呈现出相对恶化的趋势。当地居民反映突出的问题主要集中在出行、教育、就医方面;此外,银行、商场、公园、公厕等生活配套服务设施严重缺乏,日常用电不稳定、通信质量差和治安不好等现象也广为诟病。

① 庄飞能.农民工公共文化服务模式的转型与重构——基于武汉市农民工及北京工友之家文化发展中心的调查[J].华中农业大学学报(社会科学版),2013(2):90-96.

"出行难"是居民面临的最主要困境。"出行难"的主要原因如下:

一是地形及道路格局复杂。广州的中心城区在同德围以南,居民的主要出行方向是从北向南。而同德围地区南北狭长、东西较窄,位于同德围东西两侧的广清、机场高速公路在一定程度上影响了其纵向道路的设计规划;广州交通主动脉北环高速公路(沈海高速广州支线)横向穿越同德围腹地,将其分为南、北两个区域,在连接南、北两个区域之间形成"上步桥"咽喉要地。此外,大体为南北流向的石井河、新市涌①、铁路作为屏障,将同德围内部进行了分割。相对狭长并多有隔断的地形和道路格局,导致同德围的交通规划多有掣肘。

二是主要道路通行能力不足。居民进入市区的唯一道路是南北贯穿同德围的西槎路。西槎路全程 3.2 公里,与在此处大体呈东西走向的北环高速公路在立体空间上垂直相遇并分为上下两层,跨越北环高速公路的西槎路上步桥位于上层。北环高速公路是封闭路段,西槎路上过往的车辆只能途经上步桥;而如果居民步行,则需要经由北环高速公路下层的涵洞。上步桥是西槎路跨越北环高速公路的唯一桥梁,当时只有两车道,汽车通过率低,并且容易发生事故。上步桥一旦发生交通事故,即使是很小的交通事故,也会使交通陷入瘫痪。北环高速公路下的涵洞是居民步行穿越的唯一通道,约 1.8 米高②,个子稍高的居民就要低头走过,因此被居民戏称为"狗洞";涵洞时常漏雨和积水,曾经发生过几起抢劫案,成为流浪乞讨人员的聚集地。当地的公共交通主要依靠公交车,每天上下班时,西槎路堵塞着大量的公交车,车要几分钟才移动一次。居民说,他们一天中有 4 个小时都在塞车的路上。③

三是公共交通设施配套不力。2012 年底,同德围的两路公交站场突然搬离,严重影响附近居民出行。市交委解释原因指出,公交站场是公交公司临时

---

① 新市涌,同德围内部一条河涌的名称。涌,方言,指沟渠、小河道,读音同"冲",常指河汊。在珠江三角洲地区,河涌指河汊、湖汊,河流的支汊,溪水或河水的分支、岔流等;总体上是指比较小的河流或溪流、支汊等,以及无头无尾(没有河口、河源)的或两头设闸的一段河道等。广州市内河涌的功能以生活供水、工业用水、农业灌溉、防洪排涝、纳潮排污、景观提升、生物保护为主。

② 何晶,钟传芳,黄超.关注不再,依然"痛得威"[N].羊城晚报,2012-03-22.

③ 罗阳辉,杨逸珊,何建.省两会,谁能为同德围说话?[N].信息时报,2010-01-26.

租用当地经济联社——上步村的土地,由于租期满了,村里不让公交公司继续使用站场,因此公交站才撤销了。① 对此,各部门说法不一:规划部门称公共设施建设滞后,房管部门则回应是规划布局有问题。② 在各部门的解释中,揭示出问题的部分原因。规划部门表示,曾提出在土地出让的时候要将公共配套建设和商业住宅建设割裂开来,由政府负责公共配套建设;"这个问题应该问一问国土房管局"。房管部门表示,有些地方在公共配套设施的移交上出了问题,出现开发商将"公共配套设施建好以后想交却交不出去"的状况。"这是由于规划时没有明确接管部门,接管不明确导致的。"③广州市政协委员韩志鹏认为,广州许多社区公共配套滞后,在于长期以来政府把建设社区配套设施的责任推给开发商。而开发商逐利,往往在配套建设上敷衍了事。"卖房子的时候什么配套都有,房子卖完了,开发商一走,配套设施也跟着走。"④

四是物流企业以及新建楼盘的迁入压力。同德围地区有大型保障房和商品房项目的规划建设。西湾路水泥厂地块有多个新楼盘建成,数以万计的居民将迁入,并且还有物流企业搬入,这给同德围地区带来更大的交通流量。而同德围又有多处货场、搅拌站,其货运车辆也是造成道路拥堵的一大因素。⑤ 此外,还有一批鞋类批发市场准备或已经从外地迁入同德围。

同德围出行难问题凸显,由上步桥的封闭维修引发。2010 年 1 月,北环高速公路发生事故,使上步桥严重毁损,上步桥全面封闭禁行。由于机动车无法通行,过往的居民只能步行穿越上步桥底的北环高速公路涵洞。涵洞往日里黑灯瞎火,垃圾成堆,很少人通过。⑥ 当时因为居民大量涌入,十分拥挤。有的居民尝试搭乘人力车、摩托车绕行,但由于塞车,不足一公里的路程时常一个半小时还不能到达。到达桥对面搭乘公交车,还需要另付车费。而且,由

① 委员询问同德围两公交被撤[N].广州日报,2012-01-06.

② 默客.春风不度同德围[N].羊城晚报,2012-01-07.

③ 委员询问同德围两公交被撤[N].广州日报,2012-01-06.

④ 刘可英,曾妮,彭文蕊.问计同德围,"明星委员"辗转三部门[N].南方日报,2012-01-06.

⑤ 黄少宏.同德围如何治?街坊来话事[N].南方日报,2012-02-24.

⑥ 罗阳辉,熊栩帆,朱土福,等.上步桥何时修好有排等[N].信息时报,2010-01-19.

于路况恶劣,出租车尽量不走西槎路,居民难以打车出行。此外,上步桥封闭还引发周边 10 平方公里内多条道路塞车,部分路段甚至排起 1 公里长的车龙。[①] 多家媒体报道上步桥封闭维修,使同德围出行难成为热点问题。经过 26 天封闭维修后,上步桥恢复通车。而居民却不免忧虑,一是因为断桥带来的惠民措施——"同德围—地铁站"的免费专线即将停运;二是担心同德围又会淡出公众视线。[②]

2010 年 5 月《同德围地区交通改善专项方案》出台,分为公共交通、交通组织及管理、综合整治、基础设施建设四大板块 23 项措施。[③] 但是,一直到 2012 年,同德围的交通状况仍没有得到明显改善。

"就医难"是居民面临的重要困难,原因较为复杂。

就医难的早期原因是当地医疗机构较少,且服务能力有限。2005 年,同德围只有 3 家医院门诊部和一家民办医院。当年 9 月,其中的广州市中医院同德门诊部决定开设 24 小时急诊服务[④],提升当地医疗服务水平。当时当地居民恩叔曾在媒体呼吁增加医疗配套,但是直到他在 2012 年过世,媒体曾经报道的市中医院同德围住院部仍没有投入建设。恩叔的老街坊顾姨在 2009 年春节前做手术,除夕之夜她突然大出血,一直抢救到大年初一。顾姨的老伴儿认为,如果回了同德围,她一定抢救不回。[⑤] 2007 年,居民祥叔突发中风被送到同德门诊部,由于没有抢救设备,只得呼叫 120 救护车。大约只有 3 公里的路程,救护车却因为塞车半小时后才到达。治疗以后,祥叔留下后遗症。

从 2005 年开始,同德围的诊所逐渐增多。2012 年,登记在册的医疗机构 26 间。在西槎路沿线,每隔 500~1000 米就有一间医疗机构。除市中医院同德门诊部是三甲医院分支机构外,其余全部是一级或以下的医疗机构。民营医疗机构共 22 间,其中一级医院 2 间、门诊部 9 间、诊所 10 间、卫生所 1 间。

---

① 王吕斌,张亮,李佳文,等.10 万居民行远路[N].新快报,2010-01-19.

② 王吕斌,杨峻.上步桥复通,同德围居民担心被遗忘[N].新快报,2010-02-13.

③ 林翎,赵仲炜,胡军,等.同德围周日开始"突围"[N].羊城晚报,2010-05-20.

④ 阙道华,陈辉.同德围不再就医难[N].羊城晚报,2005-09-08.

⑤ 罗苑尹,林劲松,赵玲,等.走进同德围:那些晨昏奔波的人们[N].南方都市报,2012-03-26.

此外,各村内街巷的无牌诊所还有至少 50 家。①

当地医疗机构服务能力不足,是居民就医难的最根本原因。市中医院同德围门诊部是居民较为信任的医疗机构。2011 年,它的月门诊量 1.3 万人次,一年的门诊、急诊量占当地总量的 78%。② 但是,门诊部的服务能力却并不乐观。到了 2012 年,门诊部较 2005 年前有所改善,扩建了一层,增加了一些科室。但是内部设施简陋,没有病房,大的检查不能做。在输液观察室里,护士将柜子拼在一起,上面铺了被子,供需要躺着输液的病人使用。③ 居民反映,这里只能治疗感冒等小病,即使是吃错东西拉肚子,医生也会称处理不了建议病人去大医院。还有居民反映,医院的治疗费用较高,居民一般都是不得已才到医院看病。④

居民对于当地医疗机构不了解,也是就医难的重要原因。尽管居民一直抱怨当地缺乏公办医疗机构,但是对公办的社区卫生服务中心却缺乏热情。同德围社区卫生服务中心成立于 2007 年,承担为辖区内居民提供预防、医疗、保健、康复、健康教育、计划生育指导等社区卫生服务功能。社区卫生服务中心基本门诊每天可接纳一两百人;还常年为特定人群提供免费公共卫生服务,如针对 65 岁以上老人的健康管理服务等。但是,直到 2012 年,居民仍普遍认为中心仅可以打疫苗,每天前来问诊的不到 20 人。至于原因,工作人员认为一方面是居民不理解社区卫生服务中心和私人诊所的区别,另一方面是中心的地理位置比较偏僻。⑤

关于同德围的医疗,还存在一些较为特殊的问题,如低保人数和精神障碍

---

① 李建,赵玲,邰小平,等.同德围看病难,为何难于上青天[N].南方都市报,2012-03-28.

② 李建,赵玲,邰小平,等.同德围看病难,为何难于上青天[N].南方都市报,2012-03-28.

③ 罗苑尹,林劲松,赵玲,等.走进同德围:那些晨昏奔波的人们[N].南方都市报,2012-03-26.

④ 罗阳辉,杨逸珊,何建,等.省两会,谁能为同德围说话?[N].信息时报,2010-01-26.

⑤ 李建,赵玲,邰小平,等.同德围看病难,为何难于上青天[N].南方都市报,2012-03-28.

人数较多、人户分离带来的残疾人配套设施不足。一个大的楼盘,精神病人就接近 200 个。^① 其中一个社区有 630 名残疾人,但只有 50 多人是当地户籍,而民政部门按照户籍"人头"匹配残疾人设施,意味着 600 多人一起挤用 50 多人的残疾人设施。^②

"教育难"是当地较为突出的问题,原因同样比较复杂。

一是公办学校少,而且招生限制较为严格。公立的明德小学只收附近五个村的学生,不收小区内有户口的地段生。^③ 而且,明德学校只有初中没有高中。直到 2012 年,同德围仍然没有公立高中。二是当地学校教学质量不高。2007 年,明德中学初三年级共 280 多人,仅 100 多人考上高中,只有一名成绩最好的学生考上广雅中学。^④ 三是学校因招生不满而空置。当地有两座建于 2003 年的校舍,分别是省一级学校明德小学和明德中学(初中部)的富康校区。两座校舍"曾经对外招生,但最终只有十多人报名,这些学生后来都到了老校区就读"。^⑤

2012 年,同德围有 8 所小学 3 所初中。其中小学办学规模共 186 个班,可接收学生 8556 人,中学办学规模共 90 个班,提供学位 4500 个。白云区教育局的工作人员表示,从数字上看,当地教育资源能够满足居民要求,公办学校、民办学校分别可以满足地段生和非地段生的学位需求。官方统计,每年当地只有约 150 名户籍初中毕业生,周边的白云中学(省级)、彭加木纪念中学(市级)能够满足居民对优质高中教育的需求^⑥,但居民还都尽量把子女送到

---

① 杨进.同德"突围"[N].广州日报,2014-12-28.

② 杨进.一场真实的城市突围战[N].广州日报,2014-04-23.

③ 国内很多城市或县城,学校(一般为幼儿园、小学、初中)按照户口所在地或住址划分生源,居住在不同片区的生源只能在对应的学校就读。相对于具体的学校而言,以居住地段标准而确定的生源俗称地段生。

④ 教育弱街,学生一心闹逃离[N].新快报,2008-04-09.广东广雅中学是著名的重点中学,其招生主要是通过考试,择优录取。

⑤ 钟传芳,何晶,黄超,等.同德围:这边抱怨没高中,那边学校没人读[N].羊城晚报,2013-03-23.

⑥ 林劲松,许军,陈万如,等.孩子漫漫求学路为何不在同德围[N].南方都市报,2012-03-29.

老城区上学。因为交通拥堵，孩子们早晨 6 点出发，晚上七八点后回来。而有的家庭为了子女上学便利，在学校附近租房。

2012 年前，除了上述反映较为集中的出行难、就医难、教育难之外，同德围的公共设施和服务还存在其他问题。上步桥北没有大型超市，小超市的价格较贵。① 四大国有银行在同德围只有 4 个网点，此外仅有一个农村信用社。居民去银行取钱，要排队很久。没有公园、图书馆、文化馆和电影院。同德文化广场是唯一的公共文化活动场所，每天早晚活动高峰期"人山人海"。② 没有公厕，平时街坊内急，只能找超市、商场的厕所方便。③ 通信信号差，也成为同德围居民心中一痛。有媒体报道，泽德花园的移动电话信号微弱，曾有年轻人差点因为信号不好而错失面试的机会。④ 由于通信信号差，甚至影响到同德派出所的出警办案。⑤ 垃圾管理差，时常停电。居民抱怨："拆迁时，把同德围吹上天，简直就是小香港，如今一个承诺也没兑现，已经麻木了。"⑥

同德围生活服务难于改善，主要原因包括两个方面。

第一，知名品牌和大商家的进驻障碍主要是场地、交通和人流问题。首先，当地能够提供的场地主要是临时建筑，难以办理营业执照；其次，政府对当地商业区、市政路布局、公建配套等没有明确规划，零售商难以选址，更无法捉摸未来市场趋势，不敢贸然进驻；再次，人流量少、购买力低，桥北交通不畅也是重要原因。⑦

---

① 罗阳辉，杨逸珊，何建，等.省两会，谁能为同德围说话？[N].信息时报，2010-01-26.

② 靳颖姝，余思毅，魏凯，等.千呼万唤公厕三座，千盼万盼老无所依[N].南方都市报，2012-04-06.

③ 马向新，云宣.街坊如厕难引书记关注　同德围告别无公厕历史[N].信息时报，2012-01-10.

④ 何晶，钟传芳，黄超.关注不再，依然"痛得威"[N].羊城晚报，2012-03-22.

⑤ 来源：对韩志鹏的调研访谈。

⑥ 罗阳辉，杨逸珊，何建，等.省两会，谁能为同德围说话？[N].信息时报，2010-01-26.

⑦ 罗苑尹，周伟龙，冯小玉.20 多万人的同德围，品牌超市为何来了又走[N].南方都市报，2012-03-30.

第二,其他公共配套设施建设面临场地问题和居民"邻避"心理的双重挑战。比如变电站、垃圾压缩站和公厕,不仅面临"无地可用",还被居民"闻之色变"。"谁愿意垃圾堆停在自己家门口呢?"①城管委想在同德围放一所流动公厕,"难啊,没有配套用地!"②。市规划局领导对媒体坦言:"早年一些大型社区在配套设施规划上确实有缺失,而配套设施一旦滞后,后期就很难再弥补。近年来,规划部门编制了一批地区控制性规划。但控规的实施,需要多个相关部门配合才能落实。"③

整体上看,以出行难、就医难、入学难为代表的同德围居民的苦恼具有同质性,共同指向当地的公共设施和服务不足。尽管同德围居民由自然村村民、住宅小区居民、流动人员组成,但是面对当地公共设施和服务不足时,他们之间因身份带来的差异却并不明显。例如出行难,是全体居民共同的苦恼,在步行穿越上步桥底的北环高速公路人行涵洞时,不适的感受出现在所有人身上;关于教育资源,本地户籍居民的优质期待和流动人员的基本需求,共同指向当地教育资源与居民需求无法匹配的情况;关于医疗,全体居民共同面临医疗机构及其服务水平无法满足需要的现实。至于超市、银行、公园、公厕、垃圾、电话信号等问题,也是面向全体居民,并非针对个别群体。

居民苦恼的同质性意味着,尽管当地存在相对明显的社会分层,但当地的主要社会矛盾并非居民之间的矛盾,而是全体居民共同面对公共设施和服务不足而产生的社会治理问题。基于当地公共设施和服务不足这一现实,同德围的社会矛盾主要表现为以下三个方面:

一是城市快速发展与基本公共设施和服务短缺的矛盾。这是同德围的基本矛盾,同德围居民的主要苦恼,都是这类矛盾的具体表现;同德围的其他社会矛盾,大体都可以在此类矛盾中寻找到根源。此类矛盾主要表现为社会转型期内人口与环境不协调,具体表现是同德围的就业、教育、医疗、住房、文化

---

① 靳颖姝,余思毅,魏凯,等.千呼万唤公厕三座,千盼万盼老无所依[N].南方都市报,2012-04-06.

② 田恩祥,史伟宗.韩志鹏为同德围请命[N].羊城晚报,2012-01-08.

③ 靳颖姝,余思毅,魏凯,等.千呼万唤公厕三座,千盼万盼老无所依[N].南方都市报,2012-04-06.

等方面的公共设施和服务相对短缺,不能满足居民需求。这种矛盾发生在同德围内部,是居民与环境之间的矛盾。这种矛盾客观存在,因为居民与所处环境之间总是存在着这样或那样的矛盾。但是在某些地方,矛盾会比较激烈,如大部分城乡接合部;而在某些地方,矛盾会相对不那么明显,如一些人口密度较小的富庶农村社区。

二是社会发展的非均衡性与社会公平的矛盾。这是同德围的主要矛盾,具体表现为居民排斥当地资源而向往广州其他地区的公共资源。由于社会发展的非均衡性,同德围与广州其他地区之间公共资源的差异,成为引发此类社会矛盾的原因。这种差异给当地居民带来强烈的心理落差,又成为引发其他社会矛盾的心理根源。此类矛盾发生在同德围和广州其他地区之间,属于地域性矛盾。地区之间的差异也是客观存在的,公共资源在同一区域内部分配不均衡,在大多数城市和地区都有表现。但是对于部分群体,如同德围的拆迁户居民来说,这种差异较为明显。

三是社会矛盾凸显与社会管理滞后的矛盾。[①] 这是当地的重要矛盾,在居民和地方政府之间,这类矛盾时常表现为投诉、建议以及上访和群体性事件。在同德围,上述前两类矛盾如果处理不及时、不妥当,都可能转化为此类矛盾;而这类矛盾如果处理不及时、不妥当,极有可能对社会稳定构成威胁。同德围的公共设施和服务不足以及与广州其他城区发展的非均衡性,直接考问地方政府在改革、发展和稳定之间对社会进行总体平衡的能力。这类矛盾是由于主观认识而产生的矛盾。当居民将公共设施和服务不足问题归结为社会管理滞后时,就会产生居民与政府之间的矛盾。由于中华人民共和国成立以后我国在宏观上存在着"强国家—弱社会"现象,在具体社会矛盾不能得到妥善解决时,人们也往往会寄希望于公权力部门予以妥善解决。

上述第一类矛盾相对直观,时常成为引发后两类矛盾的现实原因;第二类矛盾在初期往往较为隐蔽,但容易成为引发另外两类矛盾的心理根源;第三类矛盾意义重大,如果处理不当将扩大前两类矛盾,并可能刺激社会矛盾加剧。但是有时三类矛盾是同一问题的不同方面,如同德围较为突出的没有公办中学引发的基本公共设施不足的矛盾属于第一类矛盾;但是在老城区拆迁户居

---

① 金振吉.转型期社会矛盾及其化解[J].社会科学战线,2011(3):163-170.

民的心目中,倾向于是社会公平引发的矛盾即第二类矛盾;而当居民就此问题向城市管理者施加压力时,则会出现第三类矛盾。

关于社会主义社会矛盾,从马克思社会基本矛盾思想到人民内部矛盾学说的不断发展,依其内在逻辑关系可分为三个层次:第一层次是社会基本矛盾,即生产力与生产关系的矛盾、经济基础与上层建筑的矛盾;第二层次是主要矛盾,1950 年代末,随着我国生产资料私有制的社会主义改造基本完成,人民内部矛盾成为当时的主要矛盾,它是在人民利益根本一致基础上的非对抗性矛盾。第三层次是具体社会矛盾,它由社会基本矛盾和主要矛盾派生而来,其解决程度反过来也会影响着基本矛盾和主要矛盾的发展。①

同德围地区人口急剧膨胀、社会结构转型所形成的三类社会矛盾,是发生在特定时间、具体地点的社会矛盾,是社会基本矛盾、主要矛盾在同德围的具体呈现;它是生产力与生产关系、经济基础与上层建筑的矛盾,在人民利益基本一致基础上的非对抗性矛盾在同德围的派生结果。同德围的三类社会矛盾,属于社会主义社会矛盾的第三层次,是社会的具体矛盾,并非社会主要矛盾和社会基本矛盾,从高度与广度来说,它尚未达到社会基本矛盾与主要矛盾的层次和范围。中国共产党第十九次全国代表大会指出,中国特色社会主义进入新时代,我国社会主要矛盾已经转化为人民日益增长的美好生活需要和不平衡不充分的发展之间的矛盾。发生在同德围的具体社会矛盾,真切地反映出当地居民对美好生活的需要和广州市内发展不平衡、同德围发展不充分之间的矛盾。

第三节　城市背景

同德围位于广州市区的中西部,它与广州西边的城市佛山不接壤,不属于郊区。它的南部区域属于越秀区、荔湾区,一直是主城区,商业较为发达。同德街道办的办公地址距离市政府约 8 公里,与喧嚣的广州火车站直线距离不

---

① 朱力,纪军令.当前我国重大社会矛盾冲突的新型特征[J].中共中央党校学报,2015(5):92-100.

到 3 公里。可见,在广州内部,同德围所处位置既不偏又不远,而且还具有一定的商业基础。如果说同德围的公共设施和服务不足是广州的局部问题,那么经济、社会以及文化意义上的广州,则是同德围所处的城市背景。

迈向国际化大都市,既是广州的发展目标,也是广州的发展成果。2015年 1 月,广东省委领导要求将广州建设成有文化底蕴、有岭南特色、有开放魅力的现代化国际大都市。① 根据科尔尼全球城市指数的报告,广州在世界城市排名体系中的绝对排名有所提升,与亚洲其他标杆城市排名差距相对缩小。在此背景下,广州的经济、社会以及文化发展,紧密地环绕着同德围的变迁。

中国从 1953 年开始,以五年为一个周期制定国民经济和社会发展计划。② 截至 2016 年,中国已经发布了十三个五年规划,执行了十二个五年规划。为承接与落实国家的五年规划,广州制定相应的城市发展五年规划。2016 年 3 月,广州市人民政府印发《广州市国民经济和社会发展第十三个五年规划纲要(2016—2020)》。由于同德围人口在 20 世纪 90 年代开始增加,所以比较分析自 2001 年起公布的四个五年规划期满的广州市政府工作报告,可以呈现出在 1995—2015 年同德围问题日益凸显期间,官方话语中的广州经济和社会发展总体情况。③

从政府工作报告公布的数据看,广州经济发展总体态势稳中趋好。在四个五年规划完成当年的地区生产总值的增速有所放缓,但增加的绝对数量升幅较大。在产业结构上,广州着力构建以现代服务体系为主的现代产业体系,产业结构明显优化,第三产业的增加值提高,对经济的贡献率加大。相比1995 年,2015 年第三产业所占份额增加幅度超过 40%。

由于同德围的流动人员居民相对集中在第三产业就业,广州的产业结构调整与同德围发展息息相关。从服务业来看,传统商贸业和房地产业发展比

---

① 唐金凤.广州的三张面孔[N].广州日报,2015-02-02.

② 从“十一五”起,“五年计划”改为“五年规划”。五年规划的全称是中华人民共和国国民经济和社会发展五年规划纲要,它是中国国民经济计划的重要部分,属长期计划。

③ 广州市每个五年规划期满之后第一年的政府工作报告内容,包括对之前五年的经济、社会、文化以及政治发展情况的回顾。例如:2016 年的政府工作报告,回顾了之前五年(2011—2015)“十二五”规划的实施情况,向前以此类推。

较好,由于入门门槛不高、涉及范围较广,同德围居民有可能进入上述行业。但是,由于流动人员总体上处于行业低端位置,尽管第三产业的扩张为同德围居民提供了就业机会,但并没有大幅提升他们的生活质量。相对而言,金融业和信息服务业等高端服务业对从业者的收入以及生活质量拉动较强,但同德围并没有大量的此类从业人员。

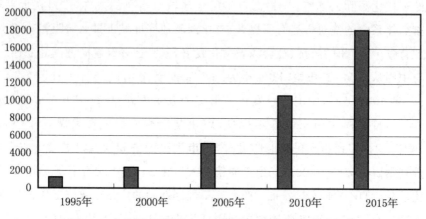

图 1-1　广州"九五"至"十二五"期间五年规划完成当年的
地区生产总值对比图[①](单位:亿元)

表 1-1　广州"九五"至"十二五"期间五年规划完成当年的三次产业比例[②]

年份	三次产业比例
1995 年	5.91∶46.67∶47.42
2000 年	3.79∶40.98∶55.23
2005 年	2.5∶39.7∶57.8
2010 年	1.8∶37.2∶61
2015 年	1.26∶31.97∶66.77

在广州市政府工作报告中,地区生产总值以及三次产业比例是首要公布内容。报告公布的第二类事项,是前五年内政府开展的重点工作及其成果。

---

① 图表数据来自 2001、2006、2011、2016 年发布的广州市政府工作报告。

② 图表数据来自 2001、2006、2011、2016 年发布的广州市政府工作报告。

因此,从历年报告的"第二类事项"中,可以探寻到政府工作的重心及其变化趋势。而从"第二类事项"可见,在 20 多年里,广州市政府工作重心呈现出从侧重改革、发展到相对关注人民生活的阶段性调整。

表 1-2 广州"九五"到"十二五"期间市政府重点推进工作及成果①

期间 (公布时间)	政府重点推进工作进程	工作重心
九五(2001 年)	经济体制改革进一步深化 国有企业改革与脱困工作取得阶段性成果	改革
十五(2006 年)	重大生产力骨干项目的成效显著 以汽车产业为例的一批新经济增长点正在形成	发展
十一五(2011 年)	集中力量筹办第 16 届亚运会和首届亚残运会 城市知名度和影响力显著提升	发展
十二五(2016 年)	人民生活得到改善 民生发展指数连续两年全国城市排名第一	民生

在"十二五"期间,政府加大民生投入。民生指民众的基本生存和生活状态,以及民众的基本发展机会、基本发展能力和基本权益保护的状况等,在内容上主要包括生存、就业、医疗、住房、教育、收入分配、社会保障等方面。同德围的公共设施和服务不足,总体上属于民生问题。2016 年广州市政府工作报告指出,"十二五"期间政府投入财政民生社会事业 8813 亿元,是"十一五"期间的 2.4 倍。在 2011 年、2006 年和 2001 年的政府工作报告中,没有明确公布上个五年的民生总投入数据。2011 年仅明确公布"十一五"期间市本级财政教育支出累计达 107.8 亿元,比"十五"时期增长 135.49%;在 2006 年、2001 年的政府工作报告中,与之相关的"人民生活水平"部分涉及了人均收入、购买能力、人均居住面积、预期寿命②以及平均工资、物价水平、就业人数以及就业率、最低生活保障③等内容,但未明确公布民生总投入。可见,从政府系统性

---

① 图表信息来自 2001、2006、2011、2016 年发布的广州市政府工作报告。

② 2001 年广州市政府工作报告[EB/OL].广州市人民政府门户网站.[2016-03-07].
http://www.gz.gov.cn/gzgov/s2821/200309/167096.shtml.

③ 2006 年广州市政府工作报告[EB/OL].广州市人民政府门户网站.[2016-03-07].
http://www.gz.gov.cn/gzgov/s2821/200604/167107.shtml.

考量民生投入的视角来看,"十二五"期间是广州民生投入的重要转折点,一是投入数量增幅较大,二是政府对投入总量予以公告。这在一定程度上说明广州市政府在此期间对民生投入予以相对更高的重视,也从城市发展周期的角度解释了同德围综合整治在此期间力度加大的原因。

从地区生产总值以及三次产业比例看,广州的经济进步明显。但是,仅从数字经济和成功举办亚运会等因素看,并不能证明城市真正崛起。从国家的视角看崛起,往往还需要涉及军事、文化以及政治意义上的崛起。而从城市的维度看崛起,在经济总量提升之外,经济发展惠及居民生活的程度以及城市的文化、社会发展情况,也应该是重要的考量因素。作为同德围的发展背景,广州在"十二五"规划实施年度强调关注民生,并将其列为工作内容,相对于前三个五年规划,可以说对于民生工作的重视有所提高。

广州社会不断发展变化,人口数量持续增加。从 2010 年开始,每五年年末的户籍总人口数增加明显。根据当年全国 1‰人口抽样调查推算,2015 年广州全市常住总人口为 1350.11 万人,较 2010 年第六次全国人口普查的总人口增长 6.3%,增速远高于全国 2.52%的水平。① 流动人口增加的速度,超过本市户籍人口。在 2013 年,广州的流动人口首次超过户籍人口。截至 2013 年底,广州登记在册流动人口 687.6 万人,按照一定的漏登率计算,广州实际居住的流动人口为 837 万人,而同期常住人口为 832 万人。② 人口数量持续增加,流动人口数量超过本地户籍人口,同德围人口的上述变动走向,对应了广州总体人口变化趋势。而且,同德围的人口数量增加速度更快,流动人口与本地人口数量对比更为悬殊。

在人口大幅增加的同时,广州的公共领域较为繁荣。所谓公共领域,主要指不同于私人领域和公权力领域的社会舆论领域。按照哈贝马斯的观点,这种公共领域与公众、公共性以及公开化等具有密切联系。它的主体是作为公众舆论之中坚力量的公众;它的公共性在于主要发挥评判功能。而且,它和私人领域是相对立的,它和公共权力机关直接相抗衡。有些情况下,人们把国家

① 广州公布 2015 年全国 1‰人口抽样调查主要数据:1/4 常住人口受过大学教育[N].南方日报,2016-07-06.

② 流动人口比常住多了 5 万[N].广州日报,2014-04-23.

机构或用来沟通公众的传媒,如报刊也算作"公共机构"。①

"羊城论坛"是广州公共领域的重要代表。羊城论坛是由广州市人大常委会和广州市广播电视台联合主办的大型政论性电视公开论坛,这在我国内地是首创。羊城论坛通过一个开放和透明的论坛形式,以"国事家事天下事,你谈我谈大家谈"的平等对话方式,促进市民有序地进行公众参与,在政府和市民之间搭建起沟通和理解的桥梁,成为广州社会主义民主政治生活的重要载体。论坛创办于 1992 年 5 月,基本上每月一期(除了代表大会召开的月份),每年召开 10 期左右。论坛突出关注民生,针对群众中最现实、最关心、最直接的事情,选出论坛的选题。论坛完全开放,在人大机关或者公园等公共场所录制,在广州电视台公开播放,不设围墙,不限定参加人员,不预审发言内容。在论坛上,无论是谁都要遵守论坛规则,都要以平等身份参与讨论。②

羊城论坛的公众讨论,直接影响了政府的公共决策。有关城市交通问题的讨论催生了内环路、地铁以及城市快速干线的建设,使广州市的城市路网得以快速发展与完善;有关珠江综合整治的讨论促进了珠江两岸景观改造工程的上马,"珠江夜游"因而成为广州旅游的知名品牌。③ 经过多年建设,羊城论坛成为政府与市民实现意见沟通交流、协商互动的重要场合,成为市人大沟通市民群众、人大代表、政府官员的重要平台。

广州的报纸媒体迅速发展,《南方都市报》《羊城晚报》《新快报》《信息时报》等具有较强竞争性、商业性的报纸形成强大的舆论平台,进一步促进公共领域的拓展。2003 年 4 月,《南方都市报》发表题为"被收容者孙志刚之死"的报道。当年 5 月,国内三位法学博士集体以公民的名义向全国人大常委会法制工作委员会提交一份题目为"关于审查《城市流浪乞讨人员收容遣送办法》的建议书",在全国掀起对收容制度的热烈讨论。当年 8 月 1 日起《城市流浪乞讨人员收容遣送办法》正式取消,同时全国的收容站正式撤牌。《新快报》秉

① 哈贝马斯.公共领域的结构转型[M].上海:学林出版社,1999:2.
② 广州人大羊城论坛情况介绍[EB/OL].[2019-05-21].http://www.rd.gz.cn/yclt/ycltjj/content/post_78302.html.
③ 卢文洁.2018 年度《羊城论坛》开始征集选题啦,说出你的建议![EB/OL].[2019-03-18].http://news.dayoo.com/guangzhou/201710/12/152263_51856017.htm.

承"内容为王"的市场导向,以关注民生、服务社会为宗旨,以"办最受市民喜爱的报纸"为目标,为读者提供全方位资讯。关于同德围居民的困境以及相关破解之道,上述媒体进行了报道。

随着公共领域的繁荣,广州出现了一些具有影响力的"民意代表"。媒体人陈扬,被誉为"平民言论领袖"。对于同德围的拆迁户居民,陈扬说:"广州没有理由委屈这些百姓。一定要炸掉这座城市的冷漠。"[1]而同德围问题全面进入公众视野,正是在陈扬担任主持人的《新闻日日睇》子栏目"G4"之中。政协委员韩志鹏对于白云山禁车、垃圾分类、反对公交车涨价、老楼加装电梯、计划生育政策、水环境治理等事项提出多项议案,是政协中的"明星委员"。2011年后,同德围的公共设施和服务不足问题引起韩志鹏的关注,他多次在媒体上呼吁政府关注同德围问题。在2012年初的政协全会上,他把同德围居民的诉求,向广州市四套班子领导、广州市政府各部门负责人"一锅端了出来",还向市领导提交了关于同德围综合整治的书面材料。[2] 在公共领域,还有具有一定争议的"区伯"[3]。他以"广州区伯"身份在新浪微博上曝光涉嫌公车私用的车辆,并向相关部门举报。[4] 在新浪微博上,他的认证信息为"广州草根明星,广州公车私用监督达人"。

广州的社会组织迅速发展。2012年,广州在全国率先铺开了社会组织登记改革。自当年1月1日起,开始推行八大类社会组织直接登记,除依据国家法律法规规定需前置行政审批外,行业协会、异地商会、公益服务类、社会服务类、经济类、科技类、体育类、文化类社会组织等,可以直接向登记管理机关申请登记。2012年6月底,广州登记注册社会团体组织总计4596个,全市新登记组织227个,同比增幅36%;而2005—2011年,广州市社会组织年均增幅仅在6%左右。2012年9月,广州全部实行社会组织信息化办公,社会组织从

---

① 郭晓燕.陈扬以广州为家园,以广州为己任[N].新快报,2013-03-29.

② 来源:对韩志鹏的调研访谈。

③ 区伯,全名区少坤,因监督公车私用而闻名;2015年3月,在长沙因违法被当地警方处行政拘留5天。

④ 黄伟.区伯举报5辆公车涉嫌私用,广州纪委:查实1辆正按规定处理[N].南方日报,2013-04-12.

此可以在广州市社会组织信息网上核名、换发证书;至 2012 年底,广州社会组织全部实行网上成立、变更、注销登记。① 截至 2015 年 11 月底,全市登记社会组织 6464 个(社会团体 2457 个,民办非企业单位 3990 个,非公募基金会 17 个),年增长率为 10.67%。②

广州公共领域的繁荣,在一定程度上影响了人民代表大会的氛围。在 2004 年 4 月初召开的市人代会上,市人大代表就关涉民生问题提出 8 场询问,创历史最高纪录。询问会中,代表提出的问题较为尖锐,内容涉及广州经济社会发展战略、城市规划、国企改革、城市管理、城市交通、文化、卫生体育等多方面。市政府的一位官员会后坦言,自己被弄得差点下不了台。《南方日报》整版报道了这一事件,称之为人大工作中的"广州现象"。③ 在 2011 年的人大会上,部分人大代表对于广州亚运会开支以及亚运会对于广州国际地位的意义等问题,提出公开质疑。④

2012 年,广州市政协会议延续往年的惯例,设置了"知情问政现场咨询活动",也就是"政府摆摊,委员问政"。近 30 个政府部门集中为政协委员提供现场咨询服务活动。市政协还邀请部分政协委员选择群众关注的热点进行网上访谈。大会上还设置有不超过 6 分钟的安排发言和即席发言。这次会议注意运用网络技术,开通大会信息服务网。政协坚持在网上向社会公开征集提案线索供委员参阅,还开通"广州市政协委员微博议政平台"和"委员互动社区",鼓励委员"织围脖""晒提案"。⑤

广州市政府于 2010 年 5 月制定《重大民生决策公众征询工作规定》。规定了环境保护、劳动就业、社会保障、文化教育、医疗卫生、食品药品、住房保

---

① 广州社会组织"松绑"一年,数量增长 36%[EB/OL].[2016-09-15].http://hope.huanqiu.com/domesticnews/2013-04/3841156.html.

② 广州市社会组织 6464 个,年增 10%[EB/OL].[2016-09-15].http://news.xinhuanet.com/politics/2016-01/16/c_128635341.htm.

③ 莫吉武,杨长明,蒋余浩.协商民主与有序参与[M].北京:社会科学出版社,2009:268.

④ 潘洪其.人大监督不能坐等苗黄[N].河南商报(数字版),2011-02-24.

⑤ 曾妮.政协部门集中"摆摊"诚邀委员问政[N].南方日报,2012-01-05.

障、公共交通、物价、市政公用设施、征地拆迁、公共安全等领域与广大群众利益密切相关、社会涉及面广、依法需要政府决定的重大决策的调研论证、拟制、审核、公示、审定、追踪修订程序。

公共空间拓展、大众媒体繁荣、公共人物出现和社会组织数量增多是广州公共领域的发展成果。在西方,自 18 世纪早期起,人们越来越习惯于把官方选举结果和当时人们所说的"民意"区分开来。在一定程度上,"民意""人民的普遍呼声"以及"公众精神"等可以说表示的是对官方意见的不同态度。[①] 在我国不存在这种对抗,但是在公共空间内仍然可以形成给权力体系带来压力的舆论,影响公共决策。同德围问题受到广泛关注,与大众舆论的影响密不可分。关于同德围问题,公共领域提供了讨论平台,影响了解决路径。

从文化上看,广州具有包容的地域文化特征。在历史上,广州是驰名世界的贸易港市;在国际贸易中,广州是中国海上丝绸之路的重要起点;在改革开放初期,广州率先发展民营企业,倡导商品经济理念。历史上的人口迁徙以及广泛的商业交流,造成不同文化在广州落地生根,造就了极具包容性的岭南文化特质。

文化上的包容主要指对外来文化以及新生事物的接纳、吸收以及发散。东西方文明交汇在广州,不同民族、肤色的人们共同组成新广州人。这里洋溢着对于外来人员、文化以及新生事物接纳、吸收以及融合的氛围;大量流动人员在同德围工作和生活,正是广州具有包容性的缩影。广州作家梁凤莲认为,历史的演变让广州身处其中的岭南文化形成了自身的文化传统,也就是接纳的襟怀、吸收的倾向以及发散的意识,在宽容的接受过程中寻找认同的可能性,接纳是一种认同,发散也是为了谋求认同,既是对自我的认同,也是确认与其他文化的关系。所以,任何新质的文化对岭南而言都是一次新变的契机,都是天时地利恩赐的补充,而几乎无关于异端邪说的禁忌。[②]

由于包容带来的异质性文化或文化的"混合"在一定程度上排斥了武断与专横的地域文化气质,使广州文化的精神气质与那些倾向于权威政治的文化产生区别。相对而言,许多文化——包括大部分拉美文化——相当重视一开

---

① 哈贝马斯.公共领域的结构转型[M].上海:学林出版社,1999:75.

② 梁凤莲.岭南文化的历史与现实视界[J].暨南学报,2003(5):70-76.

始就在实际上对所有事情有着强硬的观点,它们重视赢得争论而不是聆听以及发现有些东西可以不时地从他人那里获得。就这一点而言,它们基本上都预先偏向于一种权威政治而不是民主政治。[①] 在广州的本土文化中,似乎没有对事物预先设置强硬观点的普遍偏执,也并不存在一种最先以最大的自信向他人吆喝作为占据心灵上优势地位的促狭,岭南人温和的个性和在这个地理区域中较为常见的在学习借鉴基础上的"拿来主义"智慧,决定了强力色彩下的权威模式对于他们没有显著的吸引力。由于没有企图通过震慑他人实现自我价值的心理根源,权威观念在一定程度上也在此缺乏根基,而包容性社会中的制度和文化已经相当复杂、灵活和分散,在世事变迁中体会日月悠长、山河无恙的广州人相对倾向于认同和接受多元文化下的不同制度。

在历史流变中形成的包容性文化特征,在现代化进程中演绎成对于多元文化的倾向,使广州具有形成公民文化的基础。所谓公民文化既不是传统文化也不是现代文化,而是传统文化和现代文化的结合;它是一种建立在沟通和说服基础上的多元文化,它是一致性和多样性共存的文化,它是允许变革,但必须有节制地进行的文化。[②] 在这种文化中,允许个人对于自己身处其中的小群体保持着忠诚,接受个人在情感上取向于专业化政府的权威,但同时更加珍视单个成员保留着对于政治对象的各个层次可以持赞成的取向或不赞成的取向。其中,参与者政治文化是公民文化中的核心,具体指社会成员往往公开地取向于作为一个整体的系统以及政治的和行政的机构与过程的一种文化。[③] 在参与者政治文化中,人们不是消极的、盲从的,而是积极思考、主动参与的。

整体来看,广州经济总量迅速增加,在"十二五"期间加大提升民生投入,同期同德围问题全面进入公众视野。广州繁荣的社会领域为呈现同德围问题

---

① 迪戈·甘贝塔."Claro!":论话语中的大男子主义[M]//约·埃尔斯特.协商民主:挑战与反思.周艳辉,译.北京:中央编译出版社,2009:21.

② 加布里埃尔·A.阿尔蒙德,西德尼·维巴.公民文化——五个国家的政治态度和民主制[M].徐湘林等译.北京:东方出版社,2008:7.

③ 加布里埃尔·A.阿尔蒙德,西德尼·维巴.公民文化——五个国家的政治态度和民主制[M].徐湘林等译.北京:东方出版社,2008:18.

提供了公共空间,为通过协商讨论制定和实施同德围问题的解决方案储备了社会资源。广州包容性的文化特征及由此衍生的对多元文化和以参与者为核心的公民文化倾向,为开展以居民参与为核心的同德围综合整治奠定了文化基础。

第二章　公咨委设立
——同德围治理措施制定中的协商式输入

　　如果将国家界定为具有政治权力的制度实体,社会往往是指政治领域之外以经济、文化为纽带的人际关系场域。18 世纪思想家提出社会契约论、国家本体论等理论,将国家与社会作出深度界分;马克思运用辩证唯物主义和历史唯物主义,提出国家与社会既具有对立性又具有同一性。20 世纪以来,随着社会分层和社会结构愈发复杂,形成国家限度理论、公民社会理论等多元国家与社会关系理论,这些新的理论相对更加关注社会领域在人类生活中的黏合作用和推动力量,在国家与社会之间或者强调国家作用的被动态意义,或者强调市民社会的积极主动性。[1]

　　中华人民共和国成立之后,力图建设一个强大的工业化国家,通过农业集体化运动和将商贸繁荣地区设置为行政中心,使国家权力的触角伸入社会的各个角落。这使得在理论上,同德围公共领域的任何问题都可以找到以国家权力为支撑相关执行部门负责;但事实上,对于同德围的公共设施和服务不足状况,权力体系内的各个职能部门都能为自身找到合理或者无奈的解释,不仅对于当地整体公共设施和服务问题无法做出系统回应,而且对于部分局部问题没有能力做出有针对性的回应。这或许表明,在公权力运行和社会需求之间存在着一条鸿沟;如果公权力不采取措施积极跨越,职能部门只能处于程式化地应对常规事务之中,社会中源源不断出现的新问题始终面临着无法得到回应的隐患。在地方治理层面,以行政权的运行和居民的治理需求为切入点,在同德围综合整治中,我们可以看到国家与社会的分立和分离,同时也可以看到二者在共建共治共享道路上的协同与合作,共同推进社会需求得到妥善解决。

---

　　[1]　王建生.西方国家与社会关系理论流变[J].河南大学学报(社会科学版),2010(6):69-75.

在社会领域内,同德围居民积极反映治理需求并表达对于改善环境的期待,使当地公共设施和服务不足问题在更大范围内引发关注。居民在公开讨论中形成关于社会治理的理性认识,并提出了具有针对性的治理措施。居民反映的现象、问题以及提出的对策,投射出他们的利益、情感和参与地方治理的态度。如果这些活跃在社会领域内的治理态度在现存治理体系中无从栖身,它们将可能在制度之外寻求出路,而这时常会导致话语偏离原题,并有可能引发更加深层次的社会矛盾。而如果治理体系能够容纳它们,将其纳入治理措施的考量之中,则有助于居民保持理性,对治理者保持尊重和信任。

在权力运行中,主导同德围综合整治的权力体系回应了居民的治理需求,通过同德围公咨委的设立使居民的治理需求有序地进入治理体系,促进了权力体系和社会系统有效对接,由二者共同推进了同德围综合整治治理措施的制定。在居民的治理需求转化成为治理措施的同时,公权力的运行领域得到拓展,运行幅度得以深化,公权力的覆盖范围在运行中得到创造性地延展。随着国家与社会在地方治理的行政权力运行层面的协商探索,围绕着行政权力运行开展的共建共治共享社会治理格局创新实践,促进了国家与社会关系从权威模式向商议合作模式进行转型。

第一节　公众的意见①

在同德围地区公共设施和服务发展缓慢的十几年间,当地居民参与地方治理的意愿和能力日益提升。同德围公咨委的设立为权力体系接纳居民意见增设了渠道,使地方治理不是权力机关的独角戏,而是在社会系统内经过广泛讨论、由全体居民共同参与的公共活动;使同德围综合整治成为居民和权力部门共建共治、全体居民共享成果的社会治理创新实践。

在当地居民反映同德围问题的早期媒体报道中,居民杨先生相对具有社会影响。2004 年,杨先生写就《为建设平安和谐的同德社区献一策》,痛陈当

---

① 本节"公众的意见"指发生在 2012 年之前(同德围公咨委未设立),关于当地公共问题的主要公众意见。

地公共设施和服务的各种缺陷,并提出近百条合理化建议。为此,他前往市建委、规划局、环保局、市政局、交警部门、教育局等多个政府部门反映情况。①在公开报道中,相关部门没有作出正式回复。

尽管杨先生的努力没有取得预期效果,但它表明对与切身利益相关的地方治理,同德围居民不仅提出了理性建议,还作出与权力部门直接对话的努力。它似乎还表明,在地方治理中居民表达意见的途径并不畅通,我国法律法规规定的公民建议权等权利的实施缺乏充分的制度性保障。

2005年广州电视台播出的系列专辑"走进同德围"报道了当地窘迫的医疗、教育以及交通情况,使同德围问题全面进入公众视野。节目录制过程中,在同德围召开了征集居民意见的群众论坛,论坛由广州电视台记者陈扬主持,时任的同德街道党工委书记和数百居民参加了论坛。参会人员较多且发言踊跃,气氛十分热烈。有居民发言直指当地公共设施和服务不足,并表达了对地方政府的治理能力不满意;对此,陈扬回应道:"(在地方治理中)政府未必强大。"②

"走进同德围"系列节目突出关注同德围的老城区拆迁户居民并着力呈现他们入住多年后的心理落差,使"老广州""老荔湾"等广州本土身份符号不断地发酵。节目播出后不久,有部分拆迁户居民情绪激动地向市领导反映意见,控诉政府对他们的"遗忘",使同德围问题的焦点集中在部分居民对拆迁的"控诉"中。

公众关注重心的转移主要由于以下原因:一是媒体的导向性介入。"走进同德围"系列节目突出呈现的城市变迁人文情怀,引发拆迁户居民回望家园的群体性失落,这与他们对同德围窘境的愤懑叠加,导致负面情绪共振,从而将相关问题全部归因于引起生活变化的根源——政府主导的拆迁。二是公开讨论的不确定性。公开讨论及其衍生的协商,是事态走向不确定结果的根源;而不确定的结果,是公开讨论和协商的合理预期。因为协商允许个人或群体从其他人从未考虑或想到的立场、境遇、有利位置等方面向他们描述"事情看起

① 张海路,林洁.解围同德围,街坊盼好头好尾[N].羊城晚报,2010-05-31.

② 网络视频[EB/OL][2013-09-16].http://www.56.com/w65/play_album-aid-10359298_vid-NzUxNTA3MTE.html.

来如何"。① 通过每一个看似偏颇观点的集体呈现,在一定程度上揭示私人的偏好,推动或鼓励一种为需求或要求进行正当性辩护的特殊模式。②

"走进同德围"系列节目强烈的导向性,使当地非拆迁户居民的利益要求、市政专家的治理意见以及权力部门的回应在一定程度上湮没在拆迁户居民的"失落"语境中。但这次集体意见呈现具有高度的积极意义,在一定程度上,这是对当地公共设施和服务不足问题的群体性焦虑的一次集中释放,它为权力体系的领导层和相关职能部门提供了一次化解治理矛盾、舒缓群众紧张情绪的机会;同时,它也为当地居民通过公共讨论参与地方治理奠定了公共话语基础。

同德围综合整治涉及的问题较为复杂。以交通困局成因为例,既包括广州西北地区独特的地形地貌,也包括城市建设的历史因素,还包括城市发展的现实问题。尽管历届地方党委、政府和相关部门对此予以高度重视,但较为全面的解决方案难以在一时形成,这是同德围治理难的症结。

2007 年底,《羊城晚报》推出《追踪同德围之困》系列报道,探索"突围"对策。11 月 28 日,《羊城晚报》登载文章《同德围:30 万人难出"围城"》,提出通过限制外地车借道、调整公交车站设置、扩建上步桥、在田心大街设隧道等建议,解决同德围出行难问题。时任广州市委常委、常务副市长看到报道后,立即安排市建委副主任带领相关人员开展实地调查。第二天常务副市长作出批示,要求"市规划局马上研究同德围附近交通规划"。第三天《羊城晚报》报道了副市长提出的三个问题:在南北向沿铁路边、石井河边可否增加两条规划路;沿东西向可否在同德围和田心村分别增加一条规划路;在西湾路能否开拓上内环、北环同白云一线的交接口?以上三个问题被媒体称为"市长设想"。副市长还要求"近期请市交通整治办牵头组织交警、交委对西槎路进行交通整顿,如限制货车行驶、禁止乱停放占道、优化公交线路等"。同时要求"相关部门牵头调整优化有关路段的车道、信号灯、标志线等"。

---

① 詹姆斯·D.费伦.作为讨论的协商[M]//约·埃尔斯特.协商民主:挑战与反思.周艳辉,译.北京:中央编译出版社,2009:54.

② 詹姆斯·D.费伦.作为讨论的协商[M]//约·埃尔斯特.协商民主:挑战与反思.周艳辉,译.北京:中央编译出版社,2009:46.

媒体报道和"市长设想"引发相关部门迅速回应。很快,规划部门公开对同德围的交通路网布局作出解释。规划部门指出,广州西北部"天然漏斗"的地形在同德围形成瓶颈。在当地东西路网中,规划道路已有 7 条;在 2003 年编制的《广州市轨道交通线网规划》中,地铁 8 号线通过同德围地区;近期,相关部门将扩宽南北(走向道)路多建东西(走向道)路。①

12 月 3 日,市人大代表、市政府有关职能部门负责人以及几百名同德围街坊,齐聚由《羊城晚报》和广东电视台《今日关注》共同举办、白云区委宣传部和同德街道办协办的"民生论坛",畅言"治困良方"。民生论坛氛围热烈,不少街坊高喊"热爱同德围,拥抱同德围!"市人大代表徐若清女士结合自己的亲身感受,在论坛上介绍了当地居民出行难的实际情况。在当地居住 11 年的吴先生说,建地铁、拓宽道路,需要很长时间,目前解燃眉之急的办法有二:一是限制货运车出入,控制好时间段;二是在侨德、上步和横蛟三个路口建人行天桥,除保障市民过街安全外,还可以加快车辆的行驶速度。②

12 月 10 日,市规划局市政处、交研所有关负责人深入同德围调研,针对交通"解围"问题,专家提出四条建议:扩建上步桥,在粤溪北街、荔德路下挖隧道,在德康路加建次票收费点,将公交车站港湾化。③

同期居民杨先生提出五条建议:一是收费站设在西槎路棠溪村中石化同德东加油站对面。二是将上步桥扩建为双向 6 车道。三是在田心大街修建隧道。针对专家提出在荔德路修建铁路线隧道,杨先生认为,荔德路两旁都是商品房,拆迁难度大;而如果扩建田心大街,能和同康路构成连接附近三条主干道的东西"联络道"。另外,田心大街还有条件连接到广园西路的瑶台西街,那里有 30 路公交总站。四是将公交车站港湾化,将部分停靠线路较多的单站拆

① 蔡惠忠,宋金峤,蒋铮,等.解围同德围,市建规划齐开"药方"[EB/OL].[2016-09-06].http://news.163.com/07/1206/21/3V2ESN480001124J.html.

② 黄宙辉,蒋铮,文静.场面火爆感人,若能解决出行难,街坊愿拆房[N].羊城晚报,2007-12-03.

③ 蒋铮.追踪同德围之困:调研人员一番奔走提出四条破围妙计[N].羊城晚报,2007-12-12.

成1、2号站。五是适当调配公交站点,迁移几个公交总站。①

2007年11—12月,就解决同德围问题,《羊城晚报》刊登多篇报道。② 不同于之前杨先生个人、拆迁户群体的单方意见表达,《羊城晚报》促成同德围问题的解决进入公共讨论阶段。

在同德围问题的公共讨论阶段,地方治理参与者的数量显著增加,公众参与的质量明显提高。从公众参与视角看,此时的公共讨论与之前的意见表达具有明显区别:

从参与者数量看,意见表达的主体可以是单方也可以是多方,而公共讨论的参与者必须是多方。单个个人或观点一致的群体仅能作出意见表达,不能形成有效讨论,只有存在多方参与主体的前提下才能形成讨论。在意见表达阶段,杨先生、拆迁户居民作为个人或者群体单独出现,而《羊城晚报》公共讨论的参与者包括市民、市长、官员、专家等多方主体,参与者的数量和类型明显增多。

从呈现的观点看,意见表达的观点相对独立,仅体现参与者的意愿,各种观点之间不必具有关联性;在公共讨论中,多方主体的观点具有相关性,一般是对相同主题的不同解读,或者是围绕同一问题的不同意见。不同意见之间的相关性是讨论区别于发表意见的重要标志。在意见表达阶段,杨先生提出治理建议,拆迁户控诉政府"遗忘",不同的观点相对独立;在《羊城晚报》公共讨论中,各方围绕改善当地交通出行环境话题发表意见,形成讨论主题,呈现的观点与主题都具有相关性。

从参与过程看,意见表达主要是个人或群体的意愿呈现,而讨论则是不同参与者对同一主题的交流。参与者的深度交流,是讨论与意见表达的本质区别。杨先生个人和拆迁户群体的意见彼此独立,同属面向城市治理者提出治理要求,但本身并没有实质互动;而《羊城晚报》呈现的不同观点实现了深度互动,规划部门回应"市长设想",杨先生对专家意见作出补充,形成了一条相对较长的信息链。从参与过程看,意见表达是讨论的基础,讨论由不同的意见表

---

① 蒋铮.追踪同德围之困:货车次票站不如设棠溪[N].羊城晚报,2007-12-16.

② 黄宙辉,蒋铮,文静.场面火爆感人,若能解决出行难,街坊愿拆房[N].羊城晚报,2007-12-03.

达组成。意见表达不一定能形成有效讨论,但讨论中必然包含着意见表达。讨论中参与者意见表达的深度,往往高于单独的意见表达。

从参与结果看,意见表达的重点是信息公开,使个人观点从思维领域、内心世界走向外界,实现观点公开;讨论则侧重于信息传播,使各种意见通过交流互动向更加广泛的空间扩散。杨先生和拆迁户居民的意见表达,将他们所持观点公之于众,是意见表达的积极效果;而《羊城晚报》中的各方讨论,不仅实现信息公开,而且促进信息传播。

以《羊城晚报》作为平台的公共讨论,对同德围综合整治具有积极而正面的意义:

一是全面呈现同德围的交通问题。不同于杨先生和拆迁户群体的意见表达,《羊城晚报》公共讨论包含了规划部门对当地交通问题成因的解释和规划介绍,使治理信息更为全面和丰富。如果脱离交通困境的成因空谈整治方案,将导致相关决策缺乏事实基础;如果不结合交通规划制定新的治理方案,就可能会导致工作效率低下。规划部门回应"市长设想"的解释和居民对专家意见提出的补充完善建议,使同德围的交通问题讨论更加具有建设性。

二是呈现地方治理的多元主体。《羊城晚报》公共讨论使日后参与同德围治理的多元主体浮出水面。通过居民、市长、规划部门、相关专家的公共讨论,同德围交通问题不再是个人或拆迁户居民群体的问题,而是全体居民、政府官员、规划专家乃至整个广州共同面对的公共问题。经过公共讨论,大家被赋予一种心理预期:治理同德围的责任不仅属于行政领域,而是面向社会广泛开放。相对于没有经过讨论过程的地方治理活动,同德围整治的参与主体由此明显地呈现出广泛而且多元化的发展趋势。

三是为公共问题的协商奠定理性基础。不同于单方意见表达,在《羊城晚报》公共讨论中,参与者不仅提出意见,而且为自己的观点阐述了理由。尽管参与者回应程度有限,呈现的理由不一定足够充分,但是这种为自己观点提供理由的表达意见方式,为协商讨论公共问题奠定了理性基础。科恩认为,协商需要诉诸"理由",而讨论可能局限于简单的信息共享,由此他将两者区分开来。① 由于呈现的理由较为简单有限,《羊城晚报》公共讨论不属于协商,但是这种在呈现理由基础上的发表观点、交换意见蕴含了协商所具有的理性基础。可以说,这是一次走向协商的讨论。

四是促进社会领域公共空间的成长。《羊城晚报》作为公共媒介,不仅呈现不同观点,而且促成意见交流。哈贝马斯认为:"公民们……可以自由地集合和组合,可以自由地表达和公开他们的意见。当这个公众达到较大规模时,这种交往需要一定的传播和影响的手段;今天,报纸和期刊、广播和电视就是这种公共领域的媒介。"②通过公共讨论,关于同德围交通问题,社会领域呈现出相对完整的整治方案,推动权力部门进行公共政策输出,同时也促进了社会领域公共空间的成长和成熟。

至此,关于同德围公共设施和服务不足的意见表达可以分为三个阶段:个人意见表达、群体意见表达和公共讨论。通过渐次深入的意见呈现,当地的社会矛盾、治理主体以及未来的协商式治理基础得以确定。这些意见呈现的积极意义至少表现在以下几个方面:

一是通过信息共享揭示当地社会基本矛盾。上文所述,同德围的基本矛盾是社会不断加快发展与基本公共设施和服务短缺之间的矛盾,其他矛盾由此衍生而来。在个人、群体意见基础上形成的公共讨论,最终指向当地公共设施和服务短缺,而这正是当地社会基本矛盾的具体体现。社会领域的意见表达和公开讨论,将问题焦点指向当地的基本矛盾,表明居民从发表意见到公共讨论的过程,呈现出逐步揭示社会矛盾的理性回归。而且,这个过程不是由权力部门自上而下决定的,而是通过平等讨论呈现。丰富的意见表达和公开讨论,是充分呈现信息、通过信息共享发现问题、最终揭示问题根源的积极过程。

二是通过公共讨论提升居民的治理地位。在《羊城晚报》的公共讨论中,市长、居民、专家、官员提出问题、发表意见并呈现理由,表明居民是当地治理的对话者,而不仅是听众。从听众发展成对话者,是居民参与公共讨论的结果,也是居民治理地位提升的表现。听众不具有主动性,其内心深处的不同意

---

① 亚当·普热沃斯基.协商与意识形态控制[M]//约·埃尔斯特.协商民主:挑战与反思.周艳辉,译.北京:中央编译出版社,2009:141.

② 哈贝马斯.公共领域[M]//汪晖,陈燕谷.文化与公共性.北京:三联书店,1998:125.

见无法呈现;而对话者可以表达内心感受,如果对方不能说服自己,可以不接受对方的意见。在虚伪的讨论中,由于听众没有反驳的权利,与其说是讨论不如说是宣告;真实讨论的目的,从来都是说服对话者而不是听众。如果仅仅作为听众,居民并没有真正参与讨论;只有成为对话者,居民才能充分表达意见,实现有效信息共享,提升在当地治理中的地位。

三是为解决公共问题奠定交往性互动的理性基础。哈贝马斯认为,协调社会行为的机制包括两类,分别是策略性互动和交往性互动。在策略性互动中,一个人力图通过威胁性惩罚或者允诺的报酬来影响他人;在交往性互动中,一个人力图通过理性的论证来说服他人。① 居民的意见表达,整体上呈现出要求提升当地公共产品和服务的理性:杨先生提交的书面建议,提出解决同德围问题的个人思考;"走进同德围"系列节目,客观呈现当地公共设施和服务不足;《羊城晚报》公共讨论厘清交通问题症结,引导讨论焦点集中在解决对策中。上述不同形式的意见表达都具有力图通过理性论证来说服他人的交往性互动特点。而且,有别于策略性互动的威胁利诱和允诺,参与者们并没有简单地呈现结论,而是在一定程度上交代了相关理由。在这些理由中,各方参与者的理性论证超越了个人或群体的利益局限,将关照对象覆盖了同德围全体居民。持有现代观念的人,有一种能适应所处环境变化的"转换性人格"。这些变化要求人们把自己对具体与己直接相关的集团——家庭、宗族和村社——的忠诚及认同扩展成对更大的和更抽象的集团的忠诚。可见,此处人们转化后的具有超越性的忠诚基础,可以理解为有助于当地全体公民(即更大的和更抽象的集团)的公共理性。② 市长、居民、专家、官员,这些努力呈现并改善同德围问题的积极参与者在地方治理中呈现出现代观念下的理性态度。

---

① 格里·麦吉.所有人都是说谎者:民主是无意义的吗? [M]//约·埃尔斯特.协商民主:挑战与反思.北京:中央编译出版社,2009:71.

② 塞缪尔·P.亨廷顿.变化社会中的政治秩序[M].王冠华,刘为等译.上海:上海人民出版社,2008:25.

第二节　公咨委设立

在系统理论中,体系与其环境的相互作用通常被分为三个阶段:输入、转换和输出。戴维·伊斯顿首先使用系统论来分析政治,他把政治生活看作一个行为系统,它处于一个环境之中,本身受到这种环境的影响,又对这种环境产生反作用。[①] 基于系统理论,伊斯顿建构了一个由输入、输出等环节构成的政治系统模型。在这个模型中,系统之间的交换或互动,则被看作是系统之间以输入输出关系的形式出现的一种联系。把在不同的系统之间,穿越了一个系统的边界、朝着某个其他系统传送的影响看作第一系统的输出,因而相应地,它们成了第二系统——一个它们所影响的系统——的输入。[②]

基于政治系统论的观点,关于同德围问题的意见表达,是在非政治系统社会系统的信息传播和共享。相对于输出公共政策的政治系统,社会系统属于第一系统,政治系统属于第二系统。社会系统的治理需求需要穿越系统边界,才能引发政治系统运转从而输出公共政策。由于两个系统隔断,关于同德围问题,早期社会系统的治理需求无法有效输入政治系统,具体表现在杨先生和拆迁户群体都没有促成有效的治理措施输出。这也许还表明,中国公共政策由政治系统内的权力精英主导,权力精英承担着对各种"利益要求"输入进行把关的权能。而对于社会系统复杂的利益要求,政治系统内部的权力体系[③]没有形成全面的回应机制。

随着广州公共领域的繁荣,在大众舆论的助推下,关于同德围综合整治的呼声日渐穿越系统边界,从社会系统输入政治系统,为同德围问题的解决带来转机。

---

① 戴维·伊斯顿.政治生活的系统分析[M].王浦劬等译.北京:华夏出版社,1998:21.

② 戴维·伊斯顿.政治生活的系统分析[M].王浦劬等译.北京:华夏出版社,1998:30.

③ 政治系统内部基于是否能够对外行使权力,可以分为权力体系和非权力体系。政治系统内部基于权力覆盖领域的不同,可以分为立法系统、行政系统、司法系统等不同的子系统,在各个子系统中都存在权力体系以及非权力体系领域。

2012年1月7日,在广州市政协各界别委员会代表座谈会上,政协委员韩志鹏在发言中提出要为当地30多万居民"请命",建议政府从规划上改善当地情况①,并提交了同德围解困方案《以城中村改造为突破口,重建一个同德围》。②

1月中旬,同德围市政公共设施和服务有关问题现场办公会召开,提出涵括15项具体工作的《进一步解决同德围交通问题工作方案》,提出继续推进2010年出台的《同德围地区交通改善专项方案》的未完成措施,进一步优化完善各类改善工作的长效管理机制,积极开展其他工作,对区域交通需求进行合理的控制与引导。③ 此后,市领导前往同德围调研,并仔细征求了韩志鹏的意见。经过实地调研,市长陈建华同意开展同德围综合整治工作,并提出"同德围整治要全民参与"的治理思路。④

在"全民参与"基调下,按照陈建华的意见,在"问需于民、问计于民、问政于民、问效于民"指导思想下设立一个非官方组织机制,使公众参与渗透到同德围整治过程,成为同德围公咨委的设立初衷。当年2月,市政府批准设立同德围地区综合整治工作咨询监督委员会⑤(简称同德围公咨委),拉开广州以"公咨委"开展地方治理问题的帷幕。

2012年2月23日,同德围公咨委正式挂牌成立。主任由市政协委员韩志鹏担任,秘书长由当地居民李伟庭⑥担任,设常务副主任1名,副主任5名,副秘书长2名,常务委员11人。委员主要由居委会推荐,经街道办上报予以

① 童丹,夏令,陆璟,等.韩志鹏:"同德围是广州的耻辱"[N].信息时报,2012-01-06.

② 来源于对韩志鹏的访谈调研,这份书面资料在媒体报道中被称为"万言书"。

③ 毕征.同德围"解困"再开药方[N].广州日报,2012-01-15.

④ 魏凯,尹来,冯宙锋.同德围解"围"之后公咨委改名不解散 九位嘉宾在南都"坐下来谈一谈"论坛上热议同德围模式成功经验[N].南方都市报,2015-01-06.

⑤ 同德围公咨委成立时,名称为"同德围地区综合整治工作咨询监督委员会",简称"咨监委";在2015年,更名为"同德围公众咨询监督委员会",简称"公咨委"。在本书中,如无特别指出,"咨询监督委""咨监委""公咨委"通用。

⑥ 李伟庭,同德围居民。退休前担任过同德街道办"关工委"委员,退休后被同德街道办返聘为党建指导员。

审批确认。公咨委委员共 37 人①,包括当地党员代表、人大代表、政协委员、企业代表、知名人士、居民代表、新闻媒体代表以及在同德围有"飞地"②的越秀区、荔湾区代表。其中 8 名委员来自人大、政协、企业、媒体;另外 29 名委员是同德围居民,占成员总数的 78%。③ 据报道,公咨委成员最终由陈建华选定。④(见表 2-1)

表 2-1 同德围公咨委人员名单⑤

序号	姓名	性别	年龄	工作单位及职务	备注
1	韩志鹏	男		广州市政协委员	主任、常委
2	黄信忠	男	47	白云区党代表、区人大代表、同德经济发展公司董事长、村民	常务副主任、常委
3	凌先生	男	47	西城同德鞋业基地经理	副主任、常委
4	黄先生	男	42	党员、同上实业有限公司董事长、村民	副主任、常委
5	黄肖勤	女	38	白云区人大代表、同德街荔德社区居委会主任、居民	副主任、常委
6	王先生	男		越秀区矿泉街	副主任、常委
7	方先生	男		荔湾区西村街	副主任、常委
8	李伟庭	男	60	社区党员、居民	秘书长、常委
9	郭先生	男	37	同德经济联合社党总支委员、村民	副秘书长、常委

———————

① 据公咨委秘书长李伟庭介绍,同德围公咨委的 37 名委员中,有一名委员从未参与公咨委组织的活动。

② 据公咨委秘书长李伟庭介绍,"飞地"指由于历史原因形成的在同德围内部但隶属于越秀区、荔湾区行政管辖的土地。

③ 魏凯,刘军,马强.同德围公咨委"就像桥梁和润滑剂"[N].南方都市报,2014-12-25.

④ 罗苑尹,靳颖姝,吴钰,等.救赎同德围不是一个人在战斗[N].南方都市报,2012-04-11.

⑤ 来源:同德围公咨委调研。公咨委人员名单为设立时登记情况。其中人大代表、政协委员属于社会公众人物,在本书中呈现真实姓名;此外,其他公咨委委员,隐去原名,以＊先生、＊女士代替原名。

续表

序号	姓名	性别	年龄	工作单位及职务	备注
10	何先生	男	33	个体户、居民	副秘书长
11	李先生	男	46	白云区政府副调研员	常委
12	郑用爱	女	42	白云区政协委员、同德街同景社区居委会主任	委员
13	方岁文	男	43	白云区政协委员、同德"东城渔乡"酒家总经理	委员
14	梁先生	男	53	聚龙工业区副总经理	委员
15	郭先生	男	50	盈溢鞋服中心苏总经理、村民	委员
16	张先生	男	65	广州市白云区同德社会服务社负责人、居民	委员
17	黄先生	男	28	广州日报记者	常委
18					委员①
19	方女士	女	58	怡德社区居民	委员
20	吴女士	女	65	积德社区居民	委员
21	罗先生	男	61	恒丰社区居民	委员
22	林女士	女	48	同雅社区居民	委员
23	徐先生	男	49	明德社区居民	委员
24	梁先生	男	60	岭南社区居民	委员
25	陈女士	女	47	同康社区居民	委员
26	林女士	女	41	横滘社区居民	委员
27	陆女士	女	42	上步社区居民	委员
28	周先生	男	30	粤溪社区居民	委员
29	张女士	女	55	田心社区居民	委员
30	黄先生	男	35	横滘村村民	委员
31	范先生	男	49	上步村村民	委员

---

① 该委员为从未参加公咨委组织活动的某集团公司代表。

续表

序号	姓名	性别	年龄	工作单位及职务	备注
32	周先生	男	45	粤溪村村民	委员
33	何先生	男	46	鹅掌坦村村民	委员
34	林先生	男	35	田心村村民	委员
35	王先生	男	62	党员、鹅掌坦社区居民	委员
36	梁先生	男	36	荔德社区居民	委员
37	钟先生	男	52	同景社区居民	委员

公咨委的日常工作由主任主持。为了保障公咨委顺利开展工作,市财政拨款三万元作为活动经费,存放在同德街道办账户,同德街道办为公咨委提供了办公场地和办公用品。

在公咨委成立时,同德街道办的党工委书记对韩志鹏说:"你们的呼声最能代表同德围 30 万居民的心声。""同德围整治,如果缺乏与居民的互动交流,难免街坊'被幸福'。"市建委公共设施建设处的一位处长直言,要从根本上解决同德围问题,硬件建设是必需,但这涉及拆迁征地,"没有钱谁也推不下去"。"比如拆迁可能涉及多个货场,哪些需要搬迁? 哪些不需要? 为什么这个早搬? 那个晚搬?"他希望公咨委能帮助相关部门做通广大居民的工作。在公咨委成立之初,市长陈建华对公咨委全体委员表示:你们是同德围的主人,同德围怎么整治,你们说了算。①

韩志鹏则表示:"我们这个机构较松散,比较草根。我们这个权力不是为私人谋利,而是要为同德围居民呼吁。主要是为了在同德围整治中,加强市民与政府的沟通工作。"47 岁的黄信忠是委员会常务副主任,是白云区党代表、区人大代表、同德经济发展有限公司董事长。他说:"以前规划做好就直接实施,现在还先征求居民意见。我们这个委员会虽不是实职,也应该好好珍惜这个权力和责任。"62 岁的胡毅英来自泽德社区,她说:"从 2005 年媒体开始关注同德围,到 2007 年发起'走进同德围',多位市领导都表示过要解决同德围问题。这些年也确实有不少改观。但要彻底解决,任务仍然艰巨。方案中说,

----

① 来源:对韩志鹏的访谈调研。

地铁开通要 4 年后,我们真是望到颈都长①。不过有总好过无②啦!我希望我们这个委员会能多开会,多听取居民意见。"38 岁的黄肖勤是白云区人大代表、同德街荔德社区居委会主任,也是委员会成员。她建议委员会应广开言路,建公共邮箱,并在同德文化广场开个论坛,征询广大居民意见。新闻媒体代表、广州日报记者文远竹建议,委员会应开通微博,定期收集居民意见,向市委市政府以及媒体公布。"最怕雷声大雨点小,搞了个机构,却没做什么事。我建议我们要定期开会,尽快出台议事和决策机制。另外,召集住在附近的志愿者,向居民发放征集意见的问卷。"

公咨委委员会决定,针对整治方案,征求市民意见的途径归为"一网一表一活动":方案将于近日在网上发布;会向居民发放意见调查表;下周六(3 月 3 日)上午 10—12 时在同德文化广场,委员会将一人一桌征询居民意见。③

同期公布的《同德围地区综合整治工作咨询监督委员会工作规则(试行)》对公咨委及委员的工作职责、会议制度、讨论表决制度作出规定:④

公咨委的工作职责包括:一是意见征集。广泛征求居民对同德围地区综合整治方案的意见。二是过程监督。全程监督综合整治工作,及时提出意见和建议。三是协调矛盾。在整治过程中对居民做好解释、说服工作。四是工作评价。对综合整治工作效果进行客观评价。

公咨委委员的主要工作职责包括:一是委员要有强烈的使命感和高度的责任心,熟悉方案的各项内容和要求,本着切实对广大群众负责的态度开展工作。二是积极发挥桥梁和纽带作用,做好政府部门和群众的联系和沟通工作,及时宣讲有关政策,动员广大群众关心和支持整治工作。三是深入群众,了解辖区内各阶层群众的呼声,及时将广大居民群众有代表性的意见和诉求反映到政府有关部门。四是保证工作时间和工作连续性,服从主任的工作安排,积

---

① 望到颈都长:方言,很期待的意思。

② 总好过无:方言,"比没有好"的意思。

③ 孙莹.同德围居民:我们不要"被幸福"相关监督委员会成立[N].南方都市报,2012-02-24.

④ 以下内容来自《同德围地区综合整治工作咨询监督委员会工作规则(试行)》的第四条、第五条、第六条、第七条。

极参加各项活动,及时掌握各项整治工作的进展情况,并适时提出合理化意见和建议,全程参与各项整治工作,增强监督工作的有效性和针对性,确保同德围地区整治各项工作顺利实施。

公咨委的主要工作制度为会议制度。工作会议为每月不少于一次,由主任或常务副主任负责召集并主持,其议题由主任或成员确定,遇有重大问题和突发事件可临时决定召开。根据会议议题可邀请市、区、街有关人员列席,委员无正当理由不得缺席;常务委员会工作会议为不定期召开,由主任或常务副主任召集并主持,参加人员为主任、副主任、秘书长和副秘书长。

公咨委施行讨论表决制度。公咨委工作将贯穿同德围地区综合整治过程的始终,并对重大事项及时进行讨论、表决,要超过半数委员参加会议才能对重大事项进行表决,参加表决的委员中要超过半数同意才能形成决议或决定,讨论表决前应广泛征集各方意见,表决结果视实际情况在一定范围公布。

同德围地区综合整治工作咨询监督委员会工作规则(试行)①

1.为了更好地贯彻落实《同德围地区综合整治工作方案》,切实解决同德围地区居民"出行难、上学难、看病难、如厕难"等民生诉求,结合实际情况,研究成立同德围地区综合整治工作咨询监督委员会(如下简称咨询监督委)。为了加强和规范咨询监督委的工作,特制定本规则。

2.咨询监督委要自觉接受上级各级党委和政府的指导。

3.咨询监督委成员主要由同德地区各级人大代表、政协委员、党员代表、企业代表、社区居民等各阶层代表以及越秀区、荔湾区代表和媒体代表共37人组成,设主任1名,常务副主任1名,副主任5名,秘书长1名,副秘书长2名,设常委11名。咨询监督委日常工作原则上由主任主持,主任因故不能参加,则由常务副主任主持。

4.咨询监督委工作职责主要为四个方面:一是意见征集。广泛征求居民对同德围地区综合整治方案的意见。二是过程监督。全程监督综合整治工作,及时提出意见和建议。三是协调矛盾。在整治过程中对居民做好

---

① 来源:同德围公咨委调研。

解释、说服工作。四是工作评价。对综合整治工作效果进行客观评价。

5.咨询监督委成员的主要工作职责：一是咨询监督委员会成员要有强烈的使命感和高度的责任心，熟悉方案的各项内容和要求，本着切实对广大群众负责的态度开展工作。二是积极发挥桥梁和纽带作用，做好政府部门和群众的联系和沟通工作，及时宣讲有关政策，动员广大群众关心和支持整治工作。三是深入群众，了解辖区内各阶层群众的呼声，及时将广大居民群众有代表性的意见和诉求反映到政府有关部门。四是保证工作时间和工作连续性，服从主任的工作安排，积极参加咨询监督委员会的各项活动，及时掌握各项整治工作的进展情况，并适时提出合理化意见和建议，全程参与各项整治工作，增强监督工作的有效性和针对性，确保同德围地区整治各项工作顺利实施。

6.咨询监督委会议制度。咨询监督委工作会议为每月不少于一次，由主任或常务副主任负责召集并主持，其议题由主任或成员确定，遇有重大问题和突发事件可临时决定召开。根据会议议题可邀请市、区、街有关人员列席，咨询监督委成员无正当理由不得缺席。常务委员会工作会议为不定期召开，由主任或常务副主任召集并主持，参加人员为主任、副主任、秘书长和副秘书长。

7.咨询监督委讨论表决制度。咨询监督委员会工作将贯穿整个同德围地区综合整治过程的始终，并对重大事项及时进行讨论、表决，要超过半数委员参加会议才能对重大事项进行表决，参加表决的委员中要超过半数同意才能形成决议或决定，讨论表决前应广泛征集各方意见，表决结果视实际情况在一定范围公布。

8.咨询监督委发布信息制度。以咨询监督委员会名义对外发布信息，由常委会确定信息发布范围、内容和方式，统一对外发布。

9.咨询监督委要从大局出发，站在政治立场高度，维护社会稳定，安定团结，保证同德围地区综合整治各项工作顺利推进，同心同德建设幸福同德围。

10.本规则自 2012 年 3 月 1 日起试行。

同德围地区综合整治工作咨询监督委员会
二〇一二年三月一日

政治系统理论以输入利益的来源为标准,将输入模式分为两类:内输入和外输入。外输入,又称一般性输入,主要是指引发政治系统发生变化的利益要求来自外部环境的影响,包括生物、生态、个人以及社会系统,国际政治、生态、社会系统。相应地,那些来自于政治系统自身,被政治性方面所决定的利益要求引起的是内输入。"这些要求并非产生在社会非政治领域中担任角色的人们的经验,而是直接来自于政治角色本身,即来自于政治系统内部"。① 可见,外输入的核心是利益要求穿越了系统边界;而在内输入中,利益要求并没有穿越系统边界,仅是在政治系统中从一个子系统输送到另外一个子系统。

关于公咨委的设立决定,内输入作用显著,即政治系统内从一个子系统到另一个子系统的内输入发挥了主导作用。这主要表现在以下两个方面:

一是公咨委的设置基于政治系统内市领导的提议。在公咨委运行后,主任韩志鹏成为核心人物。韩志鹏认为,尽管他深度介入公咨委的设立和运行,但是公咨委得以设立的根源是市领导的创造性提议。韩志鹏还认为,市长陈建华在广东省河源市担任市委书记期间具有开展村民自治的经验,对通过激发社会领域的活力开展基层民主建设具有深切关怀,陈建华的工作经验以及个人情怀在公咨委创设中具有关键作用。尽管公咨委可以说是社会领域的组织机构,但是在其设立过程中,政治系统内部角色的认可发挥了决定作用,这符合内输入特征。

二是公咨委成员的确定最终体现权力体系意志。韩志鹏介绍,在同德街道办工作人员通知他担任公咨委主任时,公咨委成员的名单已经完备。李伟庭介绍,社区推荐了公咨委委员,经过居委会和街道提名,最终由市里批示确定。公咨委委员初定 24 个人,但市里认为人数少,经过补充最终确定为 37 人。在确定委员时,街道主要选择那些比较热心公共事务的人员,也包括既往与街道有过良好配合的人员。基于对代表性的考虑,街道确定了不同类型的代表。因此,尽管公咨委在同德围综合整治中被称为民意代表机构,但是其中的代表并非经由群众选举,而是基于基层组织的推荐和权力体系的确认产生。

在同德围公咨委的设立中,权力体系的内输入发挥了决定性作用。但是同德围公咨委并非基于权力体系的想象力而横空出世,而是在社会舆论的强

---

① 戴维·伊斯顿.政治生活的系统分析[M].王浦劬等译.北京:华夏出版社,1998:63.

力推动下,权力体系做出的积极回应成果;或许,这个过程可以表述为,在社会舆论的挤压下,行政体系主动释放出的公众参与空间容纳了居民的利益要求并与居民进行了持续交流和深度互动。

权力体系对于社会系统的公众参与的认可和鼓励,在公咨委成立之后的配套机制设置中体现得更为明显。公咨委设立后,为了促进群众意见输入权力体系,市政府围绕着同德围整治出台一系列文件,并据此在权力体系内设置与公咨委衔接的组织机构。这种对于外输入格外关照的机构设置,使同德围综合整治的输入环节明显不同于传统的基层治理。

2012 年 8 月 4 日,根据广州市政府印发的《同德围地区综合整治工作方案》,同德围地区综合整治工作领导小组(以下简称领导小组)正式成立,负责统筹协调当地的综合整治工作。领导小组组长为常务副市长,副组长为另外两名副市长、市政协副主席、市政府副秘书长。成员包括市综治办、市发改委等 25 个成员单位。领导小组下设办公室,负责日常统筹、协调、检查、督办和统计汇总等工作。办公室设在市建委,市建委主任任主任,白云区区长任常务副主任,市建委副主任、白云区副区长任副主任。办公室人员由市建委和白云区政府的相关工作人员组成。

至此,针对同德围综合整治,在整合已有行政资源并深入发动群众的基础上,共形成三个组织机构,分别是同德围地区综合整治工作领导小组、同德围地区综合整治工作领导小组办公室(以下简称领导小组办公室)和同德围公咨委。其中,领导小组、领导小组办公室属于行政体系的组织机构,是非常设的专项工作组织。公咨委属于社会系统内的创新型组织机构,公咨委成员并非行政体系公务人员,公咨委与行政机关不存在隶属关系。

从组织关系看,领导小组由市领导、市政府职能部门组成,办公室是领导小组的办事机构。领导小组中的市领导来自于白云区政府在行政系统内的上级机关,白云区政府与同德街道办是基层政府与派出机构关系。同德围公咨委设立后,嵌入行政治理体系。公咨委收集的居民意见可以直接传递到领导小组办公室,也可以通过街道办逐级向区政府、市政府上传。相对于传统的治理架构,这种直接传递的方式属于同德围综合整治中新创设的外输入渠道。在这条信息渠道中,居民治理需求直接输入到行政系统内的领导小组办公室,确保了信息传输的流畅;而且,它还改善了由于群众意见分散导致的信息传输

公咨委嵌入治理体系　　　　　　　　传统的基层治理体系

图 2-1　同德围公咨委设立前后的基层治理体系

不便问题,将居民的治理需求通过公咨委聚拢之后才输入政治系统。

同德围公咨委是地方政府有意打造的外输入平台,并且地方政府在政治系统内为此创设了相应的衔接机制。如果没有政治系统释放出的空间,社会系统的外输入平台无法建立;而且,即使创新性的输入平台能够建立,如果没有相应的政治系统内部机制配合,它也难以取得实效。因此可以说,围绕同德围综合整治而设立的"公咨委",是政治系统内部发起的以实现扩大公众参与为目的的基层治理创新模式,其通过增设治理需求的传输渠道,改变了社会系统向政治系统传送治理需求的利益输入机制。

公咨委设立后,在政治系统和社会系统之间的利益输入环节更加通畅,同德围综合整治呈现出开放趋势。因公咨委的创设,在输入环节增加了两条外输入渠道。当地居民的治理意见,可以通过以下两个渠道传递给领导小组:一是居民→同德围公咨委→领导小组办公室→领导小组;二是居民→公咨委→街道办→区政府→市政府。第一条输入渠道是政治系统和社会系统之间的一条全新信息传递路径,其中的领导小组、领导小组办公室、公咨委都是新设组织机构。相对而言,第二条输入渠道的创新性仅在街道办与居民之间增加公咨委这一组织机构,相对于原有的信息输入路径变化相对较小。但是,这种增设了公咨委的信息传输渠道,仍是具有实质意义的改变。因为在政治系统与社会系统之间,增加公咨委这一非官方组织衔接,有助于信息传递中解释、疏导工作的顺利开展,避免了基层政府与居民直接面对时所产生的摩擦,降低了双方基于误解而产生不信任的可能性。

在同德围综合整治中,公咨委向领导小组办公室反映治理需求的利益输入路径,成为主要利益输入渠道。这个相对简化的信息传输流程,提高了职能部门获取居民利益要求的速度,避免了因行政程序繁复带来的信息流失。从信息传递的科学性角度看,公咨委嵌入行政体系,优化了治理需求的输入途径,使政府部门获取居民意见更加便捷。在承担利益需求外输入渠道的职能中,公咨委不仅发挥着"民意"代表作用,而且成为政府和居民的对话平台。

在公咨委设立之前,在理论上权力体系接收居民意见的完整渠道为:街道办收集信息,报送区政府,区政府报送市政府,市政府通过工作部署将信息传送至各职能部门,职能部门开展治理工作。这种信息传输渠道存在以下问题:一是居民要求不能有效传达到市政府的职能部门。因为各部门向上级传递信息时往往会根据工作重心对居民意见进行裁剪,可能导致最终传输到职能部门的信息流失或与居民需求不一致。二是职能部门的反馈往往滞后于居民需求,在行政系统内的逐级上报程序时常带来回应迟滞。而公咨委设立后增设的两条利益输入渠道,使上述两个问题在同德围综合整治中得到明显改善。而且,在公咨委嵌入后的治理格局中,权力体系内部的信息流转途径在一定程度上也得到改变。当一些项目的推进和实施遇到阻力时,作为区政府派出机构的街道办也会与公咨委进行沟通,通过公咨委将治理需求在上述第一条信息传递渠道更为快速便捷地输入上级部门,同时为治理项目扩大社会影响、制造舆论支持,促成治理措施的制定和推进。①

在与上述两类输入对应的公共政策输出中,前者主要形成以问题为导向的治理措施,侧重于治理过程的专业性、主导性,主要在涉及道路规划、建设施工等事项中,发挥全面、主导作用;后者是依据行政隶属关系而形成的治理措施,侧重层级性、程序性,发挥辅助、疏导作用,主要涉及同德围综合整治中的治安、维稳等事项。同德围公咨委嵌入行政体系,使市政府职能部门(如建委)的业务整治与基层政府(如街道办)的综合整治紧密结合。

就居民参与地方治理而言,公咨委的设立打造了同德围治理措施外输入的端口,促进了同德围综合整治利益输入模式的转型,成为同德围综合整治的关键节点。在地方治理的居民参与中,体现了公共决策必须经过"受到影响的公民或其代表者的参与而达成"的协商民主要求。这种拓宽了输入渠道的治理模式,对于当前的基层社会治理实践具有重要意义:

---

① 来源:白云区同德街调研。

一是在建构社会秩序中,有助于促进社会管理向社会治理转型。从国家的视角出发,基于国家权力建构社会秩序的努力,视为社会管理;相反,从社会角度出发,基于社会自身力量建构社会秩序的努力,视为社会治理。① 在同德围综合整治中,外部环境中的利益表达穿越了系统的边界,使社会力量参与到建构社会秩序之中;同时,外部环境中的利益要求与行政体系内部——政治精英基于国家权力建构社会秩序的努力相结合,共同启动了同德围综合整治活动。这种权力体系与社会力量合作治理的方式,打破了基于国家强力的行政管理的机械、僵硬局面,使社会秩序的建构呈现出多元、合作的趋势。

二是在公共政策制定中,有助于促进社会系统治理体系成长。社会管理的过程应该是促进社会发育和社会治理体系成长的过程;与此同时,社会体系成长的过程就应该是政府管理与协调社会生产和生活能力不断提高的过程。② 同德围综合整治中新设的输入渠道,提升了居民参与公共生活的能力。通过参与公咨委召开的会议,发表治理意见,与有关部门进行对话和交流,当地居民参与到公共政策的制定过程,公众参与能力得到提升。

三是基于社会转型的现实,有利于化解社会矛盾。当前因各种利益冲突引发的社会矛盾日益增加,由于立法具有滞后性以及司法领域覆盖范围有限,导致大量社会矛盾积累在行政领域的上访和维稳中。在行政、立法、司法等领域之外,人民需要另外一种能更清楚反映其心声的权力。我们称这样一种权力部门为公众部门,因为它旨在更具体地展现我们对人民主权的认识。③ 在同德围综合整治中,扩展外输入渠道的公咨委是创新型的社会公众权力部门,公咨委的创设通过充分运用现有制度资源将国家权力属于人民的理念落到实处,有助于通过居民间的公共讨论、居民与政府的有序协商逐步化解社会矛盾。

---

① 林尚立.协商民主:中国的创造与实践[M].重庆:重庆出版社,2014:104-105.

② 林尚立.协商民主:中国的创造与实践[M].重庆:重庆出版社,2014:112.

③ 伊森·里布.美国民主的未来:一个设立公众部门的方案[M].朱昔群,李定文,余艳红,译.北京:中央编译出版社,2009:15.

第三节　协商式输入

公咨委的设立,为同德围开展外、内输入相结合的新型社会治理输入模式奠定了基础。经过公咨委和政府部门持续沟通形成的同德围综合整治治理措施,并非单纯来源于社会系统或政治系统某一方,而是整合了两个系统共同的治理意见,使公共政策形成的输入过程具有外、内输入双重因素,据此它可以被界定为社会治理中的协商式输入模式。通过反复协商,这种输入模式在一定程度上弥合了政治系统和社会系统之间的鸿沟,使权力体系内行政角色的治理意志与社会系统内居民的治理需求在形成公共政策之前展开互动,最终促成两个系统共同认可的公共政策输出。

政治系统设立公咨委的决定,一方面在形式上回应了社会系统的治理要求,另一方面在社会系统内新设了平台机制持续输出治理需求。尽管社会系统的治理需求和政治系统的治理回应之间相互对应,但是它们各自所主张的治理内容并不完全一致,在协商式输入模式下最终形成的同德围综合整治治理措施整合了两个系统的治理主张,使公共决策的输入过程表现为双方的深度交流和协商互动。以公咨委作为协商平台,提出治理需求的同德围居民和权力体系内具体项目的主导部门,是形成同德围综合整治具体措施的输入力量,它们分别对应着外、内输入的两个端口。这种协商式输入模式摆脱了单纯的内、外输入模式的信息渠道单一限制,拓宽了公共决策的利益输入环节。

公咨委成立后的第一项任务,是为市政府制定《同德围地区综合整治工作任务》收集意见。同德围居民的治理意见内容十分丰富,几乎覆盖了当地公共设施和服务领域的全部问题,通过公咨委的运行,那些较为集中的居民意见转化成为具体的治理措施。

公咨委通过座谈会、广场大会、问卷、网站和微博等多种形式征询公众意见。[1] 2012年2月25日,《同德围地区综合整治工作任务(征求意见稿)》以非

---

[1]　廖颖谊,李应华,张佳璇,等.同德围公咨委促成20民生项目"入围"[N].新快报,2014-09-11.

官方形式在大洋网等各大网站进行发布。① 2 月 26 日,《广州日报》公布了公众反馈意见的电子邮箱、邮寄地址以及投送信箱地址。② 同德街道办印制 2000 多份调查问卷,于 3 月 7 日将 1000 多份问卷发放到街道辖下 17 个居委会,主要给不会上网的街坊填写,另外居委会根据对辖区内居民的了解,有选择性地将意见表送到部分比较关注同德围改造的居民家中。③ 3 月 9 日下午,同德围公咨委组织工作人员在公共场所和小区门口向居民派发了 1000 多份《同德围综合整治工作任务征求意见表》。④

2012 年 3 月 10 日,"同德围地区综合整治征求群众意见会"召开。由于参会居民较多,这次会议被称为"千人大会"。在会议召开前,同德街道办准备充分,并联系了公安部门维持现场秩序。会议在同德广场召开,由韩志鹏主持,上午 9 点开始,11 点结束。会场秩序井然,居民表达了对同德围综合整治的殷切期盼,期待公咨委能够推动政府迅速开展治理工作。会议现场征集到 20 多条居民意见,收回 30 多份调查问卷。⑤

同德围居民、退休工程师何世江在会上提出,应沿石井河建设高架桥,解决同德围的南北通行问题。何世江认为同德围的交通瓶颈在于东风西路和环市西路,应从西湾路口修建高架桥跨过西场立交、环市西路等交通节点,延伸到东风西路的德坭立交。⑥ 何世江在市建委项目办从事建筑设计工作多年,曾经提出过此方案,当时市建委回复称等康王路修好通车后,看效果如何再决定,但至今没有下文。⑦

在三中任语文教师的王先生表示,同德围地区交通不便,与不少学生搭车到外面上学脱不了干系。"同德围应该建设一所公办高中,让初中生能够留在

① 文远竹.国内城市可探索"同德围模式"[N].广州日报,2012-03-20.
② 文远竹.同德围"解围"征街坊意见[N].广州日报,2012-02-26.
③ 马向新,林婕.同德围如何改造,你的意见很重要[N].信息时报,2012-03-08.
④ 文远竹.国内城市可探索"同德围模式"[N].广州日报,2012-03-20.
⑤ 关于问卷发放以及回收数据来自于公咨委秘书长李伟庭的介绍。
⑥ 刘怀宇.起承转合四部曲,南北高架终落定[N].南方日报,2012-09-18.
⑦ 罗苑尹.广州同德围"解围"征集意见,街坊关注地铁、学校和医院[N].南方都市报,2012-03-11.

本地读书,不用两头跑。"①

　　一位因陈家祠建设绿化广场而拆迁的老伯认为,上步桥的人行天桥选址并不合适,使用率很低,希望政府在这次综合整治中,能进行更充分的调研,并且落实到底。在综合整治方案中,他最关心地铁八号线进度,并追问整治时间表。韩志鹏当场给老伯打"强心针",他说:"这次整治,政府给出了很明晰的时间表是五年,具体每个项目的细化时间表,大家还可以提意见。这次跟以往不同,现在各个职能部门已经在行动,一定会有实质性进展。"②

　　就读于积德小学六年级的一位同学说,希望社区的流动图书馆能增加书籍,增加每个月来社区的次数,让街坊能借到书。他说:"我希望明德小学能降低学费,多招收外来工子女,虽然我读不到了,但也能造福以后的同学。"③

　　截至3月17日晚,公咨委共回收问卷770份、电子邮件180封、群众来信16封、微博私信63封,包括居民意见会现场征集的意见在内共1029条。④截至3月28日,公咨委完成阶段性意见收集工作,共计收集1036条意见和建议。⑤在整理回收意见表时,如果建议基本相同,则抽取有代表性的意见;如果有不同建议,则另外摘录。⑥电子邮件按交通、建设、医疗教育、其他四大类进行划分。从交上的意见表、信件、邮件看,大家关注的主要是交通问题,对整治方案意见基本同意,反对意见比较多的是建垃圾压缩站和通信信号发射站。⑦在居民意见中,同意政府综合整治方案的群众比例为99.8%,仅有0.2%的群众不赞成个别项目。在《同德围地区综合整治工作任务征求意见表》所列

　　①　钟传芳,刘昕月.同德围整治先易后难尽快开工[N].羊城晚报,2012-03-11,广州A7.

　　②　罗苑尹.广州同德围"解围"征集意见,街坊关注地铁、学校和医院[N].南方都市报,2012-03-11.

　　③　马向新,林婕.再不解围,同德围变"穷得围"[N].信息时报,2013-03-11.

　　④　罗苑尹.召开整治工作会议时,当场与各职能部门针对20多项问题逐项落实,陈建华:同德围多项目4月底动工[N].南方都市报,2012-03-19,A04.

　　⑤　杨津,胡刚.公众参与城市治理,广州同德围解困之路[M]//潘家华,魏后凯,李恩平,等.中国城市发展报告NO.8.北京:社会科学文献出版社,2015:311.

　　⑥　来源:公咨委调研。

　　⑦　罗苑尹.同德围整治,居民多反对建"两站"即垃圾压缩站和通信信号发射站,民意征集结束,韩志鹏称整治意见最快下月公示[N].南方都市报,2012-03-14.

的 22 项整治工作任务之外,居民共增加了 12 条群众意见,涵盖了交通规划、河涌整治、环境噪声、增设老人院和邮局、水泥厂和采沙场的搬迁等民生问题。[①]

2012 年 3 月 18 日,市长陈建华来同德围调研,韩志鹏汇报了居民反映的主要问题,公咨委副秘书长郭文峰转达了关于建设高架桥的建议。对此,陈建华提出,由市建委牵头制定同德围整治的初步方案,[②]各单位要充分尊重和采纳公咨委的可行性意见。

公咨委提出的 12 条居民意见,得到广州市、白云区两级政府的重视。围绕着居民意见,市委市政府制定了以建设"幸福同德围"为宗旨的"9+1"重点工程。为了配合"9+1"工程,白云区政府制定了旨在发展同德围的"1+9"重点项目,由同德街负责推进实施。2012 年 8 月 4 日,广州市政府办公厅印发《同德围地区综合整治工作方案》,明确了同德围地区综合整治的指导思想、组织领导、工作思路与目标、工作任务与分工、保障机制和工作要求等内容。[③](见表 2-2)

表 2-2　同德围综合整治的重点工程和项目

主体	广州市政府	白云区政府
宗旨	"幸福同德围"	"发展同德围"
名称	"9+1"重点工程	"1+9"重点项目
内容	地铁八号线北延线建设	田心村城中村改造
	北环高速公路上步桥底人行涵洞改造	横滘商业步行街修复
	广清高速路庆丰收费站辅道改造	粤溪商业综合楼
	同雅东街通往石井河岸边小路	粤溪大街商业楼
	鹅掌坦垃圾压缩站扩建	陶瓷街鞋服中心
	同德公园建设	同康路商务大厦
	公共厕所建设	恒丰商务酒店
	同德中学建设	地铁上步站商业广场
	同德医院建设	地铁同德围站发展
	同德围南北高架桥	地铁鹅掌坦站周边改造(同德商贸城)

①　田恩祥,武琼.同德围下月启动九项整治[N].羊城晚报,2012-03-19.
②　刘怀宇.起承转合四部曲,南北高架终落定[N].南方日报,2012-09-18.
③　《同德围地区综合整治工作方案》的工作任务包括近期任务和远期任务,其中的近期任务包括了"9+1"工程。

在居民意见转化为市、区政府推进的治理项目过程中,公咨委发挥了枢纽作用:一是在居民意见中梳理出共识,将 1000 多条居民意见归纳为 12 项治理需求,使零散的居民意见系统化为有代表性的公共意见;二是将具有代表性的 12 项治理需求提交到政治系统,促成广州市、白云区两级政府回应输出 20 余项治理措施以及《同德围地区综合整治工作方案》中的其他工作任务。

依据政治系统论理论,促成两级政府输出 20 余项治理措施的输入过程,既包括外输入也包括内输入,而且二者并非简单叠加,而是在社会系统和政治系统互动基础上形成了协商式输入。参与者来自不同系统并且在公共政策输出之前进行交流的协商式输入,与单独的外输入、内输入区别明显。行政机关制定同德围综合整治方案时,充分吸收了当地居民的意见,据此开启的同德围综合整治协商式输入,主要体现在治理措施的制定和调整之中权力体系吸纳了社会系统外输入呈现的治理需求。具体来看,公咨委完成利益综合之后的协商式输入可以分解为以下环节:

一是利益要求从公咨委传递给市政府。公咨委代表向陈建华市长提交居民意见,陈建华接受居民的 12 项治理意见,并肯定了公咨委的工作。在此过程中,经过公咨委提炼综合的居民意见从社会系统输入到政治系统中,这是突破了系统边界的外输入,类似于多元输入模式下的输入类型。多元输入的特点是利益输入主体具有广泛性,个人、社会组织、媒体、政党都可以作为利益输入者,在自身愿望转化为明确要求并获得充分支持的情况下,可以将利益要求输入政治系统。多元输入的理论基础多元主义是以古典自由主义为基础的理论综合体,包含着两个重要的假定:一是社会中存在各种各样的组织(利益集团);二是缘由权力资源高度分散性而呈现的一种多中心格局。[①] 多元主义理想的民主状态是,政治制度能完全或几乎完全地响应所有公民的要求,并据此将政府响应公民要求的程度作为评估的基础,用来判断各种制度接近这一理论界限的程度。[②]

---

① 景跃进.比较视野中的多元主义、精英主义与法团主义——一种在分歧中寻求逻辑结构的尝试[J].江苏行政学院学报,2003(4):81-87.

② 罗伯特·达尔.多头政体[M].谭君久,译.北京:商务印书馆,2003:11-12.

　　二是市领导要求相关部门制定同德围整治方案。面对同德围问题,市长个人作为权力体系的代表发起的整治要求、提出的整治方案,属于政治系统的内输入。作为政治系统内部角色,市长要求建委以及各单位开展同德围综合整治活动,并对整治工作提出方向指引,这类似于内输入中的精英输入模式。相比于多元输入,精英输入的主体仅限于掌握权力与资源的精英个人。由于散落在政治系统外部的社会精英输入已经被外输入理论涵盖,本书中精英输入主要是指来自于政治系统内部的政治角色的输入。事实上,输入不仅仅来自于社会,"输入还代表性地来自政治体系内部的政治精英人物,如君主、总统、部长、医院和法官等"。① 精英输入的理论基础精英主义的支持者认为,无论在何种社会里,决定权总是掌握在少数人手里。不把大权集中到社会机构最上层的一小部分人手中,大规模的社会机构就无法形成。所谓"权贵",就是指随着占据某些职位而掌权的人们……在现代复杂的社会里,大权已经机构化了。当人们在社会机构中占据权势地位和支配地位时,他们就有了权力。掌权优秀人物就是那些在大的社会机构中居于权威地位的人。②

　　关于同德围综合整治的内输入与外输入就此汇聚。主导同德围综合整治的政府部门采纳了同德围公咨委传递的居民意见,在外输入、内输入相结合的协商式输入模式下,权力体系输出了:"9+1"工程、"1+9"项目和《同德围地区综合整治工作方案》。

　　伊斯顿将进入政治系统的输入内容分为两类:要求和支持。要求是一种利益表达。比较常见的要求是关于产品和服务分配的要求,如提供公路和运输服务等公共产品的要求。第二类输入是支持,包括政治资源支持,如积极参与公共政策的制定和投票等;顺从者支持,是遵守政治体系制定的权威性政策,如物质支持、服从法律和规章、关心政府传递的信息。③ 要求和支持贯穿

---

　　① 加布里埃尔·A.阿尔蒙德,小·G.宾厄姆·鲍威尔.比较政治学:体系、过程和政策[M].曹沛霖,郑世平,公婷等译.北京:东方出版社,2007:12.

　　② 罗德里克·马丁.权力社会学[M].卢少华,徐万珉,译.哈尔滨:黑龙江人民出版社,1989:7.

　　③ 加布里埃尔·A.阿尔蒙德,小·G.宾厄姆·鲍威尔.比较政治学:体系、过程和政策[M].曹沛霖,郑世平,公婷等译.北京:东方出版社,2007:10-12.

于不同类型的输入模式之中,要求倾向于从主观态度上表明利益取向,往往是针对某种现象而做出的需要表达;支持侧重于从客观方面采取行动取得或维护利益要求,一般是针对某种行为、观点的回应性态度以及行为。

公咨委向领导小组办公室提交居民意见属于输入利益要求;权力体系在输出公共政策之前,倾听并且吸收居民意见,为未来输出的公共政策获得居民支持奠定了基础。在公共治理中,单纯的内输入或者外输入往往表达要求或支持之中的一种情况,在同德围公咨委设立后的协商式输入,不仅为公共政策进一步获取公众的支持性输入奠定基础,还形成政治系统内的一种支持性输入,即政治精英对于公众的治理需求具有较高程度的接纳,政治精英表达对于居民治理需求的支持。社会系统和政治系统中源源不断的支持性输入,进一步促进了同德围治理措施形成过程的协商式输入。(见表 2-3)

表 2-3 同德围综合整治治理措施的协商式输入

社会系统	政治系统
韩志鹏在政协会议上提出综合整治同德围	
	广州市党政领导对韩志鹏积极履行政协委员职责做出肯定态度。市长陈建华在调研后表示开展同德围综合整治并提出"同德围整治要全民参与"
同德围公咨委设立 收集 1036 条居民意见并将其梳理成 12 项治理需求 公咨委向市政府提交了居民的治理意见	
	陈建华提出由市建委牵头制定同德围综合整治的初步方案,各单位要充分尊重同德围公咨委意见的可行性

主导同德围综合整治的政府部门采纳了同德围公咨委传递的居民意见,在外输入、内输入相结合的协商式输入模式下,权力体系输出:
广州市政府"9+1"工程;
白云区政府"1+9"项目;
广州市政府《同德围地区综合整治工作方案》

　　形成同德围综合整治治理措施的协商式输入并非一蹴而就,而是在社会系统外输入力量长期持续刺激下,政治精英做出积极的回应性内输入引发的成果。政治精英主动促成的外、内两种输入类型的衔接,是不同主体之间进行协商式输入的关键。

　　改革开放后,中国的国家和社会关系发生了较大变化,国家向社会释放出一定的参与空间,使公共政策的形成具备了一定的外输入基础。此时,随着社会迅速发展,单纯的内输入模式已经不足以应付外部环境的变化,无法有针对性地启动政治系统的运行。为此,国家进一步向社会释放出了一定的公众参与空间。但是,国家主动释放的公众空间和社会系统的公众参与能力还不足以支撑一个强大的市民社会,在政治系统外部尚未形成强大的利益输入主体,单纯的社会力量还不能够将利益要求输入政治系统,社会系统还不具备多元、法团输入基础。此时,突破了精英主义内输入的协商式输入模式成为社会治理创新实践的主题,由于输入过程结合了外、内输入双重因素,它可以在形式和内容上接纳社会系统的利益需求,并在一定程度上摆脱其他模式在阐释中国公共决策的利益输入环节时面临的困境。

　　在公咨委设立之前,当地居民针对公共设施和服务提出利益要求,可以分为两个阶段。第一阶段是居民以及媒体的外输入阶段,居民的意见表达和媒体报道的外输入努力,并没有促成政府的有效回应。第二阶段是市领导的内输入阶段,通过居民、市领导、专家在报纸展开的公共讨论,利益要求被政治角色感知,副市长主动做出内输入,促成政治系统对同德围的交通问题进行政策输出。

　　在第一阶段,居民和媒体的意见表达没有促成行政体系有针对性的运转。居民对当地公共设施及服务不满意的意见表达,在早期呈现出外输入特征。杨先生提出的建议和居民在《走进同德围》栏目以及群众论坛中提出的改善生活状况意见,具有明确的利益指向,属于输入环节的具体要求。杨先生向各部门提交建议、居民参与公共论坛和媒体报道的目的都是发起具体的利益输入。居民零散的意见表达,尽管持续时间较长,但没有取得政治系统明确有效的治理措施回应。

　　此时的输入类似于在多元输入模式下,个人、媒体向政治系统做出利益输入的努力。在权力系统封闭运行的情况下,个人、媒体仅能呈现利益要求,不具备将其输入政治系统并引发相应运转的能力。因此,上述利益要求以及输入努力全部发生在政治系统之外,没有使居民的利益要求穿越系统边界,引发政治系统的权力运行和政策输出。相对于公咨委成立后的协商式输入,居民早期的外输入努力没有取得治理实效。

在第二阶段,市领导的内输入促进了行政系统的公共政策输出,但是输出的治理措施覆盖范围有限。2007 年的《羊城晚报》公共讨论,仍是在政治系统的外部环境所开展的输入尝试,在当时没能成为撬动政治系统开展回应性运行的充分条件。居民和媒体关于同德围问题的意见表达具备了要求和支持的基本元素,奠定了外输入的基础,并开启了行政体系内输入的回应阶段。时任常务副市长在看到报道后,安排市建委开展调查,要求市规划局、交通整治办对同德围展开交通规划研究、交通整顿、调整优化相关的信号灯等设施。此后,规划部门对于同德围周边的道路交通状况的成因进行了分析,并在报纸上介绍了周边的路网布局。

此时利益输入的起点是媒体及居民在政治系统外部的利益表达,它们获得了政治精英的感知。但由于政治系统和社会系统没有直接对接的信息渠道,市领导的感知与公众意见并没有充分衔接,政治系统的运行依据仍然是市长作为政治角色的经验,所以本次输入本质上是精英主义内输入,而且所输出的治理措施未能与居民需求充分匹配。居民的利益要求是对当地的公共设施和服务进行全面提升,市长的内输入要求是对道路交通问题进行研究,最终输出的公共政策是交通整顿、优化等具体行为。上述三个环节所包含的利益内容逐步递减,政治系统最终输出的交通整顿措施是固有职权的履行,并非具有增量意义的权能新设。所以,尽管居民的利益要求经过政治精英的主动综合,以内输入形式引发政治系统内部有针对性的运转,但是输出内容与居民的利益要求并不完全匹配。相对于公咨委设立之后的协商式输入,这种政治系统内部的精英输入,在与居民需求有效对接方面尚待优化。否则,政治体系内的精英和政府积极作为之后仍然不一定能够取得居民满意的实效。

同德围公咨委设立之后所开展的协商式输入,属于同德围居民提出利益要求的第三个阶段,与前两个阶段的效果迥异。以公咨委为平台的输入环节是具有外、内输入双重属性的协商式输入。公咨委将居民意见送交市长,是外输入;市长对相关部门的指令和部署,是内输入。其中的协商,主要体现在相关部门在治理政策的制定中对居民意见的参考和采纳。回顾同德围综合整治启动的三个阶段,第一阶段的居民和媒体意见表达仅具有外输入的特征,没有使利益要求真正输入行政体系。在第二阶段的公共空间讨论使利益要求部分输入政治系统,政治系统内部进行了精英主义的内输入力图回应外输入,但是外、内输入互相独立,外输入最终没有促成有效回应居民治理需求的政策输出。在公咨委成立后的新阶段,外部利益要求输入行政体系内,行政体系内启动了内输入,在外、内输入的结合下,政治系统最终输出了 20 余项治理措施,相对较为全面地回应了居民的治理需求。可见,社会系统与政治系统之间的有效协商,是促成同德围治理措施输出的重要条件,协商式输入是同德围治理措施形成过程的重要特征。(见图 2-2,图 2-3)

图 2-2　同德围居民治理意见走向图

从同德围综合整治治理需求输入的流程图可见,同德围公咨委设立后的协商式输入与其他输入类型明显不同。首先,相对于多元主义输入来说,政治系统内部的精英输入发挥了重要作用,具有多元主义输入模式不具备的内输入特征。其次,相对于精英主义来说,利益要求穿越了系统的边界,政治系统吸收了外部环境的多元信息,明显不同于政治系统内部的内输入,输入环节的主体更为丰富。而且,协商式输入也不同于西方国家的"法团输入"。法团主义可以被定义为是一种利益代表体制。(社会中)各个构成单位都被组织到数

图 2-3　政治系统论下同德围综合整治治理措施形成流程

量有限的,具有单一性、强制性、非竞争性、等级化秩序性及功能分化性等特征的各部门中,这些部门得到国家的承认或认证(若不是由国家创建的),并被授予在各自领域内的垄断性代表地位,不过作为一种交换,国家对它们的领袖选择和需求表达享有一定程度的控制权。[①] 法团输入的特点是,输入主体采取了利益代表的形式,避免了不同主体的输入重复、冲突;输入主体与政治系统互相认可,利益代表具有一定的输入垄断权力。公咨委并不享有利益表达的垄断权利,其他个人和组织仍可以通过其他渠道进行利益表达,可见同德围综合整治过程中的输入不属于法团输入。

在同德围公咨委运行中,外输入、内输入相结合,并展开了协商式输入,体现出协商民主的实践特征。协商民主理论中的"民主",指公共决策经过"受到影响的公民或其代表者的参与而达成"。公咨委通过收集和呈现民意使居民真切地参与到地方治理之中,公咨委的有效运行在公众参与范围、参与秩序和参与效果方面提升了地方治理的民主程度。

一是实现居民参与地方治理的数量增加。在第一阶段,居民以个体、群体的方式参与地方治理,表达个体、群体意见,表达意见的范围有限。在第二阶段,由于报纸媒体的限制,能够发表意见、参与讨论的居民数量仍十分有限。而在第三阶段,公咨委面向全体居民开放,其代表全体居民的公共意见。可

---

① 吴建平.理解法团主义——兼论其在中国国家与社会关系研究中的适用性[J].社会学研究,2012(1):174-198.

见,公咨委的设立,增加了参与地方治理的人员数量。

二是促成居民参与地方治理的形式有序。在第一、二阶段,居民通过零散、随机的方式表达意见。公咨委设立后,与领导小组办公室建立了长效信息互动机制,使居民参与地方治理走向制度化。而且,在第三阶段,公咨委对居民意见进行了整理和提炼,将公民意见归纳为12项治理需求,实现了居民意见呈现的规范化。可见,居民参与地方治理的形式逐步有序。

三是使居民参与地方治理的实效显现。相对于第一、二阶段,在第三阶段的居民参与实现了公共意见向行政决策的转化,提高了民主的质量。如果居民参与公共治理,但不能将自己的意见转化成公共决策,那么这种参与仅是形式参与,并没有提升民主的实效;只有居民意见能够转化成公共决策,居民才实质性地参与公共治理,协商民主才真正得以实现。

作为一项协商民主机制的创新,公咨委对于汇集行政体系内外的信息及知识,形成并且推进较具可操作性的治理方案至关重要。其具有的制度潜力在于:一是承担咨询专家和政策解释宣传员的双重职责,对于加强决策的民主合法性和科学性起到作用。二是在改造方案执行过程中及时促进政策的修正及完善,提升决策的可执行性和可持续性。三是为基层行政机构有效履行职责提供多元参与的协商平台,并在增强基层政府决策能力的同时,辅助居民实质性地参与讨论。①

---

① 蒋余浩,赵竹茵.协商与基层治理体系变革——探索"行政民主"路径的可能性[J].公共治理研究,2021(6).

第三章　公咨委运行

——同德围治理措施实施中的协商式推进

在地方治理中,广泛合作和利益冲突往往交互出现。由于社会合作,存在着一种利益的一致,它使所有人有可能过一种比他们仅靠自己的努力独自生存所过得更好的生活;另一方面,由于这些人对由他们协力产生的较大利益怎样分配并不是无动于衷的,这样就产生了一种利益冲突,就需要一系列的原则来指导在各种不同的决定利益分配的社会安排之间进行选择。[1] 在同德围综合整治中,居民的共同利益指向是提升当地的公共设施和服务。然而,在探寻更优异的制度安排,建设更加美好生活环境的道路上,居民内部的利益冲突日益清晰。在以邻避[2]为主要表现形式的社会矛盾化解中,同德围公咨委促成的公共协商,成为决定利益分配的重要程序,促成同德围综合整治的推进,破解了单纯依靠公权力无法回应的治理难题,开展了"共建和谐围"的同德围综合整治。

公咨委深度介入到同德围综合整治的公共政策实施过程。围绕权力体系输出的 20 余项治理措施,作为协商平台缓和了居民之间的利益冲突,营造了和谐的治理氛围,促成南北高架桥等决策落地;通过与权力部门协商,发挥群众监督功能,影响了市六十五中同德分校选址,促成地铁鹅掌坦站、规划路、过街天桥和机动车调头位的设置等方案的调整,推动市中医院同德分院、地铁西村站、北环高速公路涵洞的建设进程;逐步发展成为治理主体,努力消解居民对抗情绪,参与平息困扰权力部门的南德变电站上访等问题。在同德围综合整治中,公咨委既代表居民监督各项建设项目推进,同时又配合权力部门说服

---

[1]　罗尔斯.正义论[M].何怀宏,何包钢,廖申白,译.北京:中国社会科学出版社,1988:4.

[2]　"邻避"是指居民面对不受欢迎的设施在其附近选址时采取的一种保护主义和对抗的态度。

居民支持建设施工。在不同角色切换中拿捏有度,并一以贯之地将协商作为工作原则,是公咨委始终保持群众信任的根基。

从公咨委参与和促成的协商可见,同德围综合整治奉行了集体决策的民主协商原则。在同德围综合整治中,受到影响的群体参与了决策制定过程,并进行了较为充分的争论,而且,这些争论中蕴含着理性思考。这对应了协商民主的一个含义:所有人都同意该观念涉及集体决策,而所有将受到这一决策影响的人或其代表都参与了该集体决策:这是其民主的部分。同样,所有人还同意该观念涉及经由争论进行的决策,这些争论既来自参与者,也面向参与者,而这些参与者具备了理性和公正这样的品德,这是其协商的部分。① 如果说公咨委的设立相对体现出民主特征,那么公咨委的运行则相对体现出协商特点。

第一节　协商平台

在广州市政府制定的同德围综合整治治理措施"9＋1"工程中,南北高架桥工程是其中最为突出的"1"。在同德围南北高架桥建设方案的制定中,以同德围公咨委作为平台,开展了较为充分的协商。同德围公咨委参与到南北高架桥的建设提议、方案制定和纠纷解决中,以打造协商平台为主要方式促进居民之间以及居民和建设单位②开展协商。修建高架桥的提议,最初由居民何世江在公咨委主持召开的"千人大会"上提出。高架桥的建设方案,经过建设单位、居民、村委会、居委会以及地方政府部门多次讨论完善。高架桥项目自确定方案后经过大的方案调整有 10 多次,加上局部方案调整共有 30 多次,大的协调会有 40 多次,加上其他各类型的协调 100 多次。③

---

① 约·埃尔斯特.协商民主:挑战与反思[M]//周艳辉,译.北京:中央编译出版社,2009:9-10.

② 南北高架桥属于市政工程,当时主要由广州市城乡建设管理部门负责建设。

③ 吕楠芳,穗建,卢书桃,等.同德围南北高架桥终于要通了! 就在周末! [N].羊城晚报,2014-12-24.

南北高架桥于 2012 年 12 月 29 日奠基,2014 年 12 月 28 日 12 点开通。高架桥南北走向,南起西湾路(唐宁花园)、北接白云一线(德康路),全线在京广铁路西侧,沿新市涌设置,全长 3.48 公里,其中地面道路长 0.79 公里,高架桥长 2.69 公里,标准段桥宽 16.5 米,为城市次干道,标准段为双向 4 车道,设计车速 40 公里/小时①。高架桥设白云一线、横滘大道、粤溪北路(北环段)、荔德路和西湾路五个交叉节点,设立体交叉 3 处、平面交叉 2 处。② 南北高架桥可分担同德围南北总交通量中 50％的车流量。③

南北高架桥的走向和起伏,见证了同德围协商式治理的曲折和辗转。南北高架桥紧邻石井河,在紧凑的居民区、货场之间大体呈"m"状蜿蜒走向,临地面穿越北环高速公路高架桥,与不远处的铁路干线几度相望。曾有数个建设方案在此经过反复讨论,但都由于涉及沿线居民利益而引发争议。高架桥几番转向,都是建设方案顺应居民意见的结果。高架桥几度起落,都是建设方案为协调居民意见所作的调整。"那些没有争议或争议较小的土地上,成功铺设了高架桥;而争议较大的路段,由于居民担心架桥影响两侧物业的商业开发,建设方案调整成为'落地'铺路。"④在同德围南北高架桥的石碑上,这次协商被铭记为:"建设者殚精竭虑、席不暇暖,有沿线区府,有城建交通,有同德居民,有国土房管,勠力齐心,屡求圆满。"

在同德围综合整治中,公咨委促成的协商既包括建设单位与居民的协商,又包括居民之间的协商。

2012 年 3 月,市建委牵头制定南北高架桥建设施工初步方案,称为西线方案。路线沿石井河途径鹅掌坦,经由岭南湾畔从富力环市西苑旁接驳西湾路。方案公布后,受到专家和沿途居民反对。专家提出西线方案不仅会影响石井河的生态建设,而且涉及 6 个出入口拆迁,工作存在较大困难。西湾路周

---

① 吕楠芳,穗建,卢书桃,等.同德围南北高架桥终于要通了! 就在周末! [N].羊城晚报,2014-12-24.

② 魏凯.同德围终于"突围"南北高架桥昨开通,陈建华、韩志鹏及百余街坊信步过桥[N].南方都市报,2014-12-29.

③ 徐海星,杨进,李大林.同德围南北高架桥竣工通车[N].广州日报,2014-12-29.

④ 李伟庭在高架桥通车后对本书作者的感叹。

边数个大型楼盘业主及其业委会,也担心高架桥项目产生不良影响。在多次讨论后,西线方案未能通过。但是经过反复交流,修建高架桥的重要性深入人心,越来越多的居民接受修建高架桥的提议。①

4月29日,在陈建华市长召集的现场调研会中,东线方案获得大多数人赞成。东线方案又称新市涌方案,路线从德康路沿新市涌修建高架桥,经唐宁花园接驳西湾站。市建委、市规划局在征求沿途铁路部门、同德围公咨委、同德街道办事处、村民委员会以及居民代表的意见后,向公众征求意见。唐宁花园业主强烈反对东线方案,部分业主认为高架桥紧邻小区,噪音会严重扰民,为此甚至集体信访。市建委与同德街道办在唐宁街召开多次现场会议,向居民做出解释:高架桥在唐宁花园段是沥青地面,不会产生太大噪音;高架桥距离小区100多米,建设时会设置隔音屏障;道路是市政路,将为小区居民出行带来便利。随着不断解释沟通,业主逐步接受东线方案。②

6月30日,市建委就东线方案召开首场座谈会,征求同德围居民和公咨委意见。在两个方案中,大家原则上同意东线方案。但在东线方案中,高架桥是否穿越北站货场成为争议焦点。越秀区矿泉街瑶台村沙涌南经济合作社有2000余名社员,社员代表认为高架桥穿越货场会影响当地经济利益,建议采用绕行方案。他们提出沿铁路修建高架桥新方案,并表示如果采纳此方案,他们将积极协调货场搬迁。至此,关于东线建桥共形成三个方案。③

7月14日,市建委就同德围南北高架桥的三个东线建设方案召开座谈会。

方案一是高架桥沿北站货场外围通过,称为绕行方案。该方案避免了高架桥对北站货场的影响,但绕行之后高架桥靠近田心村。尽管设计方表示,高架桥距离最近城中村在20米以上,但白云区政府、同德街道办以及附近居民代表仍然强烈反对绕行方案。白云区政府代表认为,田心村土地不多,改造资金的重要来源是土地融资,如果实行绕行方案,高架桥带来的噪音、污染将降低土地价值,给田心村改造带来困难。

---

① 刘怀宇.起承转合四部曲,南北高架终落定[N].南方日报,2012-09-18.

② 刘怀宇.起承转合四部曲,南北高架终落定[N].南方日报,2012-09-18.

③ 刘怀宇.起承转合四部曲,南北高架终落定[N].南方日报,2012-09-18.

方案二是高架桥在北站货场上空直行穿过，称为直行方案。直行方案受到越秀区矿泉街瑶台村代表的反对。他们提出，货场是村集体物业，引入高架桥将影响货场使用。

方案三是高架沿着铁路通过。所有村民都赞同该方案，但铁路管理方广铁集团明确反对。他们表示，修建高架桥会影响广州一些重要物品供应，而且此处铁路拆迁审批需报铁道部。另外，从技术上说，这种方案涉及拆迁面积大，工程造价高，铁路穿越会影响高架桥通行能力，降低交通解困效果。[①]

7月14日座谈会的分歧较大。设计方和铁路部门代表不同意东线方案三，白云区政府及同德围公咨委代表不同意东线方案一，越秀区矿泉街瑶台村村民代表不同意方案二。韩志鹏提议在三个方案之间投票决定，参会的矿泉街代表强烈抗议这个提议愤而离席[②]，会议不欢而散。会上一位工作人员表示，如果"大家都谈不拢，干脆不要建算了"。[③]

关于同德围综合整治，居民积极表达利益诉求，表明他们认可地方治理需要公权力积极运行；但是，城市建设带来的不均衡影响，使得居民内部在具体措施推进中难于达成共识，形成博弈局面。此时，如果不能妥善对待居民间的利益冲突，不仅地方治理难以开展，还可能引发居民内部或对权力部门的集体对抗。

尽管讨论陷入僵局，但是参会者充分表达了观点，这为开展进一步的协商奠定了基础。会后针对高架桥方案争议较大的问题，公咨委委员与建设方工作人员进行了深入沟通，决定在组织专业力量完善高架桥方案的同时，加强开展对居民的解释和引导工作。公咨委与建设部门通力合作，建设部门加强对方案的解释和宣传，公咨委着重从公共利益角度说服居民做出让步。在高架桥方案制定中，公咨委不再仅是面向政府部门的"民意代表"，而转化成为促成共识的"协商平台"。

---

① 魏凯.同德围南北高架怎么建还在角力？各方利益无法达成共识，广州市建委组织的第二次协调再次无果[N].南方都市报，2012-07-15.

② 刘怀宇.起承转合四部曲，南北高架终落定[N].南方日报，2012-09-18.

③ 魏凯.同德围南北高架怎么建还在角力？各方利益无法达成共识，广州市建委组织的第二次协调再次无果[N].南方都市报，2012-07-15.

通过与居民深度沟通,公咨委关注到铁路仓库、田心村粤西村瑶台村地块由历史形成,如果高架桥穿越分割,必然影响相关方的利益,为此,公咨委要求建设部门有针对性地调整设计方案。同时,也代表建设单位对居民进行说服解释。在此过程中,公咨委获得建设单位与居民的双重认可。建设单位与居民之间没有对抗,而是在公咨委的双向协调中交流互动。在公咨委推动和维系的协商中,居民意见和行政决策互相渗透,施工方案与居民意见的距离逐渐缩小。

7月20日,同德围公咨委召开会议,对经过优化的三个施工方案进行表决,近九成代表赞成东线地面直行方案,也就是"落地"方案。经过一番讨论后,到场的27名代表进行最后表决,其中24名赞成"落地"方案。韩志鹏表示,落地方案是三个方案中执行难度最大的,但表决结果代表公咨委的意见,写成文件后立即反馈给市建委。①

设计方听取公咨委和居民代表的意见和建议后,将方案修改为"顺河涌底线方案",该方案较为接近原东线方案一。但在新方案中,高架桥大部分沿石井河上方修建,高架部分分割为两段。为解决绕行货场问题,高架桥在粤西北路"落地",以地面道路连接南北两端分割的高架路,高架桥中段(穿越上步村、粤西村、田心村)将有1.1公里的地面道路。为此,市建委与白云区、越秀区相关村社对接两次,做了大量现场调研、咨询和协调工作。同德围内的五个自然村和越秀区瑶台村,就修改后的高架桥方案签下同意书,同德街、矿泉街复函表示了同意。②

在最后确定的顺河涌底线方案中,铁路仓库不需要拆迁,确保广铁集团支持建设方案;田心村、粤西村拐弯位缩小,保证村民利益不受损;瑶台村土地不需要分割,避免矿泉街居民的强烈不满。田心村之前因可能被大量征地而持反对意见,而方案修改后,建设产生的拆迁总面积更少,田心村的征地减少了许多。③公咨委再次召开居民讨论会,大家一致认为在建设中应尽量减少征地范围,避免因征地引发争议。在各方理解让步的基础上,居民与建设单位对

---

① 黄宽伟.多数赞成"落地"方案[N].广州日报,2012-07-21.

② 钟传芳,黄宙辉,夏小杰,等.同德围高架中间"落地"[N].羊城晚报,2012-09-03.

③ 刘怀宇.起承转合四部曲,南北高架终落定[N].南方日报,2012-09-18.

高架桥建设方案的态度日趋一致。

9月2日,关于同德围高架桥方案,市建委再次征集群众意见,仅有15名居民代表提出改善性质的意见,没有人提出完全反对意见。经过投票,参会的28名公咨委委员全部同意新方案。9月5日—14日,南北高架桥建设方案第二次公示征求意见,没有居民提出反对。①

10月29日,市政府常务会议审议并通过《同德围南北高架桥实施工作方案》,明确高架桥争取在年内开工。韩志鹏和何世江作为市长陈建华特邀的"特殊代表"列席会议,参与市政府最高决策会议对这一议题的审议,并就同德围南北高架桥实施工作方案发表意见。② 在会议上,何世江对同德围交通疏解工作成效表示满意,对方案没有意见。而韩志鹏则提出,希望进一步提升高架桥的利用价值,考虑增加公交通行,为解决当地的交通拥堵再出把力。参会的市建委主任回应:"方案设计的时候有这方面的考虑,可以实现公交通行。"③

市政府批准后,高架桥建设方案进入实施阶段。市建委负责人评价最终的高架桥方案:"其实新的方案与原方案相比,并没有进行大修大改,只是广泛吸纳了群众的一些好的建议而已。"④

同德围南北高架碑记⑤

粤地以围名者,多有傍水而筑之实,同德斯围,傍石井河又得珠江支脉所拥,处广州西北一隅,天成自然。近十数年以来,城区人口多有迁入,鹅掌坦、田心、粤溪、上步、横滘诸村并十九社区,渐为出行所困。方里之间,三十万人拥塞于区区短途;晨昏之时,商贸工学蹉跎于漫漫长路。斯地斯民盼添桥增路切矣。

2012年春,广州市委、市政府顺民心而布新局,同德围坷终得大盼。牵同德之忧,问政问需百姓注目;望同心之乐,问计问效万众攸关。政民

---

① 刘怀宇.起承转合四部曲,南北高架终落定[N].南方日报,2012-09-18.

② 郑旭森,黄少江.同德围南北高架桥年内开工[N].羊城晚报,2012-10-30.

③ 徐海星.广开言路,广纳民智,办好民心工程[N].广州日报,2012-10-30.

④ 刘怀宇.起承转合四部曲,南北高架终落定[N].南方日报,2012-09-18.

⑤ 徐海星,杨进,李大林.同德围南北高架桥竣工通车[N].广州日报,20141229.

互动,咨监委员会应运而生,综合整治,南北高架桥愿在目前。

同德围南北高架桥之建设奠基于 2012 年 12 月 29 日,告竣于 2014 年 12 月 20 日,两历寒暑,终得大成。是桥始建之时,沿涌架设,沙层既厚,溶洞复多,营造之艰,立千言难以稍全。所幸也,建设者殚精竭虑,席不暇暖,有沿线区府,有城建交通,有同德居民,有国土房管,勠力齐心,屡求圆满。

而今是桥终成。三千四百八十米,万般风物长驱可入;主线双向四车道,十年块垒突围得舒。百姓有所呼,政府有所应,从此桥路,蔚为大观;百姓有所需,政府有所为,从此同德,前途无限。

是为记。

同德围公众咨询监督委员会[①]

2014 年 12 月 20 日

图 3-1 同德围高架桥协商过程图

---

① 南北高架桥碑记作者为韩志鹏先生,由屈哨兵先生转译为文言文。

在城市治理中,随着居民权利意识的觉醒,公共决策对于居民意见的重视和采纳程度,直接影响地方治理进程。在同德围综合整治中,公咨委为政府与民众之间的协同合作搭建了平台,更有效地协调了民众内部的多元利益诉求。① 在南北高架桥建设方案制定中,公咨委的有效运行,打破了居民和建设单位的信任壁垒,促进形成了双方认可的建设方案。这也许表明,在社会治理中,在制定影响深远的长期决策时,由非官方机制促成的协商式讨论,可以通过类似于科学研究的民主过程,引导公共政策走向。

从公咨委的设立过程,我们可以看出这种协商式治理机制将权力运行与推进协商民主结合起来,在行政体系与人民群众开展协商的基础上,逐步实现行政体系走向网络化治理、民主辅助功能和扁平化决策方向变革。具体表现在:一是形成网络化治理模式,化解"合作难题"。对于社会治理中较为复杂的问题,一方面通过制定政策等"强制性"方式推行,另一方面不断拓展合作者范围,不断修正完善协商方案。二是激活体制中的民主协商机制,辅助普通群众"实质平等地"参与协商。通过社会精英牵头并承担辅助责任的参与过程中,为普通群众获得大量的学习和深入讨论问题的机会,克服普通参与者由于资源和专业知识储备不足而带来的消极影响。三是形成扁平化决策方式,增强公共决策的"反思性"。通过与行政体系的"命令－服从"相对应的"讨论－修订"治理模式,发挥敦促相关部门与人民群众共同讨论问题并且修订治理方案的制度功能,形成一种在执行中及时处理问题的扁平化决策方式,帮助行政部门克服了内部职责分化导致的僵化。②

相对于建设单位决定或者居民投票,在南北高架桥建设方案确定中,公咨委促成的居民协商,具有以下优势:

第一,有助于确保公共政策具有科学性。通过居民协商讨论的建设方案,考量因素更为全面。居民是高架桥建设的利害关系人,高架桥建设直接影响到他们的工作和生活,他们对建设方案更为敏感,因此对居民关切内容的关照

---

① 胡刚,苏红叶.广州城市治理转型的实践与创新——基于"同德围模式"的思考[J].城市问题,2014(3):85-89.

② 蒋余浩,赵竹茵.协商与基层治理体系变革——探索"行政民主"路径的可能性[J].公共治理研究,2021(6).

程度,成为衡量高架桥建设方案是否科学的重要标准。对于建设单位来说,即使他们具有"广开言路"的意愿,但是由于身份带来的视角特点,使他们的着眼点更加倾向于落在建设方案实施的技术层面。而在利益错综复杂的城市中开展地方治理,平衡不同群体利益关系的重要性往往胜过破解问题所依赖的技术手段,判断治理措施科学性的标准应该更加注重社会人文因素。所以,在南北高架桥的几个建设方案中,尽管顺河涌底线方案的施工难度最大,但在同德围居民风起云涌的治理意见中,从推进效果上看,这个方案最为科学。

相对于公众投票,公共协商程序关注细节,为治理措施的科学性奠定了基础。建设部门、居民代表在协商中所呈现出的或极端或温和的情绪,直接影响到方案能否顺利实施,这些至关重要的情绪在普通的投票程序中很难得到关注,而公共协商却能够珍视这些情绪,尊重它们所代表的利益要求。同时,协商回避了投票程序的规则设置难题。如果选择投票方式确定施工方案,还需要设计投票规则,如全民投票还是代表投票、如何确定投票代表,等等。而设定这些规则,极可能在居民中再度引发争议,导致问题复杂化。可见,相对于普通投票,支持协商讨论的理由之一是,当设计一种能够考虑到相同范围和方式的意见表达的投票机制是一件麻烦事时,讨论却能够相对细微地揭示出私人信息(这里指的是偏好)。[①] 在南北高架桥建设方案制定中,居民协商讨论在关注细节的程序设置方面,具有公众投票无法企及的优势。

第二,有助于增加公共决策的理性。人们由于想象力或者是筹划能力的不足,在公共决策制定中容易犯下错误。这种现象不仅会发生在个人身上,也会发生在组织层面。围绕着南北高架桥的施工方案,建设部门与居民在反复协商中,互相激发开启智慧,为各方提供从他人视角看待施工方案的机会,有利于增加公共决策的理性。

相对于建设单位决定或者居民投票程序,同德围公咨委促成的居民协商明显增强了公共决策的理性。如果将一个完整的协商过程分解为观点的表达、改变和聚合三个阶段:表达是协商起点,参与者通过表达观点呈现意见或态度;观点改变是通过信息交流,参与者补充、修正或者彻底改变最初观点;观

① 詹姆斯·D.费伦.作为协商的讨论[M]//约·埃尔斯特.协商民主:挑战与反思,周艳辉,译.北京:中央编译出版社,2009:47.

点聚合指通过某种规则形成决议。建设单位单方决定建设方案,仅发生上述第一个阶段的观点表达结果,不能实现第二、三阶段的观点改变和聚合效果,这意味着最终形成的公共决策的理性仅代表了建设单位的理性,无法体现多方参与者的理性。而即使是体现多方参与者理性的投票,也仅能取得上述第一、三阶段效果,呈现观点和形成决议,无法通过信息交流实现第二阶段改变参与者自身偏好的结果。然而,此阶段的参与者改变自身偏好却是增加公共决策理性的核心内容。参与者通过公共协商,改变最初观点的原因是通过沟通认识到其他观点的正确性、合理性,从而丰富自身认识,这是参与者摆脱自身利益局限寻求理性的过程,也是民主协商相对于其他形式的决策机制更为富含理性的关键所在。在高架桥方案的协商中,参与者通过不断协商,增强了最终方案的理性。

第三,有助于促进公共决策得到支持。如果高架桥施工方案由建设单位单方制定,居民没有通过协商讨论获取充分信息以及丰富自身认识,那么居民对于高架桥方案的支持程度将大打折扣。从协商过程可见,居民对于建桥决定和建设方案的认同逐步增强:最初部分居民并不同意建设高架桥,通过反复讨论协商,居民渐渐接受了修建高架桥的提议,转向对于建设方案的讨论。可见,如果没有使居民充分认知公共决策,即使是一项对居民有利的治理措施,也未必能够获取支持。

相对于投票来看,公共协商有助于高架桥方案最终取得居民支持。一项公共决策的实施,需要依赖于群体成员随后的服从、协助等。如果制定公共决策脱离群众,它的实施过程就未必能够得到相应的支持。事实上,关于高架桥最初的任何一个建设方案都存在持强烈反对态度的利益相关方,如果通过投票而不是协商讨论确定施工方案,那么无论哪个方案在投票中被确定为施工方案,在实施中都可能会因为遭遇到相关方的反对而使施工陷入困境。而以公开讨论形式开展的协商,则使方案制定与实施环节联系起来,使方案实施中面向的群体参与到方案的制定,并使他们的利益得到关照,从而促进方案在实施过程中得到尽可能多的支持。

第四,培养居民的公民意识。理想上最好的政府形式就是主权或作为最后手段的最高支配权力属于社会整个集体的那种政府;每个公民不仅对该最终的主权的行使有发言权,而且,至少是有时,被要求实际上参加政府,亲自担任某种地方的或一般的公共职务。[①] 好政府的第一要素既然是组成社会的人们的美德和智慧,所以任何政府形式所能具有的最重要的优点就是促进人民本身的美德和智慧。[②] 尽管这是思想家的理想状态,但无论如何,居民积极参与涉及自身利益的地方事务,是一种公民美德,也是地方治理中应该促进的内容。如果高架桥的施工方案仅由设计方单方决定,居民没有参与其中,就丧失了一次培养公众参与和公民美德的机会。

相对于不经协商而开展的投票,南北高架桥的协商过程对参与者产生了积极影响,有利于形成公民意识以及公民文化。在同德围综合整治中,权力体系主动调整治理格局,通过公咨委打开面向社会系统的接口;通过公共协商,使居民在公共治理中找到定位。而如果采取投票方式,居民无法在公共决策中施展抱负,参与公共事务的积极性将被抑制,热衷于参与的公民意识无法得到培养。按照阿尔蒙德的观点,公民文化是一种忠诚的参与者文化。个人不仅趋向于政治输入,而且他们还积极地取向于输入结构和输入过程……公民文化是一种政治文化和政治结构相互协调的参与者政治文化。[③] 权力体系对居民参与的支持,有利于公民文化的成长。公民参与性的锤炼、公民意识的培养,使公咨委在促成治理措施推进过程中的协商具有超越同德围综合整治过程本身的政治文化意义。

第二节　协商监督

南北高架桥方案确定之后,同德围综合整治"9+1"工程进入全面推进阶段。公咨委积极履行《同德围地区综合整治工作咨询监督委员会工作规则(试

---

① 密尔.代议制政府[M].汪瑄,译.北京:商务印书馆,1982:43.

② 密尔.代议制政府[M].汪瑄,译.北京:商务印书馆,1982:26.

③ 加布里埃尔·A.阿尔蒙德,西德尼·维巴.公民文化——五个国家的政治态度和民主制[M].徐湘林等译.北京:东方出版社,2008:28-29.

行)》规定的职责,监督综合整治过程,对遇到的问题及时提出意见和建议。①

公咨委主要通过协商监督方式开展工作。公咨委的监督活动,影响了地铁、公园、道路、高架桥的建设施工。当居民对施工方案异议较大时,公咨委会将相关情况反映给施工方及政府主管部门;在施工影响居民利益时,部分居民也会选择通过公咨委向主管部门表达意见。

在同德围综合整治中,地铁建设是缓解居民出行难的重要项目。在"9+1"工程中,广州地铁八号线北延段建设工程的重要性处于首位。2012 年 10 月中旬,地铁八号线北延段的可行性研究报告获得批准,在同德围地区计划设有鹅掌坦、同德、上步、聚龙 4 个站点。然而,由于鹅掌坦站的土地产权方拒绝征地拆迁,有关部门决定以金沙洲的增埗站取代此站。

在鹅掌坦附近有很多因地铁建设而拆迁落户到此的居民,当得知计划设在当地的地铁站被取消后,他们纷纷向公咨委表达不满意见。经过摸查后,公咨委发现鹅掌坦是同德围人口最密集的区域,附近常住人口接近 3 万,如果地铁站取消,八号线北延段对于同德围地区交通能力的提升作用将大打折扣。

公咨委通过多种形式向相关部门反映情况,努力恢复鹅掌坦站的设置。公咨委向广州市地铁总公司发函②,反映居民要求设置鹅掌坦站的意见,同时还要求白云区政府积极向上级部门反映情况,配合设置地铁鹅掌坦站。韩志鹏在微博上@广州地铁,"鹅掌坦村愿无偿提供建设用地,请务必重新规划鹅掌坦站";他还对地铁同德围站名提出异议,认为应当参照当地公交站牌确定为"同德乡站",并且希望修建地铁时建厕所。微博发出第二日,广州地铁公司回复:"线路规划由政府有关部门论证研究,车站选点要满足规划对地铁线路的走向、周边环境、地址和设计规范等要求,我们会配合有关部门认真研究鹅

---

① 《同德围地区综合整治工作咨询监督委员会工作规则(试行)》第 4 条:咨询监督委工作职责主要为四个方面:一是意见征集。广泛征求居民对同德围地区综合整治方案的意见。二是过程监督。全程监督综合整治工作,及时提出意见和建议。三是协调矛盾。在整治过程中对居民做好解释、说服工作。四是工作评价。对综合整治工作效果进行客观评价。

② 魏凯,刘军,马强.同德围公咨委"就像桥梁和润滑剂"[N].南方都市报,2014-12-25.

掌坦村提出的新建议;按照市地名管理条例,命名将在开通前由民政局开展,现在的名字只是施工使用;今后开通地铁,将在具备条件的情况下建厕所。"①此外,公咨委还向同德围综合整治领导小组办公室发函,反映地铁鹅掌坦站将被取消的情况,表达居民保留该站的迫切愿望。对此,市政府相关部门、地铁总公司派员前往现场调研,并与公咨委协商地铁站的设置方案。

12月29日,在南北高架路开工暨同德公园竣工仪式后召开的同德围地区综合整治座谈会上,陈建华市长与地铁公司、白云区及同德街道办的代表、公咨委委员共同讨论地铁站的设置问题。有公咨委委员提出鹅掌坦居民人口较多,如果改为增埗站就不能缓解当地出行难题,建议恢复原规划中的鹅掌坦站,并利用地铁过街通道与公交结合起来。地铁公司负责人解释了取消鹅掌坦站的原因,介绍了拆迁遇到的困难。白云区政府以及同德街道的参会人员表示拆迁涉及范围内的商铺同意拆迁,而且他们将与其中最"难啃"的丝绸大厦协商,站点设置在鹅掌坦是可行的。了解上述情况后,陈建华要求地铁公司将站点设置在鹅掌坦不再变。② 在同德围居民、公咨委以及白云区政府的共同努力下,地铁鹅掌坦站最终在同德围地区落地。新站位于原鹅掌坦站选址向北移320米左右的地方。③

关于地铁鹅掌坦站的建设,同德围综合整治领导小组办公室以及相关部门对公咨委的监督工作予以支持。在同德围综合整治中,相关部门曾多次向公咨委发函回复工作进展。针对同德围广州市同盈实业有限公司提交的《关于迁移鹅掌坦琪利广场地铁站口的请示》,领导小组办公室通过发文向公咨委做出回复,解释了鹅掌坦站口的空间布局、建筑结构以及相关规划,并在复函中附有市规划局、市地铁总公司对于鹅掌坦地铁口迁移有关事宜的意见。④

在同德围综合整治中,同德公园的雕塑迁移一事社会影响较大。2013年初,同德公园门口的一尊雕塑引发市民讨论,广州的部分媒体报道了此事。名

---

① 廖颖谊.请务必重新规划鹅掌坦站![N].新快报,2012-12-21.

② 万宇,武琼,陶军,等.同德围南北高架路昨开工[N].信息时报,2012-12-30.

③ 葛丹,徐海星.同德公园下月开放同德医院2014年启用[N].广州日报,2012-12-30.

④ 来源:公咨委调研。

为《荟聚同德》的雕塑轮廓呈圆形,由多名裸体人像连接而成。雕塑主体人物性别特征明显,其中男性肌肉发达,女性娇小柔美。雕塑在网络、媒体曝光之后,引发了"是色情还是艺术"的讨论。有居民认为雕塑有色情含义,不适合放置于公共场所。也有市民认为,雕塑是艺术品,其中蕴含着"团结就是力量"的寓意,无关色情。还有市民认为同德公园里都是花草树木,放置人体雕塑与周围环境不协调。后来,有市民提出雕塑抄袭了挪威奥斯陆公园的"生命之环",涉及侵犯知识产权。对此,韩志鹏发表了"(雕塑)是色情还是艺术? 连日来,媒体和街坊一直在追问我"的微博,对此事表示关注。① 他还提出:"招投标程序有无专家评选、群众投票?"

雕塑的创作者表示,该雕塑用男女老少交错相拥的造型,表达了感情的相依相恋,环状造型体现了同心同德、同舟共济和惺惺相惜的精神,也体现了生命的健硕和柔美。② 对于涉嫌抄袭,创作者回应:"确是借鉴了挪威奥斯陆公园'人生之环'的雕塑……并无对人体面部进行刻画,所以不存在抄袭的问题。"但广州美院雕塑系专家指出:"80%以上一样,基本上是抄袭。也许法律上难以追究,但艺术家的良心和社会良心讲不过去。"③

对于雕塑的内涵,白云区政府书面回应:"根据设计公司介绍,作品创作理念通过对健硕、柔美的人体艺术形态进行再创作,描绘了人们相依相偎,相惜相拥,形成'幸福之环',以此体现同德围人民心连心、和谐共进、同舟共济。"关于涉嫌抄袭,白云区委宣传部书面回应:设计单位认为:"该作品确是借鉴了挪威奥斯陆公园'生命之环'的雕塑,并以此为蓝本加以深化创作。根据有关法律,当创作者去世超过50年,其作品创作可提供全社会共享,且《荟聚同德》为人体创作作品,并无对人体面部进行刻画,所以不存在抄袭的问题。"对于招标程序,区委宣传部回应:该雕塑"根据建设工程招投标管理有关规定,委托具有设计施工资质的公司进行设计、制作和施工。经概算评审,雕塑项目造价为

---

① 高化艳.同德公园争议雕塑被拆　街坊质疑 20 万打了水漂[N].信息时报,2013-08-13.

② 高化艳.同德公园争议雕塑被拆　街坊质疑 20 万打了水漂[N].信息时报,2013-08-13.

③ 蒋隽.你"不要脸"了,就不叫抄袭[N].信息时报,2013-01-11.

20万元(包括设计、制作、运输、安装)。2012年11月,设计单位提供了5个设计作品,并推荐首选方案为《荟聚同德》"。①

对于《荟聚同德》雕塑,韩志鹏通过多种形式收集到居民的意见。有的网友公开发表意见,有人向他发私信,也有居民向他当面提意见,大多数人都要求更换雕塑。8月10日,同德公园雕塑被拆除移送到白云区园林局。白云区城管部门工作人员表示:"拆除的原因主要是该展示人体的雕塑与具有岭南园林特色的同德公园不符合。之前也委托同德围咨询委员会做过调查,大部分街坊都不赞成该雕塑放置在公园内。所以我们尊重民意,将雕塑进行下架处理。以后公园将不设雕塑,原来雕塑的地方将和周围空地一起被设置为广场。"②

在雕塑拆除之后,有相当一部分居民认为雕塑拆了太可惜。有居民认为雕塑以"团结就是力量"为主题寓意积极,不应该纠结于部分人认为色情的看法。也有居民认为,成年男女的裸体雕像放置在公共场合,并不会传达色情内容。还有居民认为,对于裸体雕像出格的想法过于保守。③

在同德围综合整治中,经过公咨委监督改变的公共决策还包括"打通规划路"。根据规划,市政部门计划在同德围横滘二路向西方向打通一条路直通松洲街增槎路。有居民认为计划打通的道路从密集的居民区经过,超标的噪音将影响沿线居民生活,向公咨委提出反对意见。为此,公咨委召开居民座谈会,经过分析后向有关部门提出意见:新建道路的噪音问题解决不好,将引起周围群众不满,容易引发大规模上访事件;此外,西槎路十分拥堵,增槎路也是拥堵路段,开一条新路将两个拥堵地段连在一起,后果会更加拥堵,建议暂缓打通新路。为此,有关部门多次调研后,最终同意暂缓打通该规划路。④

在同德围综合整治中,公咨委密切关注南北高架桥的施工进展。南北高

---

① 蒋隽.你"不要脸"了,就不叫抄袭[N].信息时报,2013-01-11.

② 高化艳.同德公园争议雕塑被拆　街坊质疑20万打了水漂[N].信息时报,2013-08-13.

③ 高化艳.同德公园争议雕塑被拆　街坊质疑20万打了水漂[N].信息时报,2013-08-13.

④ 来源于同德街道办提供的调研材料。

架桥原定于 2014 年 6 月底通车,但是由于工程地点的岩溶地质结构,以及北环高速公路广北桥桥墩突发险情,导致工期延误。2014 年 9 月,韩志鹏来到北环高速公路工地了解工程推进情况。在现场,韩志鹏表示"南北高架工程,多灾多难",现在就差广北桥节点,希望不要再有其他意外。他还表示,希望所有工程完结后,南北高架桥能有个盛大的完工仪式,"在南北高架上搞万人行。"①建设部门向韩志鹏解释了北环高速公路广北桥的维修加固情况,同时也对南北高架桥的工期做出说明。广州媒体报道了此事,促进市民理解高架桥工期延误的原因。

2012 年 10 月初,同德围上步桥底的北环高速公路人行涵洞改造工地被盗走 12 箱高级铝制天花扣板,价值约 1.6 万元。北环高速公路人行涵洞改造工程已接近尾声,因定制材料被盗导致停工。韩志鹏在微博上公开此事,并且@广州公安微博。不少居民看到后,担心改造工程受到影响而延期。白云区警方成立专案组,经过多方调查锁定嫌疑人,于 10 月 24 日抓获三名嫌疑人。在侦查期间,公咨委多次向警方了解案件情况,广州警方也多次向其通报案件进展。11 月 22 日上午,韩志鹏与 4 名公咨委委员一起来到同德围派出所,向办案警察致谢。② 为了感谢广州公安,公咨委在办公经费中抽取 150 元,做了一面锦旗赠予公安部门。③

在同德围综合整治期间,韩志鹏以市政协委员以及公咨委主任的身份,多次对当地公共项目进行监督。2013 年 4 月,广州燃气集团在同德围的施工中途烂尾,影响居民生活。韩志鹏在微博上点名批评燃气公司:"你们在同德围做燃气管道工程,其间扰民就不说了,现完工近 3 个月,但挖出来的拉链路至今未铺上水泥,下雨天泥泞,不下雨灰尘滚滚,你以为做市政工程大晒!"2012 年燃气公司在同德花园、上步桥底的 62A 总站进行管道铺装工程施工期间,就曾造成拥堵等问题,"同德围本来就是华山一条道,道路本来就比较窄,施工

① 梁怿韬.揪心,北环光背桥伤痕累累;放心,南北高架桥工期或加快[N].羊城晚报,2014-09-13.

② 陈捷生,谢锦焕,胡敏,等.上步桥工地盗案破获,韩志鹏送锦旗致谢[N].广州日报,2012-11-23.

③ 张艳芬,江辉.韩志鹏:我是一个被不断抽打的陀螺[N].南方都市报,2013-01-15.

的时候一个铁马就占了半条道,不施工铁马也不撤掉。"微博发出不久,广州燃气集团在官方微博上向韩志鹏致谢,表示接受批评并将调查此事。①

4月1日下午,广州燃气微博公布对此事的调查结果:工程是同德围同雅南街同德花园天然气管道改造工程;工程得到相关部门的许可,手续齐全,并且还按照要求向市民发了施工公告。工程埋地部分已于2012年底基本完工,但在接驳燃气主干管时,由于涉及村道产权问题,工程被迫停止施工。广州燃气集团相关负责人表示,因为管道要经过粤溪村大概五六米的小段道路,该村希望燃气集团通过征收相关土地经过其村道,而燃气集团则希望通过协商补偿解决而不愿意征地。因该村担心燃气集团铺完水泥之后就不再负责,所以现在不但没有接上管道,也不让燃气集团开挖路面铺水泥。韩志鹏认为这是"狡辩",对土地所有权人表示怀疑,并且认为即使存在征地争议,市政施工单位也应该以人为本先行回填。此后,燃气集团积极与市政府相关部门以及村委协调,力争解决问题并恢复路面。公咨委也与粤溪村沟通,对此事进行协调。广州燃气在微博上对韩志鹏喊话:"感谢您及各媒体对燃气集团工作的监督和关注,同时也感谢市民对燃气工程施工的理解和支持。燃气集团将接受批评,改善服务,尽快让越来越多的广州市民用上清洁的天然气。"②

2012年4月,根据居民和公咨委提出的同德围棠溪车站过马路危险的建议,市中心区交通项目办在该路段设置了交通岗红绿灯,改善了居民过街混乱无序的状况。随后,按照原定计划,有关部门准备在棠溪车站附近修建人行天桥。消息传出,有不少居民反映棠溪交通岗已经达到疏通交通的作用,没有必要花钱修建人行天桥,应将钱用在需要的地方。公咨委委员多次实地观察,发现棠溪车站附近车辆和行人能遵守交通规则,大多数委员认为没有必要修建人行天桥,主要原因在于:其一是现有交通岗已经发挥很大作用,只需完善其基础设施和增加一些更人性化的功能即足够;其二是地铁8号线在棠溪车站附近将有出入口,届时修建一条过街隧道就可以解决行人过马路的问题;其三是如果修建过街天桥将影响周边景观,还将影响村民及商铺利益,可能带来不

---

① 王鹤.韩志鹏炮轰燃气公司,工程施工管挖不管修[N].广州日报,2013-04-02.

② 黄少宏,蔡芬.同德围燃气工程烂尾 政协委员炮轰拉链路[N].南方日报,2013-04-02.

稳定因素。为此,公咨委与相关部门做好沟通工作,经过考察后,相关部门接受了公咨委的建议,取消了建天桥的项目。①

随着同德围综合整治推进,公咨委职能发生转化。相对于治理决策形成前的意见征集,公咨委逐步走向对治理措施推进实施的监督。在此阶段,公咨委运行的主要特征如下:

第一,公咨委介入到治理措施实施的全过程。此时治理措施已经基本形成,但对公咨委提出的意见,相关部门还是做出了回应,甚至调整了治理措施。公咨委全面介入到治理措施的实施中,覆盖了治理措施实施的事前、事中以及事后。针对鹅掌坦站设置、打通规划路、取消过街天桥等决策,公咨委在治理措施实施前提出监督意见;对医院、南北高架桥建设工期以及上步桥底北环高速公路人行涵洞材料被盗案件的监督,公咨委是在治理措施实施之中提出监督意见;在同德公园雕塑、燃气工程烂尾事件、市六十五中同德校区招生和该校游泳池长期闲置等问题上,公咨委的监督意见则在工程结束阶段后提出。

第二,公咨委工作方式主要是协商监督,通过与公共部门交换意见,修正治理措施。在履行监督职能时,公咨委反映居民意见并表明理由;对于公咨委呈现的居民意见,权力部门做出回应并呈现理由。针对取消地铁鹅掌坦站,广州地铁集团做出解释;针对同德公园雕塑的主题、招标以及涉嫌抄袭等问题,白云区政府、区委宣传部做出书面回应;对于广北桥施工延误、燃气工程烂尾问题,施工方做出解释;在上步桥底北环高速公路人行涵洞被盗案件中,公安部门及时公布案件进展;在医院、地铁建设工期、打通规划路、建设过街天桥项目等问题上,卫计、林业和园林、住房保障等部门、建委、荔湾区政府、广州地铁以及施工部门通过座谈会等方式面对面回应了公咨委的意见,施工部门针对居民意见开展了实地调查。

随着公咨委的职能转移,其独立性日益凸显。在同德围综合整治前期征求居民意见阶段,公咨委作用的发挥取决于相关部门能否放下身段倾听居民意见,权力部门处于主导地位。在履行监督职能中,公咨委主动开展监督工作,公咨委将监督意见反映给相关部门或通过媒体曝光,即已完成监督行为,权力部门处于是否回应以及如何回应的被动地位。可见,随着监督职能的发

① 来源:同德街道办提供的调研材料。

挥,公咨委对于权力部门的依赖程度相对减弱,对于信息的来源——居民治理需求的依靠倾向日益增多,对于信息传输渠道畅通的要求愈发强烈。

同德围公咨委发挥监督职能时,不同于专门的咨询机构,公咨委的监督也不属于公共咨询活动。

第一,公咨委不同于专门的咨询机构。咨询机构的运行,前提是咨询主体提出议题并且确定咨询对象,双方类似于以委托方式开展工作。作为咨询主体时,公共决策的制定者是委托方,咨询机构是受托方。公咨委在运行中,没有作为专门的意见提供方持续地向公共决策制定者提供定制范围内的意见,而是作为独立主体代表居民提出监督意见,对于已经成熟或者进入实施阶段的治理措施发声,其中包括质疑甚至否定。可见,如果将公咨委界定为具有人、财、物以及章程的组织,那么它不同于普通的咨询机构,它的监督权力一方面来源于公共决策制定者的委托,但更重要的另一方面是基于公共决策覆盖对象——居民的授权。公咨委享有的监督权力,也不同于行政、立法以及司法等由国家权力机关赋予的权力,而来源于公众讨论以及形成决议的权力。

具体来看,公咨委的监督职能实际上来源于社会系统的公民监督权。一个国家的民主制度是否完善,往往表现为监督体系是否周延。虽然具体的监督体系在结构上各有特点,但大体上均可以被划分为权利监督与权力监督、社会监督与专门监督、系统内监督与系统外监督、法律监督与舆论监督等。[①] 同德围公共决策的制定,其本质是公共权力的行使,而这种权力的最终源头在于同德围居民。在此意义上看,公咨委代表居民对公共决策的监督属于来源于人民的权力监督。从领域上看,公咨委监督发生在社会系统,属于社会监督,并非专门监督机构的监督。从相关性来看,同德围公共决策由权力部门制定,相对于公权力体系,公咨委监督属于系统外监督。从监督方式来看,公咨委对于公共决策的监督是舆论监督,并非法律监督。

罗伯特·达尔曾建议,每个公民都应该在某个咨询委员会里服务一年,每个咨询委员会对应一个民选职位。咨询委员会的成员应保持经常的电子通信

---

① 程竹汝.完善和创新公民监督权行使的条件和机制[J].政治与法律,2007(3):45-49.

往来,并且咨询委员会要成为一个在法律上制约代表的制度化机制。① 思想家设计的咨询委员会,与同德围公咨委在权力来源方面具有一定程度的契合。在对地铁鹅掌坦站设置等治理措施的监督中,公咨委实质上作为享有公共权力的公众部门,以反映人民心声的形式对公权力部门主导的同德围综合整治进行监督。

第二,公咨委的监督不同于参与官方公共咨询活动。在我国公共决策中,因为价格决策召开的听证会,是较为典型的官方公共咨询活动。在上述听证会中,公共决策的制定者与听证会的参与者进行直接沟通。但是,听证活动的议题由公共决策的制定者决定,权力部门决定公众的介入程度,对于公众意见,政策制定者有权决定是否采纳。在同德围综合整治中,公咨委对于公共决策的介入议题和程度没有受到权力部门的限制,公咨委的参与效果也更为多样。

其一是公咨委自行掌握提出的意见指向,而并非对决策制定者的议题进行定向回应。针对地铁鹅掌坦站、同德公园雕塑的设置,公咨委表达反对意见。对打通规划路、燃气工程烂尾,公咨委表达不同意见。对于高架桥施工、上步桥底北环高速公路人行涵洞施工,公咨委的监督主要是了解进展配合工作。其二是公咨委的监督活动效果多样。在地铁鹅掌坦站选址、同德公园雕塑的设置上,公咨委监督带来公共决策改变,促成地铁鹅掌坦站二次落地,同德公园雕塑迁移;在打通规划路、燃气烂尾工程中,公咨委监督带来公共决策调整,结果是暂缓打通规划路,燃气工程加快协调;在高架桥施工、上步桥底北环高速公路人行涵洞施工中,公咨委的监督意见促成信息公开以及工程推进。

从公咨委对地铁鹅掌坦站选址等公共决策的监督来看,这并非权力部门享有主导地位的咨询活动,而是由公众力量推动的社会组织机制独立运行过程。公咨委并非存在于社会系统中对权力部门没有实质影响的花瓶,而是反映公众意见并同时将其输入公权力体系的公共部门。在我国现行政体下,人大、政协等部门承担着反映公众意见并将其传递给权力部门的监督职能,而作为社会系统公众部门的公咨委的出现,在一定程度上对原有的监督体制起到

① 伊森·里布.美国民主的未来:一个设立公众部门的方案[M].朱昔群,李定文,余艳红,译.北京:中央编译出版社,2009:11-12.

补充作用。

第三节　协调矛盾

随着公咨委深入介入同德围综合整治,它的影响力不断上升,居民对它的信任也日益增强。居民愿意将公咨委作为表达意见的平台,也相对愿意接受公咨委传递的综合整治治理措施。公咨委参与了同德围部分社会矛盾的化解,避免了集体维权事态扩大,并且通过参与维稳工作,呈现出发展成为社会系统新型治理主体的趋势。

公咨委在协调矛盾方面取得的成功表明,民主协商在地方政府的维稳工作中具有突出作用。协商民主在自由、平等的基础上通过协商谈判的方式达成一致意见,能够实现物质利益、行政强制以及私人情感都无法企及的互信、互利与合作关系。通过协商实现的相互尊重对方利益更可能从根源上解决利益矛盾与社会冲突,从而化解社会矛盾深层次问题。[1]

在同德围综合整治中,公咨委的代表对象呈现出"民意→公意→公益"的发展变化趋势。公咨委在代表居民提出治理建议阶段,是居民治理需求的代表;公咨委在提出监督意见阶段,对公共问题发表治理意见,是公共治理意见代表;在协调矛盾阶段,公咨委以推进同德围综合整治为宗旨,调解相关的社会矛盾,成为相对独立的公共利益代表。在地方政府和当地居民的共同努力下,公咨委在地方治理中,逐渐超越了局部利益和团体利益,有望发展成为独立的地方治理主体。

在同德围综合整治中,公咨委协调的社会矛盾较为广泛,既包括南北高架桥、地铁八号线等综合整治工程的施工,也包括因综合整治引发的其他社会矛盾,如南德变电站建设、保障房用地诉讼纠纷等。在诸如此类社会矛盾的协调化解中,公咨委以推进同德围综合整治这一公共利益为宗旨,力求协调矛盾,促进合作共赢。

---

① 何包钢,吴进进.社会矛盾与中国城市协商民主制度化的兴起[J].开放时代,2017(3):101-124.

尽管南北高架桥的施工方案经过数月公开讨论并且多次公示,在施工中还是遭遇到沿线居民的强烈反对。2012 年 5 月,高架桥施工进行到粤溪村海防街①段时,有 30 多户居民突然提出反对意见。有居民站在屋顶扔石头,导致桥上施工一度无法进行。② 还有居民多次围住工程项目部,要求在解决噪音和房屋安全问题前立即停工,一部分人甚至要求永久取消该工程。在居民维权活动最为激烈的时候,施工部门想到取消工程。在广州市政建设中,曾有因类似的维权行为导致施工建设无疾而终甚至半途而废的先例,如停工若干年的荔湾区广佛放射线二期工程、搁置二十多年的天河区云溪路等。③

在施工陷入僵持阶段,有居民清晨守在韩志鹏家门口,围住他七嘴八舌地反映诉求,这种情况一直持续了几天。④ 在维权居民几次上门后,工程负责人带领工程人员也向公咨委反映了情况。就海防街居民反映的问题,公咨委展开调查并召开新的咨询会。

居民的反对意见聚焦在南北高架桥的 69～71 号桩位。公咨委约请建设单位和 20 多位居民代表面谈,共同讨论桩位建设方案。居民反映,建设中的70 号桩距离民宅最近,仅为 1.39 米。市中心区交通项目办代表介绍,69～71号桩位已挪远 12～14 米,现距离民宅分别为 16.34、15.15、16.32 米。居民认为桥墩虽然挪远,但桥面距离民居还是不超过 15 米。根据 2012 年 7 月实施的《广州市城乡规划技术规定》,城市高架路与民居间距为 15 米(旧城区)和20 米(其他城区)。在修改后的设计方案中,70 号桩离民居也仅不足 7 米。交通项目办负责人表示方案符合规划,但是暂时不能提供相关规定的文件。⑤

韩志鹏表示,建设方如果能够出示相关文件,他将支持继续开工。项目办相关负责人表示,修改后的方案是多方协调的结果,已尽量偏向民宅对面的工业园区,桥面、线位等再大幅修改的可能性很小,但会将居民意见向上反映。

---

① 即海傍街,居民户口簿又书海傍街。来源:罗苑尹.桥墩挪远了,桥面能否再远点?[N].南方都市报,2013-05-31.

② 杨进.同德"突围"[N].广州日报,2014-12-28.

③ 魏凯,刘军,马强.同德围公咨委"就像桥梁和润滑剂"[N].南方都市报,2014-12-25.

④ 徐海星,李大林,葛丹,等.我们点菜　政府做菜[N].广州日报,2013-12-23.

⑤ 罗苑尹.桥墩挪远了,桥面能否再远点?[N].南方都市报,2013-05-31.

负责人还提出,居民也可以向市政部门继续反映问题。在意见统一前,海防街旁边的几个桩位先暂停施工。①

经过调查,韩志鹏发现,大部分维权居民的诉求是不要让桥墩离房屋太近,避免交通噪音和确保房屋安全,真正要求彻底取消工程的毕竟少。② 韩志鹏立即召集大家和市政府建设部门代表座谈。双方坐定后,建设部门代表第一句话就是说,理解街坊的诉求,"愿意修改施工图纸",诚恳的态度顿时软化了街坊原本强硬的态度。③ 经过10余次协调,修改后的方案得到居民认可。④ 距离海防街最近的4个桥墩向外挪10～15米,施工人员为20多户维权居民安装了隔音窗,并聘请房屋鉴定机构对房屋安全进行鉴定,未来一旦这些房屋出现安全隐患,居民可以凭鉴定进行索赔。工程在停工两个月后复工。⑤ 在高架桥施工中同步建设了环保设施,设置了1800米的隔音屏,并为周边居民安装了约4500平方米的隔音窗,通过采用铝制吸音板、吸音棉等材料,大幅度阻隔噪音。⑥ 高架桥路面采用性能较为优越的环保降噪沥青路面,最大限度地降低高架桥通车后对周边环境的影响。⑦

反对施工的海防街居民以早期在新市涌、石井河中生活后来上岸定居的疍民⑧为主,而此前政府的协商对象主要是其他村民。项目办主任向受到施

① 罗苑尹.桥墩挪远了,桥面能否再远点?[N].南方都市报,2013-05-31.

② 魏凯,刘军,马强.同德围公咨委"就像桥梁和润滑剂"[N].南方都市报,2014-12-25.

③ 公咨委体检报告[N].南方都市报,2013-11-25.

④ 魏凯.同德围终于"突围" 南北高架桥昨开通,陈建华、韩志鹏及百余街坊信步过桥[N].南方都市报,2014-12-29.

⑤ 魏凯,刘军,马强.同德围公咨委"就像桥梁和润滑剂"[N].南方都市报,2014-12-25.

⑥ 魏凯.同德围终于"突围" 南北高架桥昨开通,陈建华、韩志鹏及百余街坊信步过桥[N].南方都市报,2014-12-29.

⑦ 吕楠芳,穗建,卢书桃,等.同德围南北高架桥终于要通了!就在周末![N].羊城晚报,2014-12-24.

⑧ 疍民,是对在沿海港湾和内河上从事渔业及水上运输的"水上居民"的统称。他们长期漂泊于江河海面上,由此衍生出独特的风俗。"以舟为家"是疍民区别于"山上人"(疍民对陆上居民的称呼)的显著标志。来源:杨帆.疍民的传统文化风俗[J].中国民族博览,2018(11):17-18.

工影响的居民表示歉意,"我们前期已经多次听取居民意见,但还是把你们漏了,我们的工作还不够细致。"①

在旧城区改造中,邻避效应时常成为项目推进的主要阻碍。在同德围整治项目征求意见中,居民对整治方案基本赞同,反对较多的是垃圾压缩站和通信信号发射站的建设。② 同德围的垃圾处理以及通信信号问题长期困扰居民,居民原本迫切要求建设上述两站,但是当发现所设站点在自己住宅附近时,他们坚决反对建设施工。在同德围综合整治中,南德变电站的建设较为集中地反映了由于邻避带来的市政建设阻力。

同德围原本只有一座同德变电站,随着居民数量增多,用电量持续增长,自 2010 年开始,变电站供电负载率已经高达 95%,预计 2012 年将满载甚至过载运行,这不仅给变电站的安全检修带来困难,而且意味着一旦发生意外将大面积停电。根据同德围综合整治方案,供电部门拟新建设南德变电站,项目取得规划、国土、环保等相关部门的同意批复。③ 2012 年 7 月,市规划局网站公示:变电站位于同德街西槎路泽德花园小区西侧,规划拟建地上两层,建筑面积为 2009.30 平方米,地下一层,建筑面积为 760.30 平方米。④ 该项目原计划年内建成,但当地居民接连三次上访反对建设。⑤

为了促进居民对变电站建设的理解,市建委等相关部门拟邀请部分居民参观已经建成的隽雅变电站、天河变电站等示范性变电站,并通过召开座谈会的形式与居民沟通。7 月 29 日,同德围公咨委受邀参与相关活动。然而,在乘车现场,部分居民拉起反对横幅,并要求受邀居民拒绝乘车。还有十几名居民围住韩志鹏,强烈表达对建设变电站的反对,有些人甚至反应过激情绪失

---

① 同心搭建民意桥,同德围起高架桥[N].南方日报,2013-08-02.

② 罗苑尹.同德围整治,居民多反对建"两站"即垃圾压缩站和通信信号发射站,民意征集结束,韩志鹏称整治意见最快下月公示[N].南方都市报,2012-03-14.

③ 刘怀宇.同德围新建变电站引发忧虑,专家学者释疑　选址离居民楼很远　电磁强度微弱无害[N].南方日报,2012-07-30.

④ 刘怀宇,蔡梓榆.同德围南德变电站正批后公示[N].南方日报,2012-07-17.

⑤ 魏凯.同德围建变电站,座谈会"三缺一"[N].南方都市报,2012-07-30.

控。对此,公咨委的 11 名常务委员对居民进行解释和劝导。[①] 在部分居民的阻拦下,原本确定参加座谈会的居民代表决定拒绝参观活动,居民诉求由公咨委在座谈会上代为转达。[②]

居民质疑一是拟建设的南德变电站附近有燃气储备站,东侧还有加气站,是否会带来消防安全隐患。对此,市消防局相关负责人回应,南德变电站距离最近的燃气储配站 143 米,大于规定的距离下限 50 米,变电站距东侧加气站约 326 米,防火距离不成问题。[③]

居民质疑二是南德变电站和同德围变电站直线距离不足 200 米,是否有必要重复建设。市供电局的相关负责人回应,同德变电站与南德变电站位置相距至少 328 米,并不是居民所述的不足 200 米;而且,国家对于变电站之间的距离没有明确规定。[④]

居民质疑三是南德变电站是服务于同德围居民,还是供其他地方使用。市供电局的相关负责人回应,南德变电站建成之后将转同德站部分 10 千伏馈线,降低同德站的负载率,两站有各自的供电范围,无重叠交错。"居民们说南德变电站建好后供别的地方使用这也是错误的,实际上将来该变电站为同德围居民服务。"[⑤]

居民质疑四是变电站磁场是否影响居民健康。市供电局负责人回应,变电站建筑物最近距离北侧居民楼 22.6 米,距南侧居民楼 75.5 米,距西侧幼儿园 260 米,距中学约 385 米。政府部门开展的环评报告显示,变电站建成后,其附近居民住宅区工频电场和磁场强度均远低于相应环保标准。[⑥]

在座谈会上,两位专家对居民质疑的辐射问题进行了科普,他们分别是国务院参事沈梦培教授和原国家电网电磁影响实验室(上海)学科带头人、华东

---

① 具体细节来源于对李伟庭的调研访谈。

② 万宇,柯志军,肖丽.变电站建设交流会"三缺一"[N].信息时报,2012-07-30.

③ 魏凯.同德围建变电站,座谈会"三缺一"[N].南方都市报,2012-07-30.

④ 魏凯.同德围建变电站,座谈会"三缺一"[N].南方都市报,2012-07-30.

⑤ 魏凯.同德围建变电站,座谈会"三缺一"[N].南方都市报,2012-07-30.

⑥ 魏凯.同德围建变电站,座谈会"三缺一"[N].南方都市报,2012-07-30.

电力试验研究院高级工程师杨新村。[①]

　　座谈会后,公咨委召开专题会议讨论南德变电站建设问题。经过与同德街道办工作人员沟通,公咨委决定对上访居民持续开展解释宣传工作。为消除居民对变电站项目的误解,公咨委委员和街道办以及社区居委会工作人员等280多人次在晚间冒雨入户宣传,派发相关部门的书面意见、致居民的公开信等资料。公咨委委员引导居民从公共利益视角出发,配合变电站建设。在工作开展中,公咨委努力传达以下观点:同德围整治是一项综合工程,需要部分居民在局部利益上做出让步,这种让步将带来持久的公共利益,而它们最终将回馈给同德围全体居民,其中包括做出让步的部分居民。在各方力量的共同努力下,居民逐步接受了变电站的建设方案,持反对意见的居民越来越少。最终,南德变电站于2012年11月下旬进场施工。[②]

　　从基层治理的角度看公咨委参与南德变电站建设矛盾化解,与主要依靠行政力量开展的维稳工作目标接近。但是由于公咨委委员的非官方身份,他们提出的建议相对容易被居民接受。公咨委委员与居民的直接沟通,在一定程度上消解了行政权力运行中政府部门和居民之间的紧张情绪,使居民逐步相信了变电站的安全性解释,与建设方的关系从紧张对立逐步走向对话沟通。

　　在同德围综合整治推进中,各种矛盾不断涌现和化解,其中不仅涉及上访维稳,而且还涉及诉讼纠纷。

　　在同德围综合整治前,一处租赁合同尚未到期的国有地块被规划为保障房建设用地,出租方是国有企业,承租方包括酒店经营者、鞋业生产者等。由于政府征收土地建设保障房,出租方与承租方因解除租赁合同发生纠纷,承租方认为出租方的解约属于违约,拒绝解除合同;而出租方认为政府征收土地属于不可抗力,合同应当解除,自己无须承担违约责任。法院判决支持出租方解除合同的请求,要求承租方交回场地。承租方拒绝履行法院判决,为此出租方申请人民法院强制执行。由于执行难度较大,一直未能执行完毕。2012年,同德围综合整治拉开帷幕,该地被重新规划为商业用地。承租方认为既然政府不再征收土地建设保障房,原判决失去了有效基础,出租方应该履行原租赁

---

　①　魏凯.同德围建变电站,座谈会"三缺一"[N].南方都市报,2012-07-30.
　②　具体细节来源于对李伟庭的调研访谈。

合同,为此更加强烈地抵制判决,导致法院的执行难度再次加大。由于规划变化以及同德围综合整治面临的实际情况,法院希望双方达成和解协议。针对此事,韩志鹏多次邀请双方当面沟通,希望促成和解。双方接受了韩志鹏的邀请,并因为他的召集而进行了磋商。尽管双方的争议没能在短期内得到解决,但是公咨委及韩志鹏的出面协调,至少为双方解决问题提供了一个新的机会和渠道。①

在地铁八号线北延段建设中,进入同德围的前一站西村站原定于 2013 年 5 月开工,但是由于征地受阻,直至 2016 年底仍未完成拆迁。在 2014 年 7 月,西村站仅余下 4 户房屋未签订协议,涉及 3 栋楼房,主要原因是产权人所提出的补偿要求远远高于《补偿方案》的标准。② 到了 2016 年 12 月,还剩最后一户居民未能就征地补偿达成一致意见,车站主体结构工程仍然没有时间表。此前未拆的三栋楼房已拆剩一栋,为广雅后街二巷的一栋三层高的民居,占地面积约 120 平方米。③ 荔湾区政府对拒绝拆迁的居民提起诉讼并且胜诉,但是因为老宅内住着一位 90 多岁的老人,政府以及法院并未进行强制拆除。此外,拟拆迁房屋旁的一棵树龄一百多年的老榕树也是地铁站建设的重要难题。按照 2012 年公布的《广州市绿化条例》,树龄在 100 年以上不足 300 年的古树为二级古树名木,禁止砍伐迁移。为此,地铁公司做出不迁移古树的预案,下掏相当于给古树做一个花盆,只是这样一来,将影响地铁站厅的功能,成本将增加 2000 多万元。④

地铁公司就此事向公咨委反映了进展,公咨委也向拆迁户了解情况。对于古树,公咨委获悉附近的广雅中学愿意接收,并且为此进行了协调沟通。2017 年 2 月 15 日,在地铁西村站拆迁地址上,同德围公咨委主持召开了现场协调会。公咨委邀请了市林业和园林局、市住建委、荔湾区征收办、地铁公司等有关领导,就房屋拆迁和古木迁移进行协调。为了能够充分呈现此事的解

---

① 来源:对韩志鹏的访谈调研。

② 李天研.8 号线北延段,西村站有 4 户没谈下来[N].广州日报,2014-07-09.

③ 李天研.西村站还要等 八号线暂难通[N].广州日报,2016-12-02.

④ 李应华,黎秋玲.老太太和古树,广州地铁八号线北延受困[N].新快报,2017-01-08.

决过程并扩展公咨委的影响力,韩志鹏还邀请了广州市社会科学院的几位研究者进行参与式观察。在现场,拆迁户表达不愿意和政府谈,除非能够满足他们的所有要求。而园林局代表不同意古树迁移,古树迁移并未达成一致意向。① 韩志鹏在微博上公布了当天协调会的结果,第二天清晨评论已经达到300余条。韩志鹏以及李伟庭等同德围公咨委委员,多次就此事与相关部门开展协商。

在保障房用地诉讼纠纷以及地铁西村站的拆迁纠纷中,由于涉及的利益重大,双方分歧较大,公咨委的协调并没有使矛盾立即得到解决。但是,公咨委与双方交换了意见,促进了双方的交流。公咨委在矛盾协调阶段,具有以下特点:

第一,公咨委具有较强的独立性,呈现出社会系统内的治理主体特征。在同德围综合整治的矛盾化解中,公咨委并非公权力机关的治理措施代言人,也并非居民的治理需求代表人,而是努力成为同德围综合整治的公共利益维护者,促进整治工作推进。在南北高架桥施工纠纷中,公咨委力图促成高架桥继续施工;在南德变电站建设矛盾中,公咨委努力推进变电站的建设;在保障房地块纠纷中,公咨委竭力化解政策变化带来的利益处置不公平;在地铁西村站"拒迁房"和老榕树保护问题中,公咨委以推进地铁站的建设为目标开展工作。可见,在参与同德围综合整治引发的社会矛盾化解中,公咨委以维护公共利益、促进综合整治的推进为价值取向。

作为社会系统的治理主体,同德围公咨委在协调矛盾中代表了同德围综合整治的共同利益。卢梭认为,如果说个别利益的对立使得社会的建立成为必要,那么,就正是这些个别利益的一致才使得社会的建立成为可能。正是这些不同利益的共同之处,才形成了社会的联系;如果所有这些利益彼此并不具有某些一致之点的话,那么就没有任何社会可以存在了。因此,社会治理就应当完全根据这种共同的利益。② 为了谨慎地消解上述观点的绝对性,我们也许可以这样认为,社会治理应当追寻以及重点关照那些共同的利益。高架桥、变电站、地铁建设是惠及同德围全体居民的工程,促进这些工程的推进建设与

① 来源于韩志鹏的微博。
② 卢梭.社会契约论[M].何兆武,译.北京:商务印书馆,2003:31.

当地居民的共同利益一致。同德围公咨委在个别利益的对立之中,坚持以共同利益为主导原则,促成不同利益群体的协调沟通,发挥了协调矛盾的作用。

不同于意见征集阶段的信息"二传手",在协调矛盾过程中,公咨委以实现公共利益为宗旨的独立意志凸显。也不同于发表监督意见阶段的批评建议,公咨委在协调矛盾中实现了从"说"到"做"的质变。在从意见代表到监督者,再到社会矛盾的调解主体演化中,公咨委不断成长成熟。

第二,广泛协商是公咨委开展工作的重要形式,通过协商而非对抗方式开展工作的理念贯彻在公咨委的设立和运行始终。在同德围综合整治的意见征集中,公咨委将居民意见传递给负责推进此项工作的政府部门,公咨委作为居民治理需求的代表与政府部门进行协商,此时的协商是代表协商,即公咨委并非以独立身份发表意见,而是以居民意见代表人身份发表意见;在履行监督职能时,公咨委将针对公共政策的监督意见传递给相关部门并阐释理由,公咨委与相关部门的协商是独立协商,以独立身份发表意见并呈现理由;在协调矛盾阶段,公咨委分别与居民和政府部门进行协商,不仅独立协商,而且呈现出协商对象多样化的特点。可见,在同德围综合整治的不同阶段,协商是公咨委开展工作的主要方式,但是协商对象日益广泛,协调内容愈发丰富。

在公咨委协调同德围综合整治的各项矛盾中,它一方面与工程建设方协调,防止综合整治工作损害居民利益;一方面与当地居民进行协商,促进项目推进。在海防街居民阻碍施工事件中,公咨委一方面要求施工方修改图纸,减小对附近居民的影响;一方面劝导居民支持施工,推进南北高架桥建设。在南德变电站的建设中,公咨委代表居民表达对工程安全性等问题质疑的同时,也对阻碍施工的居民进行劝说,为推进变电站建设做出努力。在保障房用地诉讼纠纷和地铁八号线西村站拆迁中,公咨委与双方当事人沟通,促进双方协商解决争议,力图化解社会矛盾,而且还为老榕树的安置做出考量。可见,公咨委深入参与社会矛盾化解,此时它不仅为不同利益主体之间的协商提供平台、创造机会,而且还独立与不同主体开展协商,努力促成各方在全面的信息交流中互相理解,改变自身的偏好并逐步向公共利益靠拢。

由于公共治理的专业性以及受传统政治文化的影响,我国的社会治理,往往主要体现具有权威的决策者自上而下的决策行动逻辑。在民主语境下,这种将公共决策视为权力—精英主导的过程,将以公众的社会行动为基础的民主规范性要求置于困境。同德围公咨委在矛盾协调方面,逐步发展成为社会治理主体,体现出社会系统治理主体自下而上的力量和作用。在公咨委参与的社会矛盾化解中,各方治理主体突破了纵向关系逻辑,以横向方式开展共同治理,为多元主体在互动交往中形成公共理性奠定基础。

公咨委作为社会力量参与地方治理,形成新型社会交往平台。在公咨委参与社会矛盾化解之中,权力运行与社会运转良性互动,实现了地方治理的民主化转型。具有权威的决策者不再强调一种自上而下的行动逻辑,而是转向呼唤社会系统的参与和合作,以水平方式力求权力运行与社会理性的融合,在社会治理中求取共识。在化解群众上访、阻碍施工等事件中,公咨委渗透到公权力难以深入的领域,作为来自社会系统的组织平台,以推进同德围综合整治作为宗旨,对阻碍建设施工的过激行为做出否定评价,分化制止了居民的激烈对抗,保证了公共理性和公共利益的实现。

从同德围公咨委的实践,可以看出在协调社会矛盾时,社会系统的治理主体具有一定优势。由于我国处于社会转型期,不同领域的社会问题和社会矛盾频发,部分问题通过常规的制度渠道往往难以有效解决,此时通过在社会系统设置公共平台,承担呈现矛盾各方不同观点、舒缓社会矛盾,运用类似公咨委一样的非强制性组织机制引导事态的发展和走向,可能更加有助于促进各方当事人的理性和克制,促进作为矛盾背景的社会整体良性运行。

第四章　协商式治理的力量源泉

——权力体系主导下治理力量的风云际会

　　21 世纪以来,中国地方治理问题日益突出。有序的公众参与在促进地方治理取得良好效果的同时,对社会稳定、政治发展产生深远影响。在同德围综合整治中,通过公众参与形成的协商讨论弥足珍贵,见证了人民群众积极参与共建共治共享社会治理格局的力量和智慧。同德围公咨委如何促成公共协商引发了人们的关注。其中的重点问题是,是谁促成了同德围的公共协商:在公咨委运行中,谁在动员居民参与治理协商、引导协商走向、决定协商规则,上述推动、引导以及决定力量在同德围综合整治前后如何发挥作用?

　　促成同德围公共协商的力量主要包括初期推动力量、中期引导力量和协商式治理方式的决定力量三类。早期发声的居民和媒体人、介入地方治理的社会精英和决定协商治理方式的地方党委、政府及其官员,是同德围协商式治理的力量源泉。他们动员了居民参与公共讨论,引导了公共协商走向,制定了具体协商规则,共同促成地方治理中的民主协商。

　　同德围公共协商的推动者,包括同德围居民和广州媒体人。当地居民杨先生向有关部门送交治理建议,是早期具有代表性的居民参与,而陈扬等广州媒体人对老城区拆迁户居民的人文关怀引发了居民参与地方治理的热情。以杨先生为代表的同德围居民和以陈扬为代表的广州媒体人是同德围协商式治理的前期推动力量。

　　在公咨委运行中,政协委员韩志鹏成为核心,他是公咨委持续运转的重要力量。担任同德围公咨委主任后,韩志鹏密切关注各项治理措施的推进,持续收集居民意见并上传给权力部门。在一定程度上,同德围公咨委的工作内容与韩志鹏个人的社会身份融为一体,以致在很多媒体报道中,韩志鹏作为政协委员的提案也被纳入公咨委工作。经韩志鹏收集整理并且归纳的居民意见和经他宣传解释的治理措施交互融合,在一定程度上引导了当地公共协商的走向。作为积极参与地方治理的社会精英,韩志鹏个人在公咨委运行中发挥了引导作用。

地方党委、政府及其官员对地方治理的支持,对同德围协商式治理具有决定性意义。2012 年初,广州市委领导认可接纳社会系统的治理意见,成为开展同德围综合整治的前提。时任市长陈建华公开表态开展同德围综合整治,设立公咨委成为同德围协商式治理的关键因素。广州市政府自 2010 年开始制定的关于重大行政决策、民生决策公众意见征询等程序规定,为公咨委的设立和运行提供了规范和保障。以上因素是同德围协商式治理的决定力量,决定并保障了公咨委的运行。

基于政治系统论的界分,以上三种力量的运行体现出不同系统治理力量在公共生活中的不同作用方式及一种可探索的互动治理模式。同德围居民和媒体来源于社会系统,在同德围综合整治前通过持续发声推动开展地方治理。广州市委、市政府及其领导处于政治系统内部,党政领导决定开展同德围综合整治、设立同德围公咨委和广州市政府出台相关文件,规范并保障了同德围综合整治的走向。韩志鹏的身份介于政治系统和社会系统的重合之处:他不是党政部门的公职人员,但是政协委员的身份决定他可以参政议政、监督政府并将个人意见传递到政治系统。韩志鹏的努力贯穿了公咨委的设立始终,在公咨委设立后,他组织引导了同德围的居民协商。上述力量风云际会,在权力体系的主导下共同成就同德围综合整治的协商式治理实践。

第一节　推动力量

关于国家及其权力的来源,卢梭提出"人民主权论"的国家观念,认为国家是由全体个人结合所形成的公共人格。至于结合者,集体的就称为人民;个别的,作为主权权威的参与者,就叫公民,作为国家法律的服从者,就叫臣民。[①]在同德围综合整治前,那些积极向权力部门反映问题、向公众呈现当地情况的居民和媒体人推动了同德围综合整治的展开。从参与公共生活的主动性来

---

① 卢梭.社会契约论[M].何兆武,译.北京:商务印书馆,2003:21.

看,在地方治理层面,他们超越对权力体系的消极服从,成为积极参与权力运行的"广州公民"。

居民杨先生当时 30 岁出头,在外企从事物流工作,于 2002 年从中山五路搬入同德围。面对日益恶化的交通环境,他从 2004 年开始整理文字材料,在 2005 年向市长写信反映同德围问题,在 2007 年他的"万言书"进入媒体视野。在 2005—2007 年,杨先生除向市长信箱和各职能部门写信外,还在各大网络论坛发表关于同德围的治理对策。在同德围居民论坛现场,杨先生积极发言并提出治理建议。①《献招"十五式",冀解"同德围"》《杨先生第 N 次疾呼:扩桥扩路》等多篇刊登在《羊城晚报》的稿件,都得益于杨先生的"坊间点子"。公咨委成立之后,杨先生还托家人将自己对于建设同德围的意见书交到同德街道办,希望能转交给韩志鹏。②

在 2004—2012 年间,杨先生持续为同德围发声,"看病没得看、读书没得读……作为纳税人,应该对政府有所要求。"他认为:"作为 20 万同德围居民的其中一分子,如果自己看到、感受到的问题,自己都不发出呐喊,根本不会有人注意的。"杨先生在同德围购买了商品房,他不认为政府对自己搬到同德围居住有什么亏欠。杨先生认为自己是站在中立、公平、公正的角度去看同德围改造,考虑更多居民的便利。而在他眼中,父亲则是普通居民的真实写照。看到电视上同德围交通问题的报道,杨爸爸会发牢骚,但在交通拥堵最为严重的时候,杨爸爸却说,几十万人面临着同样的拥堵都不作声,政府也不关注,杨先生的努力是没有用的。在杨爸爸的眼里,杨先生"想不开"。对于杨先生投入精力关注同德围公共治理,杨太太没有反对也没有支持,但希望他能把精力多投放在家庭和工作上。③

当代西方行为主义学派开创的政治文化实证研究学科领域,认为公民文

---

① 罗苑尹,靳颖姝,吴钰,等.救赎同德围不是一个人在战斗[N].南方都市报,2012-04-11.

② 钟传芳.街坊度计"解围"同德围[N].羊城晚报,2012-02-29.

③ 罗苑尹,靳颖姝,吴钰,等.救赎同德围不是一个人在战斗[N].南方都市报,2012-04-11.

化是传统文化和现代文化的结合,在公民文化中,参与者政治取向与臣民和村民[①]政治取向是结合的,而不是前者取代后者。当这些被保留的较传统的态度和参与者取向相融合的时候,便导致了一种平衡的政治文化,在这种文化中,既存在着政治的积极性、政治卷入和理性,又为消极性、传统性和对村民价值的责任心所平衡。[②]

将上述政治取向理论推广到对公共生活的态度,同德围居民对当地治理的态度取向可以分为三种类型:参与型、服从型与村民型。参与型是指取向于成为治理活动中的"积极分子",积极地发表意见或者对其他人的意见表达赞同或者不赞同;服从型是指感受到权力部门的存在并且取向服从于他们的权威,但是却并不愿意以积极参与者形象出现在治理活动中;村民型是指在没有专业化治理角色的社会里,感受不到或者仅仅能够略微地意识到权力部门存在的心态。这三种不同类型态度的"系统性混合",共同构成同德围居民的参与文化。

在以上关于杨先生一家对同德围公共问题的报道中,三位家庭成员的态度基本覆盖了当地居民对地方治理的不同取向。杨先生属于参与型取向,他努力唤起权力部门重视同德围问题并提出对策建议。相对而言,杨爸爸属于臣民型取向,他为政府不关注同德围问题感到失望意味着他能够感受到官方权威,但他不愿意为此采取像杨先生一样积极的行动;杨爸爸对杨先生积极参与的可能效果的消极预期表明杨爸爸具有服从权威的意愿,但没有参与的主动性。杨太太的态度相对模糊,根据现有资料没有看到她表现出参与热情;从她希望杨先生将更多注意力投放在家庭和工作来看,她的关注焦点主要围绕着自身家庭和工作,对于积极参与怀有轻微漠视。尽管杨太太没有呈现对于权力部门的态度,无法准确判断她的政治取向,但是她不属于参与型取向的可

[①]　村民的政治文化是指在没有专业化的政治角色的社会里,村民的取向也含有相对缺乏由政治系统推动的变化期待的意义,村民不期望从政治系统那里期待任何东西。参见加布里埃尔.A.阿尔蒙德,西德尼・维巴.公民文化——五个国家的政治态度和民主制[M].徐湘林等译.北京:东方出版社,2008:16-17.

[②]　加布里埃尔・A.阿尔蒙德,西德尼・维巴.公民文化——五个国家的政治态度和民主制[M].徐湘林等译.北京:东方出版社,2008:29.

能性较大①。

在全体同德围居民中,那些参与公共论坛和"千人大会"、提出治理建议的居民对地方治理的态度明显具有参与型倾向;那些认可政府的治理权威,但是没有提出促进或者反对意见的居民,倾向属于臣民型取向;对于政府以及公共治理的态度较为模糊,视野更多地局限在个人生活空间的居民,倾向属于村民型取向。

"千人大会"和公共论坛的参与者,按照两次活动参与人数的最大值估算,不过数千人。可见,相对于当地总计 30 万的人口来说,同德围具有参与型治理取向的居民数量较少,更多居民属于臣民型或村民型取向。尽管同德围综合整治促进了参与型取向居民的增加,但是当地更多居民还是属于较为消极的角色,即使那些积极参与者也往往同时具有臣民取向和村民取向。以杨先生为例,他在积极参与部分议题的同时,对于其他议题保持了臣民型取向,并且杨先生认为自己在八年中已经将目标慢慢降低。

在前期推动力量中,媒体的作用尤为突出。2004 年 2 月开始,广州电视台新闻时评栏目《新闻日日睇》开播。在节目中,几个二十来岁的记者开始奔走于广州的大街小巷,采编与广州街坊衣食住行相关的民生新闻,这个增加的自采新闻环节就叫"G4 出动",记者就叫"G4 记者"。②

2005 年 5 月中旬,《新闻日日睇》播出"走进同德围"系列专题,关注广州仍然保持"80 年代北方城乡感觉"的同德围地区。一边由 G4 空中出动组织航拍,记者登上直升机拉开系列报道序幕;一边由 G4 地面出动进驻同德围,傅志群、汤庆聪两名主力记者进入居民胡毅英家共同生活,进行体验式报道。

"走进同德围"专题连续一周以每天 2～3 条报道,对当地交通、医疗、教育等问题进行全方位多角度的采访调查。节目分为六个部分,分别是"体验篇""西关篇""医疗篇""教育篇""夜幕下的同德围"和"告别篇"。最后,组织一场

---

① 对于杨先生家人政治取向的分析主要是基于现有素材的揣测,在具有更为丰富背景资料的情况下,他们的真实政治取向将呈现得更为全面,并且可能与目前结论存在差异。

② 傅志群,叶青.主持带动、核心栏目、频道竞争——广州电视台新闻频道的发展路径[J].视听界,2006(3):20-22.

由陈扬主持的权威专家、当地领导与同德围居民面对面的户外论坛。这一大型系列报道产生强烈的社会反响。① "走进同德围"系列专题节目全面呈现了同德围居民的生活状况,涉及公共设施和服务匮乏、拆迁户居民心理落差、本地居民与外来人口隔阂等多个层面。

"走进同德围"系列节目的话语主要代表拆迁户居民,着重质疑拆迁后的城市发展规划。2006年5月播出的《同德围:一个不应被遗忘的角落》提出,"十三万同德围街坊,其中三分之一是拆迁和贫困户,他们绝大部分是从繁华热闹、温情洋溢的老城区搬进来……明明是地地道道的老广州、老荔湾,当年是'西关小姐''东山少爷'……"节目旗帜鲜明地提出老城区拆迁户居民的"贡献论""牺牲论"和"被遗忘论"。关于身份与权利的言论在镜头内外呈现。②

相对于普通新闻报道,"走进同德围"系列节目更接近于社会调查研究:一是节目呈现的内容真实。记者通过一周时间与同德围居民"同吃同住"感受当地生活状况,确保了信息真实。二是制作过程具有公众参与。节目制作有赖于当地居民的积极参与,热情的当地居民为记者提供食宿并详细介绍情况。三是主持人的分析深入。节目没有停留在反映当地问题的表面现象,而是着重反映城市拆迁引发的居民生活环境变化,揭示出在一段时间内的城市发展不平衡。可以说,"走进同德围"系列节目是居民与媒体合作,深度呈现当地社会问题的调研成果。

"走进同德围"系列节目大尺度地开启了当地居民对于公共治理的参与。作为现代社会的重要特征之一,普遍参与包含"媒体参与"与政治参与。"普遍参与"中的人民的取向是使自己在社会中扮演一"主动的角色",他们对公众的事务不止有"产出取向",还有"投入取向";亦即他们不只对政治的"产出"部分如法律、经济措施等有意见,还对政治的"投入"部分有参与的兴趣……③我国

---

①　王献玲.广东电视民生新闻的成功因素探析[J].媒体时代,2013(8):49-51.

②　吴娓婷.身份意识与群众抗争运动——以广州市同德围抗争事件为个案[D].广州:中山大学,2009:16.

③　金耀基.从传统到现代[M].北京:法律出版社,2010:94.

宪法规定的公民基本自由,为这些"投入"提供了支持①。

通过媒体呈现的同德围公共论坛②,正是以公共集会形式实现了居民参与地方治理。节目报道的同德围公共论坛具有以下特点:一是参与主体多元化。关于同德围问题的公开讨论,参与者既包括当地居民、媒体人,也包括同德街党政部门的工作人员。面对同德围问题,地方治理者呈现出开放姿态。二是参与过程体现出对话形式。在公共论坛中,参会的党政部门代表承认同德围的公共设施和服务存在问题,介绍了问题成因以及当前的治理困难,居民在反映问题的同时一并提出治理建议。对于政府部门的地方治理能力,居民和主持人互动发表了意见。可见,各方参与者的互动整体上呈现出平等的对话风格,而不是某一方具有绝对优势的"指示—聆听"或"命令—服从"方式。

"走进同德围"系列节目鲜明的主题及强烈的社会影响,与陈扬和同期部分广州媒体人的个人情怀密不可分。据报道,陈扬生于1954年,在百度百科中职业显示为媒体人、专栏作者。他在2006年全国主持人品牌价值排行榜中位列第十,是广东省唯一入围的主持人,担任2008年北京奥运会第134号火炬手。从2004—2009年,陈扬在广州电视台新闻频道主持《新闻日日睇》,他以言辞犀利、作风强硬、形象亲民、热爱广州而著称。③

在陈扬参与的节目中,城市变迁是主要的叙事线索。陈扬旗帜鲜明地选择本土视角观察广州的城市发展。同德围系列报道延续了陈扬对"广州最美老街"荔湾区恩宁路旧城和号称岭南水乡的天河区猎德村整体改造的报道风格。在陈扬主持的电视节目中,画面往往具有强烈的视觉冲击效果,从龙舟上的喧天锣鼓到鳞次栉比的高楼,从典雅宁静的骑楼古巷到气宇轩昂的博物馆,从氤氲多情的西关黄昏到阴云诡谲的同德夜幕……在陈扬参与的节目中,时常流淌着时空交错的反差以及身处其中的人们的惶惑和不安。

由于怀着强烈的广州本土文化情结,陈扬对城市变迁的关注中盘旋着在

---

①　《宪法》第三十五条:中华人民共和国公民有言论、出版、集会、结社、游行、示威的自由。

②　公共论坛的详情,见本书第二章第一节。

③　百度百科[EB/OL][2019-03-11].https://baike.baidu.com/item/％E9％99％88％E6％89％AC/5127237? fr＝aladdin.

本地人身上较为常见的失落和忧伤。关于城市发展，陈扬认为，安详一点，就像欧洲的一些小镇小城市，小孩在老人安详的目光中游戏；要是激情的话，就像纽约，没有过去，只有未来，甚至连今天都没有。在央视的一次采访中，陈扬曾深情地说：广州原来是前者，原来是老人目光中的小孩儿在那里游戏，这是我们长大的广州；现在变成了所谓激情的广州，在这样一种历史性的转变当中，每个人的心情都不一样。但是我觉得，失去是一种共同的感觉……①陈扬对广州深切的家园之爱，在有着深厚历史文化积淀的城市的本地人中相对较为常见，他们对生活空间怀有深情厚谊，对于城市的各种变化心怀警惕。在陈扬倡导的"新广州人主义"中，特别强调保持本地语言习俗，努力提升新广州人对广州的家园认同感。

"走进同德围"系列节目内容丰富、效果直观、影响深远，其中的主要原因还在于，现代媒体的内容承载丰富、表达形式多样。相对于杨先生呼号奔走，以一己之力唤起城市治理者关注的努力，"走进同德围"系列节目聚合当地居民的集体呐喊，并依托媒体力量将声音传遍整个广州。从参与主体角度看，这是个体参与向公众参与的转变；从参与形式角度看，这是传统参与向现代参与的转型。

在媒体的放大效应下，同德围居民以及媒体人的呼声引发广州市民关注同德围问题，为开展同德围综合整治奠定了基础。在大众传媒影响下，同德围居民的参与热情和能力被激发和释放出来，这既体现出广州社会领域的繁荣，也印证了广州本土文化的包容特性。

电视媒体是推动同德围协商式治理的重要媒介，除了广州的电视媒体外，广东电视台、南方卫视等频道也积极报道了同德围问题。韩志鹏说："同德围综合整治的点点滴滴被电视媒体拍成了纪录片。"20 世纪以来，广电媒体以一种全新的方式拓展了国家政治形式。自 20 世纪 30 年代以来，BBC 开发出了一种亲切的、谈话式的、以谈论时事为主的"说新闻"样式。它所传递的有关民主化建设的重要信息是：政治是与人们日常生活相关的，也是每个人都有能力

---

① 　CCTV 新闻：新闻周刊［EB/OL］［2019-03-12］.http://v.ifeng.com/news/china/201011/9b1b5224-a569-42c9-9ca4-c8ed383fa4fb.shtml.

参与的。① 随着媒体的社会影响力增强,人们将其称为立法、司法、行政之外的"第四种权力"。"走进同德围"系列节目将当地公共设施和服务不足呈现在全体广州人面前,增大了权力部门的回应压力。可见媒体不仅改变了人们对公共事务的参与渠道,而且影响到权力部门的运行机制,使社会舆论随时发挥监督权力运行作用,使人们公开审视权力运行,并由此参与公共生活。

报纸是促成同德围协商式治理的重要媒介。随着电视、网络等新媒体的繁荣,纸质媒体日益落寞。但是,在深入呈现、持续跟踪以及互动式讨论热点议题方面,报纸具有其他媒体难以企及的优势。在同德围综合整治中,《羊城晚报》《南方都市报》《新快报》《信息时报》等广州主要媒体全面呈现居民意见,持续报道项目推进情况,深入追踪协商式治理过程,推动促进了同德围的综合整治。

网络等新媒体是同德围协商式治理的重要平台。詹姆斯·卡伦在《媒体与权力》中认为,一方面,新媒体会导致新的权力中心出现,从而在现存的主导型的威权结构内部引发日渐激化的紧张状态;另一方面,新媒体有时候会绕开已经建立起来的媒体传输机构,发布遭到禁止或限制的信息,通过这种方式来破坏控制社会知识的等级制度。② 这里的新媒体原指在英国报业迅速发展年代的报纸。但如同曾经的报纸媒体一样,微博、微信等大众网络媒体成为当代新媒体,它们使权力体系面对大量外部信息,内部结构的稳定性受到影响;同时它们使信息传递更为便捷,增大了信息控制难度,破坏了权力部门对信息的垄断。在同德围综合整治中,新媒体成为呈现社会问题最及时的平台。

对杨先生和陈扬来说,引起权力部门关注同德围问题是主要目的。杨先生认为自己是同德围居民,对于自身感受到的问题具有发声义务。陈扬对于广州的城市变迁高度警惕,他认为广州没有理由委屈同德围的拆迁户居民。在为同德围发声上,杨先生心怀对同德围的关心,陈扬则流露出对广州城市变迁的关切。尽管存在身份差异,但他们都取向成为城市治理的"积极分子",不会倾向于盲目服从权威或者是采取事不关己的态度。基于政治文化的分类,对公共生活的参与型取向是他们成为同德围综合整治推动力量的根本原因。

---

① 詹姆斯·卡伦.媒体与权力[M].史安斌,董关鹏,译.北京:清华大学出版社,2006:8.
② 詹姆斯·卡伦.媒体与权力[M].史安斌,董关鹏,译.北京:清华大学出版社,2006:74.

在同德围压抑窘迫的生存空间中,杨先生的四处奔走如孤独呐喊,陈扬及其同事们则在"走进同德围"系列节目中谱写了一曲荡漾着家园情怀的华丽乐章。"广州媒体对同德围的关注应该是从 2003 年到 2004 年就开始了。曾经同德围三个字,一度成为媒体不能碰的负面题材!"[①]然而,从 2003—2012 年,当地居民、广州媒体对于同德围问题的介入形式和程度发生了巨大变化,这种变化在后续的同德围综合整治中被市民感知。那些积极奔走的居民和关注热点并充满激情的媒体人共同激发出公众参与力量,推进同德围综合整治的到来。

同德围问题不是一个人或一个方面的问题,交通困境、如厕之难、教育医疗资源缺少等等,不仅同德围的居民有着切肤体会,就是外面的人也深切感受到这里的困境和人们急需改变的渴望。许多人自发在救赎同德围的道路上努力着,他们中有同德围本地居民,有搬迁而来的外来者,有省人大代表、市政协委员,还有普普通通的外企员工,为着这片土地的突围而穷尽心智和汗水。[②]

第二节 引导力量

在同德围综合整治中,广州官员、市民以及媒体留下了不同姿态的剪影,其中个人色彩最鲜明的参与者是韩志鹏。在 2012 年广州市"两会"中,韩志鹏通过向市领导"请愿"开启了同德围综合整治。担任公咨委主任后,他组织开展了与同德围综合整治有关的征求意见、过程监督、协调矛盾等全部主要工作。同德围公咨委所发挥的信息来源、协商平台、治理主体作用,在很大程度上取决于韩志鹏的个人影响力。

在广州的旧城区中,同德围的环境并非最恶劣,但从地方整治效果来看,这里的成效斐然。在广州纷纷设立的公咨委中,有些没有运作,有些稍做运作后就销声匿迹,同德围公咨委的运行最为长久,工作最为活跃。在这些现象背

① 陈扬.问计同德围,别来虚的[N].南方都市报,2012-01-10.
② 罗苑尹,靳颖姝,吴钰,等.救赎同德围不是一个人在战斗[N].南方都市报,2012-04-11.

后,在城市发展中不断调整的国家与社会关系背景下,在地方政府、市民和其他力量积极参与城市治理模式创新的风云际会中,韩志鹏个人的身影被雕刻在岁月中,成为 2003—2017 年间广州公众参与的重要印记。

韩志鹏于 1955 年出生于广州,曾任广州侨商报社总编辑,于 2015 年退休。2003 年经由侨联推举,他开始担任市政协委员。在此后的十五年里,他连任三届政协委员。由于提案屡次引发媒体关注,韩志鹏成为"广州人大政协现象"的重要代表,也成为广州市民心目中的"明星委员"。

韩志鹏长期关注社会热点问题,作为广州市政协委员,他重点针对社会不良现象背后的权力运行不力提出批评和建议。包括同德围综合整治的建议在内,他提交过多项政协提案。他在担任公咨委主任后,组织收集居民意见,并将其整理归纳提交市领导;通过引导居民协商促进治理措施推进,为推动城市治理格局创新做出努力。超越于对具体事务的关注,韩志鹏对城市治理的参与,蕴含着对于广泛公共事务的关注和关怀。探析其积极参与城市治理的原因可见,政协委员身份赋予的职责定位、对群众利益的关切和致力于改善权力运行效果的积极态度是韩志鹏参与公共事务的基础。韩志鹏参与并且引导同德围综合整治的公共协商,体现出社会精英在探寻城市治理困局破解之道中的积极和投入。

在担任政协委员后,韩志鹏逐渐形成了关注民生的履职路径。在连续三年里,他在市"两会"期间都提交了"白云山景区禁车"提案。三年中,有关部门对韩志鹏的态度发生了变化:第一年,一纸公文驳回了提案;第二年,白云山管理局几位负责人约见韩志鹏,称"权限不在他们那里";第三年,韩志鹏在提案中明确,请广州市政府办公厅处理答复。① 坚持三年后,经过修订于 2006 年 4 月实施的《广州市白云山风景名胜区保护条例》规定,白云山风景名胜区实行车辆限制进入制度。"白云山限车"是广州市民的呼声,是管理部门的职责所在,也是政协委员韩志鹏执着提案催生的结果。

2015 年 1 月,国家行政学院等单位主办"十大地方决策新锐人物"评选活动,韩志鹏的入选评语为:人大代表可以要求官员来接受质询,政协只是协商

---

① 谢苗枫,李碧娇,冯宙锋.韩志鹏:我不是"明星",我是"板凳叔"[N].南方日报,2011-07-27.

性质的,权力不及前者,但广州市政协委员韩志鹏以政协委员的身份,竟然做到了人大代表都可能做不成的事情,堪称"政协问政"之先河。①

我国法律规定,公民对于任何国家机关和国家工作人员,有提出批评和建议的权利;全国人大代表,有权依照法律规定的程序提出对国务院或者国务院各部、各委员会的质询案。② 地方人民代表大会代表有权对本级人民政府和它所属各工作部门以及人民法院、人民检察院提出质询③。人大代表的批评、建议以及质询,在我国的基层民主实践中得到不同程度的落实。2004 年前后,广州市人大代表积极行使代表权力,成就了人大工作中的"广州现象"。

而对于政协委员的职责,人们的认识往往局限于宏大的"政治协商",对于民主监督以及参政议政的感受并不直接。但事实上,《中国人民政治协商会议章程》规定政治协商会议的主要职能是政治协商、民主监督、参政议政。其中的民主监督是对国家宪法、法律和法规的实施,重大方针政策的贯彻执行、国家机关及其工作人员的工作,通过建议和批评进行监督;参政议政是对政治、经济、文化和社会生活中的重要问题以及人民群众普遍关心的问题,开展调查研究,反映社情民意,进行协商讨论。通过调研报告、提案、建议案或其他形式,向中国共产党和国家机关提出意见和建议。④ 在韩志鹏以及其他政协委员的积极参与下,广州政协委员持续开展的"问政",促进了地方政治生活领域的"广州人大政协现象"出现。

从"白云山限车"开始,韩志鹏的"问政"活动大体遵循以下逻辑:一是通过调研发现问题并提出建议。在"白云山限车"前期,他发现车辆随意出入影响景区秩序,提出"限车"建议。二是以问题为导向探求化解机制,引发权力运行,探讨公权力的作为空间。他在"白云山限车"提案中明确针对白云山管理局、广州市政府办公厅提出建议。三是评价权力部门的回应态度。在连续三年提案的同时,韩志鹏坚持向媒体反映相应部门的回应情况,对权力部门做出

① 为百姓叫板的草根委员——记广州市政协委员韩志鹏[EB/OL].广东政协网,[2017-03-20].http://www.gdzxb.gov.cn/wyfc/201503/t20150305_63133.htm.

② 《宪法》第 41 条、第 73 条。

③ 《地方人民代表大会和地方人民政府组织法》第 28 条。

④ 《中国人民政治协商会议章程》第 3 条。

社会评价。按照《中国政治协商会议章程》的规定,前两个阶段属于履行参政议政职责,第三个阶段属于履行民主监督职责。可见,尽管韩志鹏的公共行为领域广泛,但在本质上主要是基于政协委员身份与权力机关对话,目的是促进公权力更为合理运行。韩志鹏的积极履职使政协委员的职责从法律规范、章程文件中走向城市治理中的现实问题。

2011 年 4 月,韩志鹏偶然获悉广州出租车将调价。他在微博上发布:"据说广州的出租车很快就要提价了,起步价由现时的 7 元调至 10 元,不再另外收取燃油附加费。希望物价局及时举行听证会,征询各界意见。"消息公开后,物价部门否定了这一消息,并称"近期并没有调整出租车起步价的计划,调价前一定会开听证会。"① 不久后,市物价局的回应口径变为承诺召开听证会并证实不另收燃油附加费。② 韩志鹏在微博中透露,广州社情民意研究中心接受委托,今年 3 月开展出租车专项调研,市民对于将出租车起步价由 7 元调整为 10 元(含 2 元燃油附加费)的建议,认为不太合理和不合理的居多。③ 6 月中旬,市物价局召开新闻发布会,公告即将召开的士运价听证会,同时向社会征集听证会代表。④ 韩志鹏报名之后,被列为听证会的第二个消费者替补代表。7 月初,市物价局公布了广州出租车运价调整方案和听证会日期。对此,韩志鹏认为方案存在不公平和不合理的地方,由于担心仅仅是在形式上召开听证会,使听证会实际沦为"听涨会",他再次走访了的哥、出租车行业协会,并拿出第三方案,计划在听证会上提出。由于在听证会召开前,他得知自己并非正式听证代表,可能不会被允许进入会场。7 月 18 日,韩志鹏早早就从家里带了张小板凳去听证会门口等候。一是作为替补代表,能不能成功交出这份建议要等待;二是估计要坐冷板凳,更像是行为艺术。在听证会现场,韩志鹏

---

① 林翎,赵仲炜."起步价涨至 10 元" 民调结果出来了[N].羊城晚报,2011-05-04.

② 谢苗枫,李碧娇,冯宙锋.韩志鹏:我不是"明星",我是"板凳叔"[N].南方日报,2011-07-27.

③ 林翎,赵仲炜."起步价涨至 10 元" 民调结果出来了[N].羊城晚报,2011-05-04.

④ 徐娜,蓝岚.罗家祥:听证会较成功! 韩志鹏:我完全不同意![N].新快报,2011-07-26.

被拒之门外,他的第三方案也没能托人带进会场。① 听证会结束后,韩志鹏撰写了《关于重开出租车调价听证会的建议》,全文登载在 2011 年 7 月 22 日的《羊城晚报》头版。② 韩志鹏建议物价局重新召开或召开第二场延续性出租车调价听证会,并提出了五项理由。

韩志鹏《关于重开出租车调价听证会的建议》③

广州市物价局:

社会各界对贵局日前召开的"广州市取消出租汽车燃油附加,建立运价与燃料价格联动机制方案听证会"反应强烈,市民普遍质疑这个听证会的合法性、合理性和公平性。尽管历史上许多听证会等同"听涨会",但如此背离民意且涉嫌违法操作,广为媒体口诛笔伐的听证会,在广州还是第一次。出租车调价事关民生,价格听证事关民主决策,无论作为普通市民、听证会消费者候选代表,还是长期关注广州交通行业发展的政协委员,我都深感痛心,深感震惊! 我觉得,我有责任、有义务向贵局建议重新召开或召开第二场延续性出租车调价听证会。

理由如下:

听证会上供讨论的第一方案是临时调整,被篡改过的,并未依《政府制定价格听证办法》于 15 天前送达听证会代表手中;二、召开听证会的依据即出租车行业协会申请调价的函只提出运价和气价联动,并未申请收取夜间附加费和加收营运候时费;三、出租车行业协会申请调价的函提出"应平衡好消费者、企业与司机的利益",但调价方案显然要消费者"买单",出租车企业与消费者"风险共担",有待落实;四、听证会未能广纳民意,两个方案都不公平、不合理(例如把拟取消的燃油附加及其燃料价格的变化因素都纳入起步价,既影响出租车司机运营,也侵犯了短途消费者的权益);五、按照《政府制定价格听证办法》规定,听证会可一次举行,也

---

① 谢苗枫.韩志鹏广州出租车调价听证会被拒　称真的累了[N].南方日报,2011-07-27.

② 韩志鹏.关于重开出租车调价听证会的建议[N].羊城晚报,2011-07-22.

③ 韩志鹏.关于重开出租车调价听证会的建议[N].羊城晚报,2011－07－22.

可分次举行。

　　建议当否,请指示。

二〇一一年七月二十一日

　　7月下旬,韩志鹏在微博中建议重新举行听证会。7月22日,他前往市物价局送交上述《建议》,但是该局所有领导都"外出开会"……一位工作人员接收了《建议》,并表示15个工作日内给出答复。① 有20多家媒体报道了此事,孟浩、陈忠烈、刘小钢等政协委员、人大代表公开表示支持韩志鹏;郑达、陈扬、马志海、彭澎等媒体人、公众人物也发表了意见。② 对此,陈扬发表文章《这确是光环,不是假发》,何龙发表文章《佳话与笑话:官员与委员"捉迷藏"》,市人大代表曾德雄发表文章《韩委员"投递无门"的遭遇说明了什么》。

　　7月25日,物价局长约见韩志鹏,逐项回应《建议》内容。一是公证会现场只是对方案一做了微调,整个方案是不变的。经过微调后的方案更有利于广大乘客减轻负担,也更有利于出租车司机的操作。二是租协申请联动无附加,但是"附加"是联动的机制之一。三是油价上涨并非由消费者买单,而是由出租车司机和消费者共同承担。四是在听证会召开之前,已经听取各方对方案的修改意见和建议;对于市民关心的热点问题,也通过接受媒体采访、网站反馈等多种形式积极回应,座谈会中的两个方案都是公平的。五是本次听证会较为成功,不能推倒重来,但听证方案有15天的修改完善期,将进一步广泛听取市民、专家的意见。按照信访条例,对于韩委员的建议,将在15个工作日内,给予正式的书面答复。③ 物价局做出书面答复后,与韩志鹏进行了当面沟通,本次出租车调价风波逐渐平息。韩志鹏获得"板凳委员"的称呼,媒体称他为"板凳叔"。

　　自2012年初在广州市"两会"上提交同德围综合整治建言书之后,韩志鹏

① 刘静.广州市政协委员韩志鹏到物价局递交建议受阻:领导"外出开会" 网传"寻官启示"[N].南方日报,2011-07-23.

② 来源:韩志鹏于2011年7月23日于新浪微博都发布信息。

③ 徐娜,蓝岚.罗家祥:听证会较成功! 韩志鹏:我完全不同意![N].新快报,2011-07-26.

便与同德围紧密联系起来。当年1月,市领导邀约韩志鹏共同考察同德围。2月下旬,同德围公咨委成立。此后,除了"政协委员"之外,"公咨委主任"也成为韩志鹏的标签,成为他在同德围乃至整个广州进行民主监督和参政议政的特殊头衔。

在担任政协委员和公咨委主任期间,韩志鹏个人的社会影响远远超越同期广州市政协委员、同德围公咨委成员的平均水平。由于在媒体上出镜率较高,韩志鹏走在街上时常会被人认出来,买东西有时街坊会执意不收钱,最夸张的一次是,一个三岁左右的小女孩在大街上看到他,竟惊喜地大喊一声:"妈妈快看,韩志鹏!"①在同德围综合整治中,随着南北高架桥等各项建设工程不断推进和当地部分社会矛盾的协调解决,韩志鹏的影响力持续提升,不仅当地居民时常围堵他家反映情况,其他市民也通过微博私信、邮寄信件反映情况,这些信件被寄往广州市政协、广州侨商报社甚至广州市政府。以致在国家信访局网上投诉渠道开通的第二日,韩志鹏就在微博公布消息,引导大家合理选择信访渠道。②

充分运用媒体力量是韩志鹏"问政"的重要特点。他认为政协委员的民主监督除了现行制度支撑,关键还是要建立一个明确的、具体的、可操作的程序,既要规范有序,也要赋予政协委员独立履行职责的空间,强化政协及其委员的监督作用,通过机制创新,在实践中逐步形成政协工作的新格局。否则,政协委员搞民主监督更多还是要借力于舆论监督。当然,民主监督与舆论监督形成合力也并非什么坏事,两者联动,起码时效性就出来了。③ 可见,韩志鹏洞悉政协委员履行民主监督职责抓手不足的现状,但他没有回避问题或者顺水推舟,而是另辟蹊径,通过媒体效应开展履职活动,取得监督效果。在2014年接受南方都市报记者采访时,韩志鹏说:"我天天接受媒体采访。我去年365天平均每天接受媒体采访起码1.5次以上吧,一年至少有500次。"④

充分运用新媒体则是韩志鹏"问政"的主要做法和特点。新媒体是指21

---

① 孙安东.韩志鹏:公民不是臣民[N].新快报,2011-12-29.

② 来源:韩志鹏2013年7月2日的微博。

③ 韩志鹏.政协委员民主监督并非"白说"[N].羊城晚报,2015-01-22.

④ 徐艳.真的,我绝对不会是那种异己分子[N].南方都市报,2014-02-12.

世纪初发展起来的具有互动特性的运用数字信号的媒介,也称互动媒体和数字媒体。在新媒体时代,个人可以发挥传统媒体中记者、编辑的职能,通过对手机、电脑的运用成为信息发布平台,引导公众舆论。在应用较为广泛的新媒体中,微博、微信成为韩志鹏发表监督意见、公布相关信息的主要平台。自2010年4月9日注册新浪微博后,截至2019年4月9日,在9年时间里韩志鹏通过微博发送信息3276条,拥有粉丝323803名①;自从2014年10月31日在微信朋友圈发送前往肇庆市问政的信息开始,他持续在微信中公布自己关注的热点问题、参与的社会活动以及对社会现象的个人意见。新媒体成为韩志鹏与群众、权力机关交流意见的渠道,为他履行参政议政、民主监督职责提供了便利条件。充分运用新媒体,也使他的履职影响达到新的高度。

对于新媒体的走向,詹姆斯·卡伦认为,新媒体通常是被整合到权力体系当中去的,这样一来,其所具有的打破现有的信息流动秩序的潜力就遭到了限制。② 但事实上,情况整体走势相对乐观。当新媒体的适用范围足够广泛后,即便是权力体系强化监控,或者是展开整合的努力,它已经打开的信息流通渠道仍然存在,并且还能够对权力结构以及信息流通持续发挥影响。在2011年"两会"前,广州市政协委员吴名高、广州市人大代表刘小钢等人开通微博,并在微博上"求建言献策",收集网友建议。③ 2011年2月下旬,市政协委员金城在政协各界别座谈会上,建议具备条件的广州市政府相关部门尽快开通官方微博,尤其是与民生密切相关的各窗口部门应争取首批开通,发挥微博征集民意、加强交流的作用,提供网络问政平台,促进工作的科学化,有效提升网络问政的水平。同时可利用这一平台,发布新闻材料、民生政策等群众关注的政务信息;此外必须适应网络的透明快速,耐心倾听网民意见,及时回复相关问题,不断提升政府相关部门的工作水平。④

在韩志鹏的新浪微博开通一年之后,2011年6月底,广州市政协办公厅在人民网搭建"广州市政协委员微博议政平台",同时举行委员微博议政培训。

---

① 来源:对韩志鹏的调研访谈。

② 詹姆斯·卡伦.媒体与权力[M].北京:清华大学出版社,2006:74.

③ 黄艳.韩志鹏受追捧 粉丝近万[N].信息时报,2011-02-20.

④ 刘可英.广州政协委员建议开通政府官方微博[N].南方日报,2011-02-25.

当天上午,100多名首批开通个人微博的市政协委员、区(县级市)政协主席会议成员和部分市政协机关干部参加"微博议政"培训。① 2011年12月中旬,微博"@中国广州发布"正式上线新浪微博,成为广州市委、市政府微门户。随同一起亮相的,还有广州市政府新闻办等广州20多个市局单位的官方微博。② 在微博"@中国广州发布"之前,北京、上海等地政府机构已陆续开通@北京发布、@上海发布等官方微博。从官方与新媒体的互动来看,尽管权力体系对新媒体进行严格管控,但同时也展开了积极运用。对于城市管理者而言,占领新媒体阵地既可以实时掌控其中的负面信息,也可以及时获取具有建设性的社会治理信息,推进城市发展。

就充分运用媒体及新媒体的韩志鹏个人而言,无论是作为政协委员、公咨委主任,还是作为积极网民,韩志鹏的一系列行为始终关怀重建社会秩序以及公共事务的规则。他积极发表意见的"路见不平一声吼"与侠义小说的主人公以及影视大片中的超人有着本质区别:他并非针对特定个人扶弱济困,而是关注公共事务的形态;在复杂的社会现象中,他重点关注权力运行规则以及权力部门的回应态度。以出租车调价事件为例,他的批评最终指向是出租车的调价程序是否合理,这是在尊重行政机关权威的基础上对行政权力运行程序提出的善意质疑。

直面政治权威是理想中传统中国知识分子的重要特点。余英时认为,中国古代知识分子所恃的"道"是人间的性格,他们所面临的问题是政治社会秩序的重建。这就使他们既有别于以色列先知的直接诉诸普遍性、超越性的上帝,也不同于希腊哲人对自然秩序的探索。因此之故,中国知识分子一开始就和政治权威发生了面对面的关系。③ 即使对于游士而言,在"游"的表象后面,也潜藏着十分明确、专注的目的,即实现自身在新的政治结构中的重新定位。④ 韩志鹏喜欢收集宝剑,在他家的书房中悬挂着一把龙泉七星剑;在他的

———————————

① 郭尧,李志浩.百名委员学"织围脖"[N].羊城晚报,2011-06-28.

② 杨明,龙晓枫.广州官方微博下周一开通[N].广州日报,2012-12-16.

③ 余英时.士与中国文化[M].上海:上海人民出版社,1987:119.

④ 王保顶.游士文化传统及其终结——西汉武帝以前士人阶层的演变[J].江海学刊,2001(1):118-122.

同德围公咨委办公室墙上,悬挂着书写"剑气书香"四个大字的书法作品。他认为"武侠小说中的侠义情怀跟现代社会的公民精神类似,都是一种发自内心的利他主义"。① 可见,韩志鹏心目中的"利他主义",或许就是在政治结构中寻求自身定位的传统知识分子情怀,其落到现实中的关切则是参与社会秩序和公共事务的规则建构。

从参与行为特征看,韩志鹏符合中西方研究者对知识分子的基本界定。韩志鹏积极的"问政"活动实质是进行社会批判,针对社会中的不良现象、权力运行不力之处发表见解并提出建议。西方学者对知识分子虽没有获得一致定义,但他们都肯定知识分子有一个共同性格,即以批判社会为职志。这在中国也不例外。孔子说:"天下有道则庶人不议。"如果反过来说,便是"天下无道则庶人议"。(对于批判者而言)天下永远处在"无道"或不尽合于"道"的状态。这里的"庶人"也包括"士","议"即是"批评"。② 可见,对于知识分子来说,对于公共行为进行批判在现实中是一种常态。对于权力运行、公共政策的批判,贯彻在韩志鹏的政协提案、微博、微信、报纸文章、电视节目以及媒体采访之中。

按照西方研究者对于新阶级的分类,韩志鹏属于人文知识分子。近现代以来,随着权威体系的世俗化以及公共教育的发展,在世界范围内形成了新阶级阶层。正如新阶级不是过去的无产阶级一样,它也不是旧的资产阶级,相比较而言,它更是一个新的文化资产阶级,其资本不是货币,而是对它有价值的文化的控制。③ 新阶级中至少有两种精英:一是兴趣基本上是"技术性"的技术知识分子;二是兴趣主要在批判、解放、解释并通常具有政治性的人文知识分子。④ 从批判性以及批判目标具有一定公共性抑或政治性的角度来看,韩志鹏属于后者。而韩志鹏在退休之前的职业为报社总编辑,这一类职业在相

---

① 孙安东.韩志鹏:公民不是臣民[N].新快报,2011-12-29.

② 余英时.士与中国文化[M].上海:上海人民出版社,1987:114.

③ 艾尔文·古德纳.知识分子的未来和新阶级的崛起[M].顾晓辉,蔡嵘,译.南京:江苏人民出版社,2002:25.

④ 艾尔文·古德纳.知识分子的未来和新阶级的崛起[M].顾晓辉,蔡嵘,译.南京:江苏人民出版社,2002:59.

关研究中被明确地归入新阶级的范畴。①

　　公众对于韩志鹏的评价整体以赞扬为主,但也有不同声音。有人认为他是负剑的侠客、问道的士人,在他身上传承着传统知识分子直面政治权威,讨论政治社会秩序建设大道的风骨;也有人认为他身上作秀的色彩浓厚。这些对于韩志鹏的评价,在一定程度上体现了大家对于公众参与的认知和态度,对于公众参与行为者的认可或否定。韩志鹏对此很坦然,他曾说:我不怕作秀,这也不是作秀。因为每个提案背后确实有调研,受到民众的委托,提出有建设性的方案。硬是说我作秀也没什么,我就是要作个秀。如果真的能仗义执言,促进社会进步,我作这个秀也未尝不可。②

　　从韩志鹏的意见表达来看,他是社会制度的维护者。在接受记者采访时,韩志鹏曾说:"其实我绝对不会是那种异己分子,那种所谓政见不同的异己分子,我绝对不是,真的。不是小骂大帮忙吗?但是你政协委员不能就擦鞋啊。当政协委员一定要有独立人格,要有批判精神。不能当花瓶,当举手机器嘛。"③

　　客观地看韩志鹏的公共活动发声,尽管他曾多次旗帜鲜明地发表"我反对""我坚决反对"意见,但他的反对主要指向具体公共政策以及相关措施,他的反对形式主要是批评和建议;在他身上没有看到对输出公共政策的权力部门的对抗,也没有对公共治理主体权威的挑战。在他身上没有显现出导致社会混乱的歇斯底里,更多的是在经济社会繁荣背景下维护现存制度的理性。

　　对于制度的维护,根据参与者是否发挥了主观能动性为标准可以分为不同类别:一是积极维护,即在深入思考的基础上对于现行制度积极发表意见,其中包括赞同意见、批评意见乃至否定意见。二是消极维护,即对于制度不加思考和推敲,即盲目地提出赞同意见。由于前者体现出了参与者的主观能动性,所以相对于后者来说明显更为积极;由于前者充分运用了宪法以及法律赋予的批评建议权等权利,前者明显更富有建设性。韩志鹏对于公共事务的批

　　① 艾尔文·古德纳.知识分子的未来和新阶级的崛起[M].顾晓辉,蔡嵘,译.南京:江苏人民出版社,2002:18.

　　② 谢苗枫,李碧娇,冯宙锋.韩志鹏:我不是"明星"　我是"板凳叔"[N].南方日报,2011-07-27.

　　③ 徐艳.真的,我绝对不会是那种异己分子[N].南方都市报,2014-02-12.

评式参与,明显属于前者,是积极维护,绝非后者的简单赞同。

在广州的公共决策中出现过申请公开光亮工程可行性报告的"拇指妹"①、呼吁众人反对花巨资统一改造地铁车站的"举牌哥"②、质疑亚运整治工程铺张浪费的"口罩男"③,上述行为与韩志鹏的"维护性批判"活动具有一定相似性。广州市社会科学院曾德雄研究员认为,他们关注的无一例外都是公共事务,而不是一己之私的个人事务;他们的关注基本上都没有直接的功利目的,而只以公平正义作为其内在动机和行为动力;他们也许有行为艺术的夸张色彩,但绝对依法、和平、理性,绝无谎言和暴力。④ 面对不合理公共措施,他们充分运用宪法和法律赋予的公民权利,做出积极的富有建设性的维护。在国家治理体系和治理能力现代化的漫漫长路中,他们是促进地方治理转型的重要资源。对于这些参与行为的保护和鼓励有助于当前城市治理的改革和创新,挖掘这些行为的生存土壤并扩展其成长空间,有助于完善城市治理体系,并进而提升城市治理能力。

---

① 拇指妹:区佳阳,2011 年度"广东十大新闻人物"。广州拟投入 1.5 亿元推进的光亮工程,区佳阳向市建委申请公开光亮工程的可行性报告,并在微博上征集 1000 个大拇指肯定广州市建委。来源:张璐瑶."拇指妹":希望世界因我而变[N].羊城晚报,2012-09-19;张玉琴.咨询又无果 "拇指妹"送"鸭梨"[N].信息时报,2011-07-06.

② 举牌哥:陈逸华,广州十六中的高一学生,自 2011 年 5 月 4 日在该市多个公共场所举牌,呼吁众人反对花巨资统一改造地铁车站,收集市民签名。在社会舆论的推动下,地铁公司三度做出回应,并改变了初衷。来源:"举牌哥"反对地铁统一化改造终获成效[N].中国青年报(数字版),2011-05-19.

③ 口罩男:一男子因戴着口罩在广场上与广州市建委负责人对话,质疑亚运整治工程中的铺张浪费,反对花基和路缘石一律换用花岗岩的做法。市政府认同了这一意见,叫停了该项道路装饰计划,该男子被媒体称为"口罩男"。广州"口罩男"再度拷问"花岗岩"[N].华西都市报,2010-03-25.

④ 曾德雄.胡总书记七一讲话解读之二 广东的网络问政可为全国借鉴[N].南方都市报,2011-07-06.

第三节　决定力量

在中国共产党领导下的民主政治所蕴含的透明、参与以及政治责任落实，是从宏观上消化多元社会利益冲突，并从具体上解决社会问题的重要导向。地方党政领导在此前提下所做出的治理道路选择以及地方政府制定的实施方案，成为同德围公咨委设立和运行的决定因素。有研究者认为，中国的协商民主具有鲜明的中国特色，中国地方协商民主是由精英推动的，领导的意志和决心是决定协商民主能否生存和发展的关键因素。务实的地方政府何时以及为何选择协商民主，取决于协商民主能否解决当地经济社会问题。① 开放包容的地方治理态度以及从根本上解决地方治理难题的决心，是地方党政领导为同德围的公众参与释放空间和提供平台的重要原因。在市领导、政府官员、人大代表、政协委员、当地居民和媒体共同探索的协商式治理中，发挥决定作用的力量来源于权力体系内部。

2012 年初，广州市领导与政协各界别委员会代表座谈。韩志鹏发言表示要为 30 万同德围居民请命，向参会的市领导递交了"同德围解困方案"。1 月中旬，市委、市政府主要领导率领市各相关职能部门和白云区主要负责同志前往同德围调研，检查工作方案的落实情况，并就整体改善提升同德围的市政公共设施和服务开展专题研究，召开现场办公会。② 会上提出"同心同德突围，建设幸福围"口号，还提出涵括 15 项具体工作的《进一步解决同德围问题交通方案》。③ 现场调研特别邀请韩志鹏参加。在同期召开的广东省人大分组讨论会议上，市长陈建华表示，同德围 15 项整治措施，政府会一路负责到底。④ 1 月下旬，经过陈建华市长提议，同德围公咨委正式成立。据韩志鹏回忆，大

---

① 何包钢,吴进进.社会矛盾与中国城市协商民主制度化的兴起[J].开放时代,2017 (3):101-124.

② 孙婷婷,朱小勇,吴瑕,等.配套没跟上　禁再建住宅[N].信息时报,2012-01-15.

③ 田恩祥,史伟宗.同德围开始"突围"[N].羊城晚报,2012-01-15.

④ 牟晓翼,吴璇,黎秋玲,等.陈建华承诺:政府会负责到底[N].新快报,2012-01-16.

概是 2 月底,市政府有人打电话给他说:"市里要牵头成立一个民间监督委员会,请你担任主任。"①

陈建华在同德围调研中表示,这个委员会是全新的事物,在广州历史上是第一次,有点像农村的村民理事会。这个委员会的成立也是尊重市民主体地位的表现。一般的村民理事会只代表几十个村民,同德围这个委员会涉及至少 20 万人的群体。省委领导提出要开展社会管理的创新,要尊重人民群众的意愿。市委领导提出要发扬民主、广开言路,领导干部要接地气。我看这个委员会将政府执政为民与尊重人民群众的意愿很好地结合起来,也体现了人民群众的首创精神。如果实践成功的话,这种模式可以在广州其他很多案例上推广。②

4 月初,陈建华利用假日前往白云区,调研同德围交通疏解规划情况。他乘船沿石井河实地考察沿岸架设高架路的规划方案,并邀请了提出此项建议的当地居民何世江和韩志鹏同行。在随后召开的座谈会上,陈建华指出,市政府和同德围地区居民达成 3 点共识,一是同德围"突围"必须首先解决交通问题,让道路通畅。二是在充分听取同德围公咨委和当地居民意见后,市有关部门形成了两套增加同德围地区南北向通道的方案,要进行充分科学的论证、比选。三是为了避免因道路改造工程对当地居民的出行造成影响,在提出有效的疏导交通方案之前,暂时不要对西湾路、西槎路进行拓宽升级改造。③ 10 月29 日,市政府常务会议审议并通过《同德围南北高架桥实施工作方案》,明确同德围南北高架桥将争取在今年内开工。韩志鹏和何世江作为陈建华的"特殊代表"列席会议,参与这一议题的审议。

在中国城市治理中,人们相对关注治理内容以及治理效果,往往将治理主体默认为与治理空间最为接近的地方政府,将受到影响的群众默认为治理对象。因此,消除治理主体和对象间的屏障,让公众参与治理措施的制定、执行以及实施,需要施政者的引导,其中不仅需要引导社会力量参与公共事务,也

---

① 罗苑尹,靳颖姝,吴钰,等.救赎同德围不是一个人在战斗[N].南方都市报,2012-04-11.

② 文远竹.国内城市可探索"同德围模式"[N].广州日报,2012-03-20.

③ 张玉琴,黄少江.同德围有望建高架路[N].信息时报,2012-04-03.

需要在权力体系内部对接纳公众意见做出示范和鼓励。市长陈建华对同德围公咨委的关注,为权力体系内部释放出认同社会力量参与地方治理、鼓励公民参与地方治理的信号。行政体系内公职人员对领导意图的落实和下级对上级的效仿,成为公咨委有效运行的重要体制内动因。

在同德围综合整治前期和中期担任广州市市长的陈建华是广东陆丰人,1956 年出生,当过下乡知青,系"文革"后恢复高考的第一批大学生。他担任过广州市委宣传部部长、广东省河源市委书记等职务,在 2012—2016 年间担任广州市市长。① 1992 年邓小平南方谈话时,在广东省委办公厅工作的陈建华负责记录并拍摄了经典之作——《五个金手指》。在随后为官一方的政治生涯里,解放思想的作风在他身上不时出现。② 尽管在担任市长期间,广州的 GDP 赶超了新加坡和香港,但陈建华浓厚的人文情怀、关注民生以及推进治理方式变革的特点却更为人关注。

陈建华重视城市文化的传承。在 2005 年 4 月,《广州大典》编纂工作正式启动,成立编委会和编辑部,时任广州市委宣传部部长的陈建华担任主编。该书旨在系统搜集整理和抢救保护广州文献典籍、传播广州历史文化,涉猎范围上至天文地理,下至诗词歌赋。历经十年编纂,《广州大典》正式完成出版,依经、史、子、集、丛五部分类,收录历代 4064 种文献,编成 520 册。在 2015 年《广州大典》首发节目座谈会上,担任广州市市长的陈建华在发言时感慨:"十年时间过去,扪心自问,问心无愧,做到了作为文化者的守望和传承。"③

陈建华关心与人民生活息息相关的城市问题。在他初任市长时,广州全部填埋场只有一年半的容量,据推算,到 2014 年 6 月将被填满,垃圾无处安放。2012 年 7 月,陈建华参加了"垃圾分类,广州范本"连环炮大型活动,在启动仪式上擂鼓助威,向广大市民分享他的垃圾分类秘诀,并写下"垃圾分类,广

---

① 王华,张旭怡.陈建华当选广州市人大常委会主任[N].中国新闻社,2016-02-05.

② 张西陆.陈建华卸任市长:他与广州城的 4 年故事[EB/OL].南方+.[2019-06-19]. http://static.nfapp.southcn.com/content/201602/05/c43656.html.

③ 刘其劲,冯宙锋.《广州大典》昨日首发,陈建华主编历十年编纂海内外发行[N].南方都市报,2015-05-01.

州范本。家家参与，人人动手。"①为解决"垃圾围城"，陈建华远赴国内外各城市取经，写市长公开信，自编顺口溜；从 2012 年开始，他连续四年出席垃圾分类处理动员大会，要求用创文创卫的力度，让垃圾分类几年大见成效。② 在 2014 年第二季度陈建华的 65 项公务活动中，"垃圾分类"等城市管理领域最多。③ 在 2016 年陈建华卸任市长时，广州的资源回收量已从 4000 吨/日提升到 7000 吨/日，伴随 5 座资源热力电厂全面开工，广州市城管委的通稿中首次出现"初步破解垃圾围城"的表述。④

陈建华努力促进权力体系的开放运行。在他担任市长期间，广州市于 2012 年 3 月在国内率先创立市政府常务会议会后即时新闻发布制度，每周市政府常务会议结束后，即时向媒体发布社会关注的议题情况；同年 6 月，创立市政府领导定期新闻发布制度，每月安排一位市政府领导，发布分管工作情况并回答记者提问。⑤ 截至 2016 年 1 月，广州市政府常务会议即时新闻发布会持续 3 年零 2 个月，共举行 198 次，发布约 600 个重要议题；⑥市政府领导定期新闻发布共召开 40 场。同届政府班子约 10 位市长、副市长在这个场合回答境内外记者提问。⑦

在执政中，陈建华曾努力创设信息沟通渠道，鼓励公众参与地方治理。在

---

① 张玉琴.陈建华分享垃圾分类心得：99％是有用垃圾［N］.信息时报，2012-07-09.

② 梅雪卿."7·10 大会"梅开三度，市长要求用创文创卫的力度，让垃圾分类几年内大见成效 陈建华：年底实现分类收运 危伟汉：不一定能 100％做到［N］.南方都市报，2014-07-11；李辰曦，成广委.陈建华：垃圾分类"打硬仗"三载 "胜利"需等后年［N］.新快报，2015-07-11.

③ 张西陆.陈建华卸任市长：他与广州城的 4 年故事［EB/OL］.南方＋.［2019-06-19］. http://static.nfapp.southcn.com/content/201602/05/c43656.html.

④ 裘萍.陈建华：广州初步破解垃圾围城［N］.南方都市报，2016-01-10.

⑤ 王华，武琼.广州市政府新闻发布会将增设网友提问环节［EB/OL］.人民网.［2019-06-19］.http://politics.people.com.cn/n/2013/0627/c70731-22000214.html.

⑥ 张西陆.陈建华卸任市长：他与广州城的 4 年故事［EB/OL］.南方＋.［2019-06-19］. http://static.nfapp.southcn.com/content/201602/05/c43656.html.

⑦ 裘萍.陈建华即将卸任广州市长，"华哥"4 年的 10 个瞬间［EB/OL］.南方＋.［2019-06-19］.http://static.nfapp.southcn.com/content/201601/27/c40155.html.

2008年担任广东省河源市委书记时,他通过网络跟帖与群众交流,设立"华哥信箱"接收网友邮件。他组织成立领导小组,将市党政班子领导成员、各区县的书记、县长共126个信箱整合为"公仆信箱",后来经过扩容,包括每个乡镇、县党政班子、县直部门一把手信箱共1020个。围绕"公仆信箱"设立了应对群众意见的培训制度和考核制度,其中包含督办机制、督办制度。对于群众反映的问题,一般要求在一个星期之内回复;如果超过一个星期,就会亮红灯;超过15天,就会督办。信箱开通后九个月内,所有有效来信都由他在工作以外时间回复。截至2010年3月底,邮箱共收到5000多封信,他亲自回复大概4000封,其余的1000多封转到有关乡镇和部门去研究解决。通过"公仆信箱"解决的问题包括城市供水、水浸街、城市卫生等。陈建华认为:网络不是虚拟的,是现实社会的一个组成部分;网络上的议论,反映了现实社会里面的问题;对于网络舆论,应该长期跟踪,细水长流。①

关于城市治理,陈建华关注通过公众参与实现治理方式的变革。在2012年召开的广州国际城市创新大会暨世界大都市协会董事年会上,陈建华向与会嘉宾介绍了同德围综合整治的成功经验。他说,市民是城市的主人,公众的参与,尤其是执行监督,是城市规划、建设、管理非常重要的组成部分。只有通过问需于民、问效于民,才能知道政府提供的服务是否令市民满意。② 在就任广州市市长后,在垃圾分类、同德围综合整治等民生项目上,陈建华坚持广开言路,吸纳群众意见的治理思路。

从广州市政府发布的规章、规范性文件可见,广州市政府长期密切关注民生决策(行政决策)的公众参与。2010年5月发布的《重大民生决策公众征询工作规定》,对重大民生决定在不同阶段的公众征询工作做出详细规定。2010年10月,广州市政府以规章形式做出《广州市重大行政决策程序规定》,专设第三章第二节对重大行政决策程序中的"公众参与"做出规定,决策起草部门就决策征求意见稿向社会公开征求意见的具体程序依照市政府有关重大民生决策征询公众意见的规定执行;决策起草部门还可以通过听证会、座谈会、问

① 广东省河源市委书记陈建华谈网络问政全文实录[EB/OL].人民网.[2017-05-11].http://gd.people.com.cn/GB/123947/183138/183158/183165/11259641.html.

② 谭秋明,何瑞琪,黄少江.汇集发展智慧,同绘美好蓝图[N].广州日报,2012-11-17.

卷调查或者其他方式征求社会公众意见。（见表 4-1）

表 4-1　广州关于民生决策咨询的主要政府文件

印发时间	名称	内容	文号	性质
2010.5	重大民生决策公众征询工作规定（已失效）	重大民生决定的调研论证、拟制、审核、公示、审定、跟踪修改阶段的公众征询工作	穗府办〔2010〕42 号	行政规范性文件
2010.10	广州市重大行政决策程序规定	重大行政决策的范围、程序、决策管理（第三章第二节为"公众参与"）	广州市人民政府令第 39 号	政府规章
2013.4	广州市重大民生决策公众意见征询委员会制度（试行）（已失效）	重大民生决策事项，原则上均应成立公众意见征询委员会，先征询民意后作决策；有效期两年	穗府办〔2013〕15 号	行政规范性文件
2015.8	广州市重大民生决策公众咨询监督委员会工作规定（已失效）	重大民生决策事项，均应成立公众咨询监督委员会，先征询民意后作决策；有效期 5 年	穗府办〔2015〕43 号	行政规范性文件
2018.4	广州市重大民生决策公众意见咨询委员会工作规定	重大民生决策事项，可成立公众意见咨询委员会，先征询民意后作决策；有效期 5 年	穗府办规〔2018〕10 号	行政规范性文件

　　《广州市重大民生决策公众意见征询委员会制度（试行）》的制定依据是政府规章《广州市重大行政决策程序规定》，其内容属于上述《规定》第 13 条指向的"有关重大民生决策征询公众意见的规定"。《公众意见征询委员会制定（试行）》共 18 条，规定了立法依据和立法目的、重大民生决策事项的范围、委员会的组成、议事原则和机构设置、委员会的权利、主办部门的协助义务、委员的产生方式和资格条件、薪酬及补贴、委员的权利、义务和资格取消、听证程序、本制度在重大民生决策事项中作为领导集体决策的前置程序、活动经费等内容。

　　在《广州市重大民生决策公众意见征询委员会制度（试行）》《广州市重大民生决策公众咨询监督委员会工作规定》《广州市重大民生决策公众意见咨询委员会工作规定》三份文件中，后出台的文件对先前文件做出修改；随着新规定出台，先前文件失效。在三份文件中，公众参与机构的名称分别是公众意见征询委员会、公众咨询监督委员会和公众意见咨询委员会，体现了政府对于公众参与机构的定位从意见征询、咨询监督到意见咨询的变化；公众参与机构的

设立规则发生变化,从原则上均应成立、均应成立到可成立,表明政府对于公
咨委的设立经历了从引导、大力引导到一般引导的变化;最新出台的《广州市
重大民生决策公众意见咨询委员会工作规定》对公众参与机构的终止程序做
出明确规定,回应了公众参与机构面临的现实问题。(见表 4-2)

表 4-2　广州民生决策咨询规定的主要内容

序号	文件名称	广州市重大民生决策公众意见征询委员会制度(试行)(已失效)	广州市重大民生决策公众咨询监督委员会工作规定(已失效)	广州市重大民生决策公众意见咨询委员会工作规定	条款
1	机构名称	公众意见征询委员会	公众咨询监督委员会	公众意见咨询委员会	第 2 条
2	设立规则	原则上均应成立	均应成立	可成立	第 3 条
3	年度重大行政决策目录	(成立公众意见征询委员会的重大民生决策事项)纳入市政府年度重大行政决策目录施行统一管理	无	无	第 3 条
4	终止时间	至决策完成时终止	至决策完成时终止	决策事项完成时	
5	终止程序	无	无	由发起成立的政府部门宣告终止	第 5 条
6	内部机构	下设秘书处或办公室	可下设秘书处或办公室	可下设秘书处或办公室	第 6 条
7	委员会权利	受政府主办部门委托或经政府主办部门同意,向媒体和社会公众通报、说明相关情况	向媒体和社会公众通报、说明相关情况。但政府主办部门明确暂时不宜公开的信息除外	向媒体和社会公众通报、说明相关情况。政府主办部门明确暂时不宜公开的信息除外	第 7 条
8	委员的薪酬补贴	不领取薪酬。政府主办部门可按次酌情补贴其市内交通费用	可按次领取误餐和市内交通补贴,补贴标准参照市有关规定执行	可按次领取误餐和市内交通补贴,补贴标准参照市有关规定执行	第 11 条

续表

序号	文件名称	广州市重大民生决策公众意见征询委员会制度(试行)(已失效)	广州市重大民生决策公众咨询监督委员会工作规定(已失效)	广州市重大民生决策公众意见咨询委员会工作规定	条款
9	经费	不另设财政经费,所需经费在政府主办部门相关经费中列支。特殊情况另行申请	所需活动经费,经确认、审批后,在政府主办部门预算中列支	所需活动经费,经委员会主任确认、审批后,在政府主办部门的部门预算中列支	第17条
10	发布及实施	自发布之日起施行,有效期两年	自2015年10月1日起施行,有效期5年	印发之日起施行,有效期3年	第18条
11	印发时间	2013年4月12日	2015年8月13日	2018年4月9日	

在地方党委的领导下,在政府规章及规范性文件的保障下,广州同期设立了不同类型的公咨委。同德围综合整治、城市废弃物处理、重大城建项目、金沙洲地区公共配套设施、东濠涌中北段综合整治工程等公众咨询监督委员会相继成立,田心村"城中村"改造、花都区城市废弃物处理公众咨询监督委员会、市社会医疗保险公众咨询监督专业委员会也纷纷设立,在地方治理中广泛吸纳群众意见,对公共决策制度进行探索。

陈建华重视并鼓励各类公咨委的设立。陈建华出席了城市废弃物公咨委成立大会,并向委员颁发聘书。[①] 城建公咨委聘书颁发仪式暨座谈会在市政府礼堂举行,陈建华为公咨委委员颁发聘书和委员证,并召开座谈会。[②] 2015年10月,城建公咨委组织换届,市长陈建华出席换届活动并讲话,常务副市长陈如桂主持换届会议。[③] 金沙洲公咨委主任曾春航认为,"公咨委会有那么大的影响力,是因为领导非常重视。市长来参加公咨委的会议,一来几十人,我

---

① 全杰,成广伟.广州废弃物处理公众咨询监督委员会成立,19名公众代表全部有本科以上学历[N].广州日报,2012-08-05.

② 魏凯,汪怡潇,武琼,等.陈建华建议:广州交通领域也可搞公咨委,昨为穗重大城建项目公咨委委员颁发聘书[N].南方都市报,2013-06-24.

③ 徐海星,穗府信.问需于民问计于民问效于民,群策群力推进广州建设发展[N].广州日报,2015-10-11.

们提出什么问题马上有相关职能部门的反馈"。①

在 2012—2013 年广州相对较为活跃的几个公咨委中,公咨委委员主要由居民代表、人大代表、政协委员以及热心公益人员组成,在相对较为专业的公咨委中还涉及专家代表。其中,废弃物公咨委、城建公咨委、东濠涌公咨委委员的产生程序相对规范,在成立之前组建单位发布公告,通过报名和相关单位推荐确定候选人员,废弃物公咨委和东濠涌公咨委经过遴选程序确定最终人选,城建公咨委则在候选人员中通过摇珠确定最终人选。同德围公咨委委员由街道推荐,据报道最终由市领导选定;金沙洲公咨委的委员,主要由组建单位确定。广州城市废弃物处理公咨委副主任郭艳华表示,自己对于公咨委委员的角色定位是:既不是政府有关部门的传声筒,也不是市民群众的代言人,而是坚持科学、公正、客观的原则,根据自己长期以来对于城市废弃物管理的研究发表专业意见。②

在公咨委委员的产生中,组建单位的意志起到决定作用。废弃物公咨委、东濠涌公咨委分别由市城管委、越秀区人大城建工作委员会遴选,在大力宣传通过摇珠方式确定委员的城建公咨委中有八名代表由人大、政协推荐确定,并非通过摇珠确定,而金沙洲公咨委、同德围公咨委委员的产生主要由主办方确定。在金沙洲公咨委设立后不久,有网友在微博上呼吁委员们尽快接地气、听民情。而部分公咨委委员表示,不知道自己如何成为委员。③ 东濠涌公咨委主任胡刚在公开发表的一篇学术文章中提出,东濠涌东北段最终治理成功并不代表着东濠涌公咨委的成功,后者可能并没有为公众提供有力的支撑和组织基础。④ 东濠涌公咨委面临着"许多委员不露面,委员会讨论形成意见不及

---

① 廖颖谊,李应华,曾泓.未来十年是金沙洲发展高潮 五年后金沙洲将不再是"睡城"[N].新快报,2014-07-28.

② 来源:对郭艳华的调研访谈。

③ 罗苑尹,李健.咨监会委员"潜水" 洲民们微博"寻人"[N].南方都市报,2013-05-14.

④ 杨津,赵俊源,胡刚.广州城市治理改革的反思——以公众参与东濠涌治理为例[J].现代城市研究.2015(3):110-116.

时向市民公开,公众无从反映相关意见和诉求"的局面。① 委员不露面、不积极参与活动的现象,在公咨委中较为常见;即使在同德围公咨委中,也有一名委员从未参与活动。

在广州纷纷设立的公咨委中,权力体系的认可和支持是它们有效运行的重要原因。对于公众参与公共决策,广州市委、市政府保持了开放的态度。党政领导对于城市发展的人文情怀,对于城市治理方式根本性变革的关注,使权力体系主动为公众参与释放出空间。在同德围综合整治的风云际会中,权力体系作为决定性力量主导了同德围的协商式治理。从广州公众参与的效果看,社会系统的公众参与热情和能力都还有待于提高,当前的公众参与仍然需要权力体系的配合与支持。

在同德围综合整治的参与力量中,尽管热心居民、媒体人、社会精英和地方领导的个人作用凸显,但是在决定力量行政体系的运行中,仍然是采取了尊重地方治理特点的常规性法治化途径与手段。在广州市政府公布的规范性文件乃至地方政府规章制定中可见,这是在尊重地方治理特点基础上的依法行政的创新尝试。(见表 4-3)

我国幅员辽阔,各地经济社会发展程度不同,沿海与内陆地区的地方治理内容差异明显,东部、中部和西部地区的社会治理目标各不相同。以承认治理主体多元化为基本前提的合作治理在广州具有深厚的土壤,从同德围综合整治的实践可见,在社区、行政机关、企事业单位、社会组织、居民个人等多元主体共存的治理格局中,广州应当根据地方治理特点,分层次、有侧重地促成和保障更加深度的合作治理开展。一是要尊重行政权力在社会治理中发挥引领作用的现实,支持和规范合作共治的行政引导,深化和拓展行政权力的覆盖范围和运行幅度;二是要探索社会力量以多样化形式开展地方治理实践,鼓励和吸纳社会力量参与地方治理,对于企事业单位、社会组织和其他地方治理创新机制的投入予以肯定;三是要保护和激活存量治理资源,维护现有的村民委员会、居民委员会和基层社区等平台搭建的合作治理信任桥梁。

---

① 杨津,赵俊源,胡刚.广州城市治理改革的反思——以公众参与东濠涌治理为例[J].现代城市研究.2015(3):110-116.

表 4-3　广州较为活跃的公咨委基本情况

名称(设立时间)	主要议题	代表情况	代表产生程序
同德围综合整治公共咨询监督委员会(2012-2)	贯彻落实《同德围地区综合整治工作方案》,切实解决同德围地区居民"出行难、上学难、看病难、如厕难"等民生诉求①	首届主任:韩志鹏(政协委员) 委员:共 37 人。其中 8 名委员来自人大、政协、企业、媒体,另外 29 名委员是同德围居民	主要由居委会推荐,经街道办上报予以审批确认。公咨委的成员,最终由市长陈建华选定②
城市废弃物处理公众咨询监督委员会(2012-8)	参与市城市管理委员会组织的城市废弃物或生活垃圾分类处理相关咨询或调研活动,就城市废弃物或生活垃圾分类处理重大事项提出意见和建议③	首届主任:许振成(研究员) 委员:共 30 人。其中人大代表 2 人、市民代表 10 人、企业代表 3 人、社会组织代表 4 人、专家代表 11 人;代表全部为本科以上学历,市民代表中博士 1 名、硕士 3 名;专家代表中,全部拥有高级工程师、副教授以上职称	市城市管理委员会发布委员遴选公告,在官方网站接受公众报名,从报名市民中优选产生的 19 名社会公众代表,从省内固体废弃物处理领域专家中优选产生的 11 名专家代表
重大城建项目公众咨询监督委员会(2013-5)	作为政府和民众之间的沟通桥梁,为城建项目实施充分调研、全面论证,广泛征求各方意见和建议,为重大城建项目的规划、建设提供参考意见和依据④	首届主任:范绍佳(大学教授) 委员:共 25 人。其中人大代表 4 人、政协委员 4 人、专家代表 7 人和摇珠产生的市民代表 10 人	市建委牵头组建,经过 20 天公开邀请,收到 80 名热心市民报名,另有经市环保局、市文广新局和专业院校、专业机构、协会推荐的 87 名专家学者。⑤ 在报名候选人中经过公开摇珠,产生 7 名专家和 10 名市民代表;市人大、政协推举出人大代表,政协委员 8 名委员⑥

---

①　详见 2012 年 3 月 1 日起试行的《同德围地区综合整治工作咨询监督委员会工作规则(试行)》。

②　罗苑尹,靳颖姝,吴钰,等.救赎同德围不是一个人在战斗[N].南方都市报,2012-04-11.

③　关于遴选社会公众代表义务担任广州市城市废弃物处理公众咨询监督委员会委员的通告[N].广州日报,2012-06-19.

④　关于邀请广大市民报名参与广州市重大城建项目公众咨询监督委员会的公告[EB/OL].广州住房城乡建设的博客.[2018-11-14].http://blog.sina.com.cn/s/blog_9b5e5f6a0102vonq.html.

⑤　倪明,成乡伟,郑乐怡."公咨委"市民代表昨日摇珠产生[N].广州日报,2013-04-24.

⑥　郑锐,武琼,陶军,等.重大城建项目公咨委正式成立[N].新快报,2013-06-24.

续表

名称(设立时间)	主要议题	代表情况	代表产生程序
金沙洲地区公共配套设施公众咨询监督委员会(2013-4)	跟各个部门、市民协调①;代表居民参与《金沙洲地区控制性详细规划》的制定,对金沙洲基础设施建设、公共设施配套和城中村改造提供建议	首届主任:曾春航(企业家)委员:共29人。其中18名居民代表、9名金沙洲的企事业代表和2位外区的热心人士	主要由街道选定。委员包括本地企业和商会的代表,市、区人大代表,政协委员及党代表,对城市建设、管理和配套方面有专业见解的代表以及媒体代表和居民、村民代表
东濠涌中北段综合整治工程公众咨询监督委员会(2013-4)	代表市民参与东濠涌中北段综合整治工程,向市民报告东濠涌的项目进度,关注并听取市民的意见,对某些领域进行安抚②	首届主任:胡刚(大学教授)委员:共18人。其中4名人大代表、1名知名人士、4名专家学者、9名整治范围内机关单位及居民代表	越秀区人民代表大会常务委员会城市建设环境与资源保护工作委员会发布遴选通告,共收到47名市民群众的报名表③,城建工委全体委员以无记名投票的方式遴选产生18名公众咨询监督委员会委员人选

---

① 廖颖谊,李应华,曾泓.未来十年是金沙洲发展高潮,五年后金沙洲将不再是"睡城"[N].新快报,2014-07-28.

② 杨津,赵俊源,胡刚.广州城市治理改革的反思——以公众参与东濠涌治理为例[J].现代城市研究.2015(3):110-116.

③ 关于成立东濠涌中北段综合整治工程公众咨询监督委员会的通报[EB/OL].广州市越秀区人大网站.[2018-11-14].http://www.rd.yuexiu.gov.cn/index.php/detail/zuixin-gonggao/2843.

第五章　回眸与展望

——中国地方治理转型的来路以及远方

随着同德围综合整治项目逐步推进，同德围问题作为社会热点的温度渐渐散去，当地居民重新投入到日复一日的工作和生活中。尽管同德围的出行等问题在不同程度上依然存在，但是之前盘旋在此的焦灼情绪已悄然缓释。同德围从"问题围"经历了共建"和谐围"的过程，走在迈向"幸福围"的路上。

公咨委引导的公众参与，在同德围综合整治中发挥了重要作用。在促进公众参与地方治理中，公咨委不仅提供了参与平台和渠道，而且实质性地影响到治理项目的制定与实施。公咨委不仅直接促成广州市政府"9＋1"工程制定，并通过协商监督促进各项工程实施；而且间接引发白云区政府制定"1＋9"项目；此外，公咨委还策划打造南大门项目，计划整治同德围最南端地区。①

同德围综合整治成效显著。截至2015年9月，"9＋1"重点工程已完成8个，在尚未完成的两个工程中，同德医院的主体结构已完成封顶，地铁八号线全线已开工建设。"1＋9"重点项目的"1"——田心村城中村改造已开始推进，拆迁补偿方案正在征求村民意见。在"9"个重点项目中，已有6个完成并投入使用。② 其他3个与地铁八号线建设相关，需地铁建设完工后具体推进。（见表5-1，表5-2）

---

① 李应华，曾少红.广州首个公咨委在同德围挂牌了[N].新快报，2015-08-27.

② 黄伟，云宣.同德围综合整治渐次收官，公咨委问计于民功不可没[N].南方日报，2015-9-14.

表 5-1　同德围综合整治成效一览表(9+1 工程)①

序号	工程项目	进展	成效
1	地铁八号线北延线建设	建设中	拟设 4 个站点,缓解交通出行难
2	北环高速公路上步桥底人行涵洞改造	完成	涵洞加深,洞底积水、洞内昏暗情况改善
3	广清高速路庆丰收费站辅道改造	完成	投入使用
4	同雅东街通往石井河岸边小路	完成	投入使用
5	鹅掌坦垃圾压缩站扩建	完成	垃圾运输车达到原来装载量的两倍
6	同德公园建设	完成	19560 平方米,是同德围首个综合性社区公园
7	公共厕所建设	完成	解决了居民"一厕难求"问题
8	同德中学建设	完成	解决 1800 个学位,是同德围首所完全中学
9	同德医院建设	建设中	将提供 200 个床位
10	南北高架桥建设	完工	缓解交通出行难

表 5-2　同德围综合整治成效一览表(1+9 工程)②

序号	工程项目	进展	成效
1	田心村城中村改造	进行中	拆迁补偿方案正在征求村民意见
2	横滘商业步行街修复工程	完成	投入使用
3	粤溪商业综合楼	完成	投入使用
4	粤溪大街商业楼	完成	投入使用
5	陶瓷街鞋服中心	完成	投入使用
6	同康路商务大厦	完成	投入使用
7	恒丰商务酒店	完成	投入使用
8	地铁上步站商业广场	待开展	需地铁建设完工后具体推进
9	地铁同德围站发展项目	待开展	需地铁建设完工后具体推进
10	地铁鹅掌坦站周边改造项目(同德商贸城)	待开展	需地铁建设完工后具体推进

---

①　来源:同德围公咨委调研。

②　来源:同德围公咨委调研。

　　2015 年 8 月,在成立三年之后,同德围公咨委搬离同德街道办,在白云区同德街政务中心正式挂牌。新的同德围公咨委办公室位于同德街政务服务中心 2 楼,悬挂"同德围公咨委"和"韩志鹏工作室"的铭牌。办公室约 50 平方米,靠内的房间是韩志鹏办公室,靠外的房间用作秘书办公和日常接待。场地由白云区同德街免费提供,水电等费用由同德围公咨委承担。[①]

　　从同德围公咨委的运行可见,协商式治理需要得到权力体系的认可和支持,也需要以公众参与地方治理的热情和能力作为支撑。只有权力体系和公众能够进行充分对话,才能建设有效的公众参与渠道,对现有的人大、政协和基层自治等民主协商制度做出补充。当前,我国的公众参与热情和能力尚待提升,公权力部门对公众参与的认识和态度正在转变,协商式治理的勃勃生机尚待有序的公众参与予以滋养。追寻同德围公咨委所承载的地方治理价值,回顾公众参与在中国近代的来路,有助于我们在当下中国政治发展语境下向着全过程人民民主目标探寻地方治理现代化的远方。

　　党的十九届六中全会在回顾和展望党和国家民主政治建设道路时,强调积极发展全过程人民民主。全过程人民民主是中国共产党带领中国人民观照历史与现实、运用国内外不同民主实践有益成果进行的伟大创新。当前,我国面临着经济发展、社会稳定和制度转型等不同向度的任务和挑战。发展全过程人民民主可以提升国家治理的制度适应性,助力完成党和国家宏观使命下的各项具体任务。

　　同德围综合整治是通过基层协商式治理稳步推进全过程人民民主的一次重要实践。深入分析其中的协商民主价值,回顾中国式民主创新道路可见,在发展全过程人民民主中我们要坚定道路自信,创造性地走出中国式民主道路。一要在吸收国内外先进经验的基础上鼓励基层民主创新。用海纳百川的气度吸收不同国家民主实践的先进经验,结合中国实际情况进行创造性运用,释放更多的全过程人民民主创新空间,通过推进基层社会的协商式治理丰富全过程人民民主的实践。二要弘扬中国传统文化的精髓。深入挖掘中国传统政治文化中提倡知识分子参与国家治理等本土民主文化遗产,以马克思主义基本原理为指导批判地继承古代和近代的民本思想,探索符合中国国情的民主道路。三要传播地方治理的全过程人民民主实践成果。在广州商式治理实践中探索协商民主的框架,打造程序完整、环节合理的社会主义协商民主体系,为协商民主奠定制度框架和路径基础,同时打造交流民主创新实践成果的平台,运用大众语言、学术语言、官方语言和国际语言向世界传播中国的发展经验,通过交流促进相互理解,扩大中国式民主道路的影响力。

第一节　价值探析

　　地方治理是指在一定的贴近公民生活的多层次复合的地理空间内,依托于政府组织、社会组织等各种组织化的网络体系,应对地方公共问题,共同完成和实现公共服务和社会事务的改革与发展过程。在理想状态下,地方治理是具有弹性的地方制度与组织结构的安排,是地方政府改革和自主选择可持续发展道路的行动过程,其运作依靠的是在地方形成的应对公共问题的公民政策和公共参与网络。[①] 为促进居民参与地方治理,同德围公咨委在贴近居民生活的地理空间运行,在参与主体、规范内容和实施保障方面,依托以政府为主的组织化网络体系,直面公共问题,并对权力运行结构做出一定调整,成为地方治理的重要角色。

　　在地方治理中,权力运行存在两条主要线索,其一体现在权力体系内部的层级关系中,权力运行核心是自上而下推行政策指令,在资源和人事安排上进行统辖;其二体现在国家与社会关系中,传统的权力运行核心是行政管理,行政机关是管理主体,个人和组织是相对人,公共事务是权力运行对象。

　　在上述第一条线索内,当前权力体系内部遇到挑战,其赖以维系的两个机制——科层制度和一统观念制度——受到了多重挑战:科层制度承担越来越多的治理功能,不堪重负;一统观念制度受到多元社会的碰撞挑战,难以为继。[②] 但由于受到多种因素的制约,在权力体系内部开展根本性的体制变革

---

　　① 孙柏英.当代地方治理:面向 21 世纪的挑战[M].北京:人民大学出版社,2004:33.

　　② 周雪光.权威体制与有效治理:当代中国国家治理的制度逻辑[J].开放时代,2011(10):67-85.

较为艰难,在地方治理中进行局部机制创新成为相关部门的务实选择。在同德围综合整治中,市、区政府及其职能部门统一在领导小组办公室中的成员地位,使当地的治理结构做出相对扁平化的设置,其积极效果在于加速了权力体系内部的信息流转。同时,在国家与社会关系方面,权力体系做出开放性调整,同德围综合整治领导小组办公室与公咨委直接对接,使居民的治理需求由此进入权力体系内部,在淡化了权力运行两条线索边界的同时,同德围公咨委的治理的创新拓展了第一条线索的覆盖范围,使权力运行体现出开放性特点。(见图 5-1,图 5-2)

普通地方治理结构　　　　　　　　同德围综合整治治理结构

图 5-1　权力运行第一条线索的结构转型

同德围公咨委带来的治理转型,较为清晰地体现在权力体系运行的第二条线索中,即在国家与社会之间,促进国家与社会关系从权威模式向商议合作模式转型。在通过权力运行开展的"行政管理"中,居民对公共事务的参与途径有限,往往处于被动或者接受状态。而在政府从管理向服务转型中,通过公咨委吸纳居民参与地方治理,调整了权力体系与居民的关系,提升了居民地位,使热心居民发展成为主动参与社会治理的主体,公共事务成为权力体系和居民共同面向的内容,权力系统和社会系统通过协商打造共建共治共享的社会治理格局。相对于行政管理中的国家与社会关系,人(居民)的地位得到提升,事(公共事务)的层次相对下沉,权力体系与居民的关系从权威化的行政管理方式向民主化的对话、协商转化。韩志鹏认为,公众通过公咨委实现了从治理对象到治理主体的转化;政府通过与多领域多元主体之间对话、协商与合作,实现了公众参与和公共资源的最优配置。

行政管理下的国家与社会关系

地方治理下的国家与社会关系

图 5-2　权力运行第二条线索的结构转型

在同德围综合整治中,权力体系在上述两个线索内吸纳公众参与公共决策,使权力运行呈现出主体多元化趋势。通过居民内部以及居民和决策者之间的协商,居民的利益需求被纳入公共决策,克服了地方治理中的官僚主义、形式主义作风。这是通过社会力量的运动和制度创新的互动来建立的一种民主机制,实现普通公民通过公共讨论的方式,促进全社会不同阶层就有关政策问题开展对话。① 这也许还表明,在地方治理中鼓励民众参与,可能是将公共决策与充足的和具有代表性的公众信息输入连接起来的好办法。②

人们可以很容易地将同德围公咨委的设立看作是地方领导在治理偏好下展开的一次实验。结合广州市党政领导积极参加因不同议题而设立的公咨委

① 伊森·里布.美国民主的未来:一个设立公众部门的方案[M].朱昔群,李定文,余艳红,译.北京:中央编译出版社,2009:中文版序言,5.

② 詹姆斯·菲什金,彼得·拉斯莱斯.协商民主论争[M].张晓敏,译.北京:中央编译出版社,2009:中文版序言,3.

的成立和换届活动、政府部门为其运行提供制度保障,很多观察者可能会感到一种浅尝辄止的快乐。这也许是因为,在中国地方治理中,人们习惯于寻求和依赖公权力解决问题,却相对忽视对权力运行机理的剖析与考量。但事实上,同德围公咨委的设立是一次地方治理模式创新实践,就权力体系自身改革而言,同德围公咨委的成功运行具有深刻意义。从国家权力建构社会秩序的角度看,这是权力体系为完成自身使命而主动进行的改革创新。面对社会治理需求,地方政府从管理走向服务,展开权力运行转型探索,通过吸纳公众参与展开协商式治理提升了公众参与质量,在权力集中的基础上实现权力总量的增加和权力运行形式的分散。

拓宽权力运行领域以及深化权力运行幅度是治理体系和治理能力现代化的内容之一。如同社会财富一样,实际运转中的公共权力也是被不断创造出来的,公权力运行的深度和广度在一定程度上体现了治理者的能力和水平。现代政治体制与传统体制的差异在于权力总量的不同,现代政体较之传统政体有更多的社会力量更深地卷入权力关系之中;在前者中,参与政治的人数比后者要多。简言之,现代政体比传统政体拥有更多的权力。①

相对于没有吸纳公众参与的治理活动,公咨委增加了地方治理中实际运行的权力总量,在关于同德围的公共决策中增加了居民协商、监督等内容,使国家权力属于人民、民主监督等理论上的公共权力转化成为现实运行的权力机制。相对于单纯的行政管理来说,同德围的协商式治理吸纳社会力量参与权力运行,使行政权柔性施展并分散运行,强化了公权力介入地方治理的广度与深度,使地方治理创造性地进入社会主义协商民主的实践层面,充实了全过程人民民主的内容和形态。

同德围综合整治的成功引发人们思考其中的地方治理价值。在中国政治发展的语境下,协商民主无疑是公众参与权力运行所依托的理论基础和制度框架。在吸纳公众参与地方治理中,近年来,党和国家关于协商民主的理论和制度导向与这次地方治理创新实践高度契合。对于同德围综合整治所蕴含的协商民主价值进行探析,有助于我们理解地方治理如何回应国家大政方针,也

---

①　塞缪尔·P.亨廷顿.变化社会中的政治秩序[M].王冠华,刘为,等译.上海:上海人民出版社,2008:120.

有助于我们在公众参与和权力运行的互动中寻找到适合中国国情的地方治理现代化道路。

党的十八大报告提出,健全社会主义协商民主制度,完善基层民主制度。这一宣告意味着,协商民主在中国从学术理论步入国家治理实践,成为国家制度建设的重要目标。中共中央《关于加强社会主义协商民主建设的意见》指出,要按照协商于民、协商为民的要求,建立健全基层协商民主建设协调联动机制,稳步开展基层协商,更好解决人民群众的实际困难和问题,及时化解矛盾纠纷,促进社会和谐稳定。

党的十九大报告强调,发挥社会主义协商民主重要作用。有事好商量,众人的事情由众人商量,是人民民主的真谛。协商民主是实现党的领导的重要方式,是我国社会主义民主政治的特有形式和独特优势。要推动协商民主广泛、多层、制度化发展,统筹推进政党协商、人大协商、政府协商、政协协商、人民团体协商、基层协商以及社会组织协商。加强协商民主制度建设,形成完整的制度程序和参与实践,保证人民在日常政治生活中有广泛持续深入参与的权利。

在地方治理中开展协商民主建设,促进社会和谐稳定,是地方政府落实中央精神,践行全过程人民民主的重要环节。所谓协商民主,指公民通过自由而平等的协商、对话、讨论等方式,参与公共决策和政治生活。[①] 在我国,协商民主既是学术概念,又是中国式民主试验的制度选项。在理论上,它是指审慎地面对公共决策和政治生活;在制度上,它包含了人大、政协、基层民主和社会协商等不同领域和制度。

同德围的协商式治理回应了社会主义协商民主的理论要求。公咨委嵌入治理体系后,深化了居民参与地方治理的程度,其中贯彻着民主和协商的要素。在理论上,"民主"意味着公共决策必须经过受到影响的公民或其代表者的参与而达成。在公咨委的运行中,增加了地方治理的参与人数,实现了居民有序参与,提升了居民的参与质量。协商民主中的协商,意味着公共决策过程是以讨论方式进行的,且参加讨论的公民或其代表者必须珍视理性与公正的

---

① 约翰·S.德雷泽克.协商民主及其超越:自由与批判的视角[M].丁开杰,等译.北京:中央编译出版社,2006:1(总序).

价值。公咨委促成不同层次的协商，既包括居民内部围绕自身利益所进行的讨论，也包括居民和政府部门就公共决策进行协商。

哈贝马斯提出话语理论下的民主规范模式，用一种理想的商谈和决策程序将民主的意见和意志形成过程融合了起来。这种民主程序在协商、自我理解的话语以及公正的话语之间建立起了一种有机的联系，并证明了这样一种假设，即在这些前提下，合理乃至公正的结果是可以取得的。这样，实践理性就从普遍主义的人权或一定共同体的道德中抽身出来，还原成为话语原则和论证形式，它们从交往行为的有效性基础，说到底，就是从语言交往结构当中获得了其规范的内涵。① 在同德围综合整治中，在居民参与的协商、自我理解和最终制定的治理措施之间，形成了这种商谈和决策之间的递进拓展关系。

哈贝马斯话语理论下的民主模式，为协商民主的制度化提供了构想。它意味着，具体的协商民主制度是使公民通过交往话语形成社会意见以及国家意志的过程。话语理论在更高层次上提出了一种关于交往过程的主体间性，它一方面表现为议会中的商谈制度形式，另一方面则表现为政治公共领域交往系统中的商谈制度形式。这些无主体的交往，无论是在做出决策的政治实体之外或之内，都构成了一个舞台，好让关于整个社会重大议题和需要管理的内容的意见和意志能够形成，并且多少具有合理性。非正式的意见形式贯彻在制度化的选举抉择和行政决策当中，通过它们，交往权力转换成了行政权力。据此，公共权威也就获得了坚实的合法性基础，公共权力领域就与公民社会领域有机地联系在了一起。② 同德围居民关于地方治理的非正式意见，通过公咨委转化成为市政府的行政决策，实现了权力体系和社会系统的有机关联，公咨委由此成为协商民主的现实机制或新设渠道。

地方治理是我国民主建设的重要场域。在地方治理中开展协商民主，既是落实国家大政方针，促进国家治理体系和治理能力现代化的实践，也是加强社会主义民主建设，拓展基层民主广度和深度的探索。转型期的中国面临的社会矛盾极为复杂，在不同地区呈现出不同形态；即使同样的社会矛盾，在不同阶段也往往有不同表现。因此，对协商民主的探索，从地方治理实际出发，

---

① 尤尔根·哈贝马斯.包容他者[M].曹卫东,译.上海:上海人民出版社,2002:286-287.
② 尤尔根·哈贝马斯.包容他者[M].曹卫东,译.上海:上海人民出版社,2002:289.

围绕具体问题尝试开展制度、机制构建;在宪法、法律框架内,开辟发挥公民力量新途径,创新公民对公共政策制定过程的参与,进而拓展到公民对政治活动的广泛、全面参与,提升包括政府部门、公民个人、社会组织在内的全部治理主体的理性程度与协商能力,是促进理论与实践互动转化推进的积极过程。

在中国地方治理的协商民主实践中,不同地区的协商机制和问题指向有不同特点:广东汕尾某村利用村民协商选举村委会、党支部组成人员,化解因强制性管理方式所引发的官民冲突①;浙江温岭某村利用民主恳谈的形式解决农村建设规划问题,新民之家建设、社会治安和环境卫生问题,垃圾处理、公共厕所和河道清理问题,村级经济和村庄绿化问题等②;广东佛山某村用协商民主恳谈会解决"外嫁女"与其他村民之间关于分享村集体经济利益问题的争议。③ 在上述不同的协商民主实践中,有的指向基层管理者的合法性问题,有的形成公共事务管理决策,有的发挥裁判平台作用,表征着在地方治理中协商机制的适用具有广泛性与灵活性。

同德围长期以来的公共设施和服务不足困境表明,就具体问题的公共决策,现有的公众参与制度难以满足公共部门获取信息的需要,并适应经济和社会变革所扩大的参与意识、增加的参与要求。为此,通过公共协商使居民意见转化为社会意见乃至国家意志,成为哈贝马斯所称的交往权力转换成行政权力的地方治理创新模式。同时,这也符合我国宪法中明确的原则规定和预留的制度空间。我国《宪法》规定,"人民依照法律规定,通过各种途径和形式,管理国家事务,管理经济和文化事业,管理社会事务",这为居民参与同德围综合整治的公共决策预留了制度空间,也为地方治理的协商民主建设提供了宪法依据。

在中国地方治理中,从制度建设逻辑看,协商民主的推进可以采取两种不同方式:一是突破原有的体制格局,进行制度创新;二是在原有制度的框架内进

---

① 清华大学公共管理学院社会管理创新课题组.乌坎事件始末[J].中国非营利评论,2012(2):1-67.

② 何包钢,王春光.中国乡村协商民主:个案研究[J].社会学研究,2007(3):56-73.

③ 何包钢.协商民主和协商治理:建构一个理性且成熟的公民社会[J].开放时代,2012(4):23-36.

行技术层面的改良,通过功能调整来缓释民众政治参与导致的压力。[①] 同德围的协商式治理,倾向属于第二种模式。它在肯定既有权威合法性基础上,将关注重点转向公共决策过程的公众参与,提高公共政策的合法性和执行的有效性。

基于在政治生活中商议性决策程度的高低、是否依据选举产生竞争化政府两个标准分类,民主可以分为四种模式(见表 5-3)。其中 A 是理想的民主政体,表示公共事务的管理者由民众选举产生,且公共政策是通过与民众协商方式做出的;B 是行政民主政体,表示公共事务管理并非通过选举产生,但是在基本政策的制定中与民众进行协商;C 是一般意义上的民主政体,表示领导人通过选举方式产生,但是公共政策由领导人制定;D 是专制政体,表示政治领导人并非通过选举产生,公共政策由领导人自行制定。

表 5-3　民主模式[②]

商议性决策程度	是否依据选举产生	由竞争选举而产生的政府	
		是	否
经由协商或公民参与的治理	高	A	B
	低	C	D

同德围的协商式治理相对接近的民主类型为 B。在表 5-3"民主模式"的横向类别中,由于公咨委促成了居民内部、居民和决策者之间的协商,所以公共政策的制定属于"经由协商或公民参与的治理",对应 A、B 两项。在纵向类别中,由于同德围公咨委并非经由选举产生,并且其中未涉及政府是否"由竞争性选举而产生",同德围综合整治应归类为"否"项之下的 B、D 两项。综合来看,同德围的协商式治理倾向属于 B 类型的"行政民主",是行政权力运行领域的民主协商,属于地方治理的行政民主路径。

相对于其他类型的协商民主实践,同德围综合整治是以行政权运行作为切入点的基层民主实践。它没有沉溺在权力来源的构建探讨中,而是深度关

---

① 景跃进.行政民主意义与局限——温岭"民主恳谈会"的启示[J].浙江社会科学,2003(1):25-28.

② 景跃进.行政民主意义与局限——温岭"民主恳谈会"的启示[J].浙江社会科学,2003(1):25-28.

怀具有较强独立性的行政权力运行,通过公咨委开展公共协商,以务实的态度将居民意见转化为公共决策。这种围绕着行政权运行的协商民主实践,在应对地方治理需求时,积极而富有建设性。吸纳普通群众广泛参与的协商式治理,对于行政权力运行的积极作用具体表现在:一是解决了机械地将行政机构作为代理人的"委托—代理"①模式难以破解的代理人脱离委托人的意志的困境,在行政领域的协商民主实践中,人民群众的治理意见没有经过多层次的委托—授权形式流转和流失,转化成为行政决策的过程相对直接;二是解决了简单的多元利益代表模式②难以应对的利益诉求不确定性问题,在决策信息高度分散、不均衡而且呈现出动态性的情况下,强调以协商的理性来克服合作、平等等难题,通过开放式的协商过程,在实践中不断修正行政决策。

同德围公众咨询监督委员会履行了其中的"咨询"和"监督"职责,不仅通过协商咨询,使决策过程具有民主性;而且通过协商监督,使公共决策具有更高层次的合法性。卢梭关于权力与合法性关系的经典理论认为,强力并不构成权利,人民只是对合法的权力才具有服从的义务。③ 合法权力的基础是共同体和他的成员的一种约定。在地方治理中,判断公共决策的合法性,主要包括两个标准:一是是否违反法律规定,二是是否遵守人民意志。由于立法范围有限,那些法律尚未做出规范的公共决策缺乏评判标准;而且,那些形式不违法但实质不合理的公共决策,仅以法律作为考量标准可能会得出属于合法的结论。根据上述第二个标准,政治合法性意味着符合多数的意志,同时也意味

---

① 在"委托—代理"模式下,行政机关必须遵循具体的立法指令,这一要求不仅可以借助于更高层次的权威以使行政行为合法化,而且可以防止政府官员假公济私,利用给政府及其来发泄个人的偏见和情绪。行政法的传统模式是将行政机关设想为一个纯粹的传送带,职责是在特定案件中执行立法指令。参考理查德·斯图尔特.美国行政法的重构[M].北京:商务印书馆,2002:7,10.

② 简单的多元利益代表模式是指受到决策影响的所有人都应当有更为适当的代表。在利益代表模式下,官僚组织偏向于回应组织化的利益集团,对于分散化的利益需求的应对难于做到充分。参考理查德·斯图尔特.美国行政法的重构[M].北京:商务印书馆,2002:68,133.

③ 卢梭.社会契约论[M].何兆武,译.北京:商务印书馆,2003:10.

着共同的理性反思,具有普遍约束力的政策是通过公共协商做出的。①

经过公咨委监督形成的公共决策,在理论上弥补了法律评判标准的上述缺陷,使公共决策的合法性经过第二个标准的考量。《宪法》规定,国家的一切权力属于人民。② 因此,在判断公共政策是否合理时,是否尊重人民意志是更高层级标准。公咨委对于公共决策的监督,是直接来自于人民的权力监督。在同德围综合整治中,经过公咨委协商监督而调整的公共决策,经过民意考核,符合人民意志。通过协商式治理,公共决策在理论上符合更高层级的合法性标准,是同德围综合整治的独特之处,也是协商民主在地方治理中的积极意义所在。

当代中国需要用执政党治国理政的精神指导实践,同时也需要在实践中追寻面向国家治理体系和治理能力现代化提升的社会科学理论。协商民主正是这样一种理论。它既不如自由主义者认为的是对自由民主的补充,也不如激进主义者所认为的是对自由民主的替代,它更多的是代表一种走向民主化的新的可能。自由民主更多的是追求对民意的代表;而今日中国更多的是需要达成共识和维持秩序,因此协商民主理论比传统的自由民主更有意义。或者说,它更加适用于像中国这样的不可能实现西方意义上的自由民主的国家或者地区。③

第二节　漫漫来路

同德围综合整治践行了党和国家近年来倡导的协商民主价值。在理论指

---

① 陈家刚.数字协商民主:认知边界、行政价值与实践空间[J].中国行政管理,2022(1).

② 《中华人民共和国宪法》第2条:中华人民共和国的一切权力属于人民。人民行使国家权力的机关是全国人民代表大会和地方各级人民代表大会。人民依照法律规定,通过各种途径和形式,管理国家事务,管理经济和文化事业,管理社会事务。

③ 叶娟丽.协商民主在中国:从理论走向实践[J].武汉大学学报(哲学社会科学版),2013(2):11-17.

导实践和地方治理回应国家大政方针的互动中,有序的居民参与是其中的核心内容。以此切入,审视西方的公众参与道路,并回首我国近现代的公众参与理论和实践,对当下中国地方治理中的协商民主拓展无疑具有现实意义。回首来路,有助于我们面向远方,通过引导公众参与,寻求符合国情的协商民主道路。

西方的公众参与历史悠久。公元前 6 世纪,古希腊的城邦大会成为政权结构的核心,成为历史上最早的公众参与实践。19 世纪以来,公众参与在西方以代议民主的形式蓬勃发展,公民通过选举代表掌握国家决策权力。20 世纪以来,随着代议民主的精英化发展取向,民主政治逐渐成为政治家的舞台,在媒体的操纵和引导下,公民往往只能通过投票被动地参选,无法对政治过程施加实质性的影响。

针对代议民主带来的公众参与困境,美国在 20 世纪中叶开展"新公共参与运动",着力关注公民的社会治理参与需求,形成了以下几种较为具有代表性的公众参与模型:一是公民参与阶梯模型,根据参与程度将公民参与分为八个阶梯,包括合作伙伴关系、代表权、公民控制、纳谏、咨询、知情、训导、操纵[1];二是公共决策参与模型,根据公民参与及影响力程度的不同创设五种公共决策参与模式,包括独裁或自主式管理决策、改良的自主管理决策、分散式的公众协商、整体式的公众协商、公共决策;三是公民发起的绩效评估模型,首先由城市议会、行政人员、公民(主要成员)组成绩效评估小组,在征求公民对公共设施和服务意见基础上制定评估指标,公民帮助政府发放评估信息和收集信息,公民与政府官员在决策过程中共同使用评估方法。[2]

以上"新公共参与运动"显示,通过公共政策制定和实施中的公众参与,消解代议民主的精英化发展弊端,是西方公众参与的实践道路。在中国,代议民主没有发展成为媒体操控下的全民狂欢,但党和国家对于无序公众参与可能引发的混乱始终保持高度警惕,权力体系对于协商民主、全过程人民民主等民主制度的创新工作给予高度重视。在此背景下,政府主导的制度创新,是中国

---

① 公民参与阶梯模型,根据参与程度将公民参与分为八个阶梯三个层次,一是公民有权力直接影响政府的决策,包括合作伙伴关系、代表权和公民控制;二是象征性参与,包括纳谏、咨询、知情;三是非参与形式,包括训导、操纵。

② 夏晓丽.当代西方公民参与理论的发展进路与现实困境[J].行政论坛,2014(4).

在国家治理中推进公众参与的重要途径。相对于西方的公众参与，近代以来中国关于公众参与的理论积淀，为新时代国家治理转型提供了文化底蕴，为我国社会主义民主实践创新提供了动力渊源，奠定了思想支撑。

从晚清开始，由于经济和社会发展，国家的统治意愿和官僚阶层的管控能力拉开距离。近现代的思想家、政治家在不同意识形态背景下，对将人民群众纳入治理主体问题进行思考。其中，魏源以维护皇权统治为出发点，提出扩大知识分子参政设想。20世纪初，孙中山先生提出"民权者，民众之主权也"，并为"民者始真为一国之主"做出构想。中国共产党成立后，积极探索将群众意见纳入决策机制，在革命和建设中形成并贯彻了群众路线。这些公众参与理念和方法，闪烁着近代以来中国的治国理政智慧。

在中国地方治理中，促成公众参与并非易事。《论语》记载：天下有道，则礼乐征伐自天子出……天下有道，则政不在大夫。天下有道，则庶人不议。面对清军入关，顾炎武提出"保国者，其君其臣肉食者谋之；保天下者，匹夫之贱与有责焉耳矣"。[①] 在中国传统政治文化中，大权掌握在天子手中不致旁落，平民百姓不议论政事曾一度作为理想的政治秩序。关于参与公共生活的义务，统治阶层与普通百姓需要承担的内容迥异：对于具有普世价值的纲常伦理，平民阶层因身处其中具有维护义务；而对应着国家职责的政治权力，则主要归属于统治阶层。

由于地方治理尚未达到"保天下"的层面，基于以上逻辑，应由以君臣为主要代表的公权力治理者承担或授权履行，普通人无权主动参与。这对统治阶层而言，通过垄断国家治理权保障了国家控制权；但同时，这也为官僚阶层科以全面治理义务，使平民阶层丧失了参与公共事务的热情。随着社会治理日益复杂，人们的利益需求愈发广泛，承担地方治理的全部义务使官僚阶层不堪重负，社会力量以其博大的胸襟实际承担了相当多的地方治理义务，而清醒的思想家们对此亦有所感知和提炼。

---

① 顾炎武.日知录（卷十三）·正始（中）[M]//陈垣.日知录校注.合肥:安徽大学出版社,2007:723.此处"天下"指社会秩序或维系社会秩序的纲常伦理;"国"可以指国家、政权、朝廷等组织实体,也可以指维系政治组织运作的政治制度。匹夫,古人常指平民男子,后泛指平民,常见的同义词有百姓、黎民、民众等。肉食者通常包括君、臣、官、吏等。

晚清时期，清王朝面临来自海洋的强权外侮和大地上的农民起义，在风雨飘摇中，思想家们展开了对国家治理的时代思考。其中，魏源提出扩大知识分子参政的观点。在论文集《默觚》中，通过对儒家经典的解读，魏源思考并阐释了以下问题：国家应如何通过让文人们更为热诚地承担责任以及更为广泛地参与政治，从而在国家变得更加富有生气的同时，也使得威权统治得到加强。①

关于扩大政治参与和加强国家权威，魏源运用中国传统政治语言阐释了国家构建和权力运行。尽管魏源的文人参政观点基本没有涉及现代意义上的政治参与所包含的人人平等以及权力制衡，但是它为清王朝的国家治理打开了一扇走向现代国家的窗口。在魏源的政治思想中，蕴含着通过文人中流参政建构更为合理的治理结构，形成具有真知灼见的治理政策的政治思想。在维护皇权的意识形态下，魏源对儒家经典的解读和发挥，使更大范围的文人参政和国家治理产生勾连，隐约触及公共利益问题，使传统政治思想与现代国家的建设近了一步。

魏源观察到清王朝没有充分运用知识分子的才能，同时"士"的治学也流于空谈和无用。面对读书人的才华与治国需要背道而驰，魏源感慨：士之穷而在下者，自科举则以声音诂训相高，达而在上者，翰林则以书艺工敏、部曹则以胥吏案例为才，举天下人才尽出于无用之一途，此前代所无也……②

魏源主张学经是为了解决实际问题，读书要有明确的治学目的，应当研习民生和政事，将所学知识运用于公共事务上。不要沉溺于"静观的"方式看待书本学问，而应当用所学知识来改造现实世界。魏源认为：

> 工骚墨之士，以农桑为俗务，不知俗学之病人更甚于俗吏；托玄虚之理，以政事为粗才，而不知腐儒之无用亦同于异端。彼钱谷簿书不可言学问矣，浮藻馆饤可为圣学乎？释老不可治天下国家矣，心性迂谈可治天下

---

① 孔飞力.中国现代国家的起源[M].陈兼,陈之宏,译.北京:生活·读书·新知三联书店,2013:31.

② 魏源.明代食兵二政录叙[M]//魏源集.北京:中华书局,2018:161.

乎？《诗》曰：民之质矣，日用饮食。①

在对《诗经》的解读中，魏源认为"凤皇鸣矣，于彼高冈；梧桐生矣，于彼朝阳"，提出了统治者应当广开言路，扩大政治参与的范围。对君主来说，信息范围越广泛，越有益；信息渠道越促狭，越不利。魏源期待：言室满室，言堂满堂。天子穆穆，诸侯皇皇。故世昌则言昌，言昌则才愈昌……关于扩大政治参与对统治者和国家治理的积极意义，魏源认为：

> 受光于隙见一床，受光于牖见室央，受光于庭见一堂，受光于天下照四方。君子受言以达聪明也亦然。或为一隅之偏听，或为一室之迹听，或为一堂之公听，或为旌木、鼓铎、蒙瞽。乌菟之遍听，所受愈小则所照愈狭，所受弥旷则所照弥博。《诗》曰：不明尔德，时无背无侧。尔德不明，以无陪无卿。②

关于政治参与路径，魏源提出自上而下的扩大参与，主张应当由统治阶层主动释放政治参与空间，这与西方自下而上的公众参与路径明显不同。魏源认为："臣非能自遇也，引而进之者君也。""自古及今，遗逸之贤，十倍于遇主之贤，则奇才之难得，又不如明君之难得也。故与其臣求君，不如君求臣。"③

关于政治参与主体，魏源将其界定为文人或"士"。关于具有政治参与资格的"士"，魏源大体将其界定为城市知识分子。

> "圣王求士而士之求道，固不于野而于城邑也。城中曰都，人萃则气萃，气萃则斯材薮焉；野外曰鄙，人涣则气涣，气涣斯才少焉。处农就田野，处商就市井，处工就官府，处士就燕闲。""是以清袊必于城阙，议论必于乡校，闻见广则聪明辟，胜友多而学易成。"对此，魏源以《伐木》求友之诗强化论证："出自幽谷，迁于乔木。"④

---

① 魏源.默觚下：治篇一［M］//魏源集.北京：中华书局，2018：40.

② 魏源.默觚下：治篇十二［M］//魏源集.北京：中华书局，2018：74.

③ 魏源.默觚下：治篇八［M］//魏源集.北京：中华书局，2018：60.

④ 魏源.默觚下：治篇九［M］//魏源集.北京：中华书局，2018：65-66.

海外学者孔飞力认为,在魏源的心目中,"文人中流"大概就是像他这样的举人一类的人——虽然身处官场之外,但他们在实际上构成了一个全国性的精英阶层。[①]将参政主体扩展到没有进入官场的读书人,是魏源对扩展政治参与范围的具体建议。扩展政治参与,将其扩展到官场之外,这种价值取向体现出魏源政治思想中的开放性特点。

从价值层面看,如果魏源主张的扩大政治参与范围的论述再向前拓展一步,深入阐述官场之外的"文人中流"同样具有"以天下为己任"和"先天下之忧而忧,后天下之乐而乐"的士人风范,就可以更加正面地揭示出古代知识分子的公共担当以及投入国家治理的主动性,将能够使这种扩大政治参与范围的建议更加具有说服力。

在主张扩大知识分子参政的同时,在治理国家上,魏源推崇施行不回避霸道行为的治国思路,来维持国家秩序。

> 自古有不王道之富强,无不富强之王道。王伯之分,在其心不在其迹也。心有公私,迹无胡越。《易》十三卦述古圣人制作,皆以田渔、耒耜、市易,且舟车致远以通之,弧矢弧矢以卫之;禹平水土,即制贡赋而奋武卫;《洪范》八政,始食货而终宾师;无非以足食足兵为天下之具。[②]

扩大知识分子政治参与,同时加强国家权威,是魏源政治思想的轮廓。政治参与的拓展原来可以并应当同国家权力的加强如此自然地结合在一起,这就向我们提示了中国现代国家起源的独特性和本土性。国家的富强,文人更为广泛的政治投入和参与,这两者(以及两者之间的联系)本来便已经是中国帝制晚期根本性议程的题中应有之义。[③]

以读书人的治学内容偏离治国实践为起点,魏源论及统治者应当主动吸

---

① 孔飞力.中国现代国家的起源[M].陈兼,陈之宏,译.北京:生活·读书·新知三联书店,2013:41.

② 魏源.默觚下:治篇一[M]//魏源集.北京:中华书局,2018:40.

③ 孔飞力.中国现代国家的起源[M].陈兼,陈之宏,译.北京:生活·读书·新知三联书店,2013:49.

纳文人参政,这是在中国传统文化背景下,运用儒家经典语言讨论政治参与。关于吸纳知识分子参政,魏源的观点与自古以来的"广开言路""纳谏"一脉相承,他认为这有助于维护清王朝的权威和官僚统治的有效性。从一种西方的角度来看,中国情况的独特之处正是在这里表现出来:魏源在谈到更为广泛的政治参与时,一再地将之同加强国家权力、而非限制国家权力联系起来。[①] 由此我们可以看到,在中国政治文化中,强调公众参与对国家权力的加强的观点,相对于西方的公众参与与国家权力对抗的观点更加具有文化根基和说服效力。

关于扩大公众参与建设强有力的国家,在魏源之后,冯桂芬曾提出通过下级官员推举上层官员来扩大政治参与,提出官员选拔"将重千百人之公论"。[②] 年轻的光绪皇帝,曾对冯桂芬的文章颇为欣赏。然而,清王朝还没有来得及充分吸收改良思想家的建议,就迎来了中国历史上具有非凡意义的鼎革之变。清王朝的覆灭与中华民国的建立,让中国现代国家构建开始新的探索。

孙中山先生是中国民主革命的先行者。他参考西方三权分立制度,从民族、政治、社会层面提出了民族、民权、民生主义思想。孙中山提出,我们的三民主义的意思,就是民有、民治、民享的意思,就是国家是人民所共有,政治是人民所共管,利益是人民所共享。[③] 民权思想仿效西方自由民主模式,将全体人民作为国家权力来源、政治参与主体,为公众参与国家治理确立了直接民主思路,在制度上设置四项政权、五项治权,将民权的实现程序分为军政、训政与宪政三个步骤。

民权思想扩展了政治参与范围,明确了国家建设方案。在维护皇权的意识形态下,魏源对文人参政思想如何实施,除了应当由君主自上而下地主动扩大之外,没有更多阐述。而资产阶级民主革命家孙中山先生对民权实现的阶段性构想,表明他意识到不能照搬西方的民主权利模式,中国需要探索适合国情的政治参与道路。从提出扩大政治参与到设计具体的实现方案,孙中山先

---

① 孔飞力.中国现代国家的起源[M].陈兼,陈之宏,译.北京:生活・读书・新知三联书店,2013:45.

② 冯桂芬.公黜陟议[M]//戴扬本.校邠庐抗议.郑州:中国古籍出版社,1998:72.

③ 孙中山.三民主义[M].北京:东方出版社,2014:222.

生的思想关照到公众参与的具体实施层面,体现出了相当的时代进步性。

孙中山认为普通百姓无权参与国家和地方治理,官僚阶层结党营私腐化严重,其中的根本原因在于中国政治文化推崇专制,使学者和平民丧失了批判和反思精神,国民对于现行各类法律规定只能消极服从。

> 无论为朝廷之事,为国民之事,甚至为地方之事,百姓均无发言或与闻之权;其身为民牧者,操有审判之全权,人民身受冤抑,无所吁呼。且官场一语等于法律,上下相蒙相结,有利则各饱其私囊,有害则各委其责任。婪索之风已成习惯,官以财得,政以贿成。间有一二被政府惩治或斥革者,皆其不善自谋者也。然经一番惩治或斥革,而其弊害乃逾甚。……不幸中国之政,习尚专制,士人当束发受书之后,所诵习者不外于"四书"、"五经"及其笺注之文字;然其中有不合于奉令承教、一味服从之义者,则且任意删节,或曲为解说,以养成盲从之性。学者如此,平民可知。此所以中国之政治无仁暴美恶,而国民对现行之法律典章,惟有兢兢遵守而已。①

孙中山认为,政就是众人之事,治就是管理,管理众人的事便是政治。有管理众人之事的力量,便是政权。今以人民管理政事,便叫作"民权"。②治理国家的基础应当是人民,而不应当在于官僚阶层。官治与民治的区别在于:

> 官治云者,政治之权,付之官僚,于人民无与。民治则不然,政治主权,在于人民,或直接以行使之,或间接以行使之;其在间接行使之时,为人民之代表者,或受人民之委任者,只尽其能,不窃其权,予夺之自由,仍在于人民,是以人民为主体,人民为自动者,此其所以与官治截然不同也。③

国家的政治大权分为两个方面:一是政权,即为民权,要将其完全交到人民手内,使人民有充分的政权可以直接去管理国家;一是治权,即政府权,要将

① 孙中山.伦敦被难记[M]//孙中山全集:第1卷.北京:中华书局,1981:50-52.
② 孙中山.三民主义[M].北京:东方出版社,2014:77.
③ 林家有.孙中山国家建设思想研究[M].广州:广东人民出版社,2013:285.

其完全交到政府机关之内,使政府有力量治理全国事务。^① 关于政权实现,应该学习瑞士的直接民主模式,使人民通过行使选举、罢免、创制、复决权直接管理政府,回避代议民主弊端。在治权的实现上,运用行政、立法、司法、考试、监察五项宪法权力组织政府,使政府代替人民管理国家。

关于革命程序和政权建设,以孙中山为代表的革命党人在《中国同盟会革命方略》中提出,将军政、训政和宪政三个时期作为民主革命的方略:第一期为军法之治,第二期为约法之治,第三期为宪法之治。军法之治指为实现反帝反封建目标,军队和人民共同受治于军法之下。约法之治指每个县完成军法之治目标后,作为过渡时期施行约法之治,即每县于战争停止之日开始颁布约法,规定人们的权利义务和革命政府的统治权;在全国平定之后六年,在各县达到完全自治的基础上,各县选举代表一人,组成国民大会,制定五权宪法;在宪法制定之后,总统、议员选举后,结束约法之治。宪法之治指政权建设完成之后,以县为单位实行直接民权。^②

孙中山通过三民主义理论探索与实践,推翻了几千年的专制帝制,在中国进行了第一次实现资产阶级民主共和制的尝试,播下了民主的种子,这是破天荒的创举。从此以后,民主共和思想日益深入人心,向往民主、反对专制成为不可抗拒的历史潮流……^③

然而,由于中国革命的复杂性以及理论和现实在一定程度的脱节,中国的民权实现没有按照《革命方略》的三个阶段展开,四项政权、五项治权也没有在民国时期的中国大地上真正实现。从效果上看,对于扩展人民参与政治生活来说,孙中山先生提出的"三民主义"作为政治纲领的作用高于对治国理政的实际意义。

历史的车轮滚滚向前,在反帝反封建斗争中,以毛泽东为代表的中国共产党人在新民主主义革命中,探索人民群众通过适合国情的方式影响国家政治生活的道路,在革命纲领、统一战线、领导权问题中扩展了人民群众对政治生活的参与,使中国革命和建设的参与者不仅局限于知识分子,权力主体不再属

---

① 孙中山.三民主义[M].北京:东方出版社,2014:173.
② 孙中山.中国革命史[M]//.孙中山全集:第7卷.北京:中华书局,1985:62-63.
③ 张星久.中国政治思想史(近现代部分)[M].武汉:武汉大学出版社,2011:124.

于抽象的人民,而覆盖到广泛和具体的工人和农民阶级。

相对于清末思想家将参政范围扩展到知识分子、资产阶级革命家将其界定为抽象的全体人民,新民主主义革命理论将参政主体落实到具体的工人、农民,并对如何实现人民群众影响政治生活做出探索。群众路线在保持党的主动权的前提下,要求领导干部树立从人民群众利益出发的观点深入群众,倾听群众呼声,采纳群众智慧,关照了中国传统文化下人民群众的参与意愿和参与能力的实际情况,适应了中国革命和建设的需求。

中国共产党早期的纲领和文件,涉及扩大公众参与范围。中共二大重申党的最高革命纲领是"组织无产阶级,用阶级斗争的手段,建立劳农专政的政治,铲除私有财产制度,渐次达到一个共产主义社会"。中共三大指出,为了反对帝国主义这一共同敌人,代表无产阶级和劳动人民利益的共产党和代表民族资产阶级和上层小资产阶级利益的国民党,都需要寻找政治上的同盟者。中共第四次全国代表大会,认为农民问题是中国革命的一个重要的问题,没有农民阶级的广泛参加,实现中国无产阶级的领导地位和中国革命的成功都是不可能的,据此明确提出了革命领导权和无产阶级同盟军问题。1927 年毛泽东发表《湖南农民运动考察报告》,初步提出建立农民武装和农民政权问题,确定依靠贫农、联合中农的农村阶级路线。[1]

在公众参与的实践层面,为将群众意见纳入政治体系,中国共产党努力联系人民群众,形成群众路线工作方法。中共二大通过的《组织章程决议案》指出:"党的一切运动都必须深入到广大的群众里面去。"毛泽东在古田会议决议中指出:"一切工作在党的讨论和决议之后,再经过群众路线去执行。"1943 年毛泽东提出:"在我党的一切实际工作中,凡属正确的领导,必须是从群众中来,到群众中去。这就是说,将群众的意见(分散的无系统的意见)集中起来(经过研究,化为集中的系统的意见),又到群众中去作宣传解释,化为群众的意见,使群众坚持下去,见之于行动,并在群众行动中考验这些意见是否正确。然后再从群众中集中起来,再到群众中坚持下去。"[2]1945 年刘少奇提出:"一

---

① 张星久.中国政治思想史(近现代部分)[M].武汉:武汉大学出版社,2011:228-229.
② 毛泽东选集:第三卷[M].北京:人民出版社,1991:899.

切为了人民群众,一切向人民群众负责。""从群众中来到群众中去。"①

从本质上来看,群众路线是一种决策模式。与目前流行的各种公众参与模式相比,群众路线可以说是一种逆向参与模式,它所强调的是,决策者必须主动深入到人民大众中去,而不是坐等群众前来参与。② 作为一种制度资源,群众路线在不同阶段具有不同功能。在革命时期,群众路线的目标是实现党的政治动员,发动群众支持党领导的革命;在社会主义建设时期,政治沟通成为群众路线的基本功能,通过顺畅的干群关系推动工作开展。在当代,群众路线具有特殊意义,通过"群众—干部—党和政府"的信息流动促进决策机制提升和改善,成为国家治理现代化的重要路径。作为构建政府与公民互动机制的本土制度资源,群众路线对国家治理现代化具有双重意义:一方面,其内在要求是以实质性制度渠道将干部的代表角色与群众的具体利益结合起来,实现政治代表与群众利益聚合;另一方面,其外在要求是鼓励群众参与和政治沟通,制度性地将群众意见引入公共决策过程。③

中华人民共和国成立后,群众路线得到法律和制度保障。《宪法》第 2 条规定,人民行使国家权力的机关是全国人民代表大会和地方各级人民代表大会。一切国家机关和国家工作人员必须依靠人民的支持,经常保持同人民的密切联系,倾听人民的意见和建议,接受人民的监督,努力为人民服务。《立法法》规定,列入常务委员会会议议程的法律案,法律委员会、有关的专门委员会和常务委员会工作机构应当听取各方面的意见。行政法规在起草过程中,应当广泛听取有关机关、组织、人民代表大会代表和社会公众的意见。2021 年,人大制度的"基本法"《全国人大组织法和全国人大议事规则》迎来首次修改,明确要求全国人大及其常委会"坚持全过程民主"、全国人大代表要"充分发挥在全过程民主中的作用"。可见,随着最高国家权力机关不断自我完善、自我建设,中国的民主参与机制不断升级。

从魏源的文人参政观点到孙中山先生关于民主革命的军政、训政和宪政

① 刘少奇选集:上卷[M].北京:人民出版社,1981:348-349.

② 王绍光.毛泽东的逆向政治参与模式——群众路线[J].学习月刊,2009(12):16-17.

③ 孟天广,田栋.群众路线与国家治理现代化——理论分析与经验发现[J].政治学研究,2016(3):25-35.

方略,直至中国共产党的群众路线,上述不同意识形态背景下的公众参与理论,在讨论中国政治参与时,都没有生搬硬套西方的公众参与观点。魏源的"文人参政"和党的群众路线,没有涉及公民、社会组织或者是利益集团通过活动去影响政府,使政府处于被动地位而实现自身利益要求。孙中山先生将民主共和作为理想,但是在军政、训政期间,对人民参与采取审慎态度,实行军法之治和约法之治,直到全国平定后才实现直接民主。群众路线更是重视干部对人民群众呼声的倾听和利益需求的聚合。

西方的公众参与理论重视对权力来源的合法性讨论,逐步延伸出公共决策形成的不同模式;中国的主要公众参与理念倾向于关注公共决策的合理性,从中拓展出对决策组织和规则科学性的考量。其差异可能在于东西方在涉及国家根本问题时的思考出发点不同,亚里士多德关心在公共生活中应当以什么规则设立国家,而孔子更愿意讨论君王的德行以及身处有道和无道之中的人们应当如何回应。即使在公共决策的公众参与中,东西方也存在明显差异:中国的公众参与理念要求决策者主动深入群众,强调深入人民群众是决策者的责任;而西方的公众参与模式相对关注参与者民众的权利。尽管其中存在着关于思想和实践在理论上是二分还是一元①的中西方知识分子的不同思维模式差别,在实践中具有"自上而下"和"自下而上"的路径区分,但是在接纳民意、吸收民意追求更加符合理性的决策上,中西方的公众参与理论并非对立,而具有一定的同质性。

值得注意的是,当我们在探索中国的地方治理模式创新时,对于传统治理思想中深入人心的治理者的权威性和责任感的强调,应当予以关注。因此,在地方治理中倡导公众参与时,要高度重视权力机构对社会治理的全面责任和普遍义务。而这在个人权利觉醒、赋予社会参与者更多政治权利的时代,可能为公众参与过程中带来一定程度的国家权力和个人权利的紧张关系。由此,基于我国国情在社会治理中不断调试和创新公众参与的探索,将任重而道远。

---

① 二分思维虽非西方所独有,但确是西方文化中一个极为强烈的倾向;理论和实践的二分便是其具体的表现之一。直到近代,西方"知识分子"的关注才从"静观的人生"走向"行动的人生",而中国思想家强调的则始终是"即知即行"。参考余英时.士与中国文化[M].上海:上海人民出版社,1987:自序 4、5-9.

中国近代以来不同的公众参与理论，多为框架性的制度资源，在实施中还需要进行具体的制度建构与完善。但是，它们的共同之处在于：关注公众参与和权力体系的融合而并非对抗，强调结合人民群众的参与能力探索符合国情的公众参与道路。中国当代国家治理中的公众参与道路尊重了我国历史传统，是在革命斗争和国家建设中展开的积极实践。中国近代以来关于人民群众参与政治生活的探索，形成了丰厚的政治遗产，蕴含着地方治理模式创新的制度资源，为鼓励人民群众参与地方治理开展协商民主实践，实现国家治理体系和治理能力现代化提供了理论指引。

第三节　走向远方

党的十九届四中全会着重研究了坚持和完善中国特色社会主义制度，推进国家治理体系和治理能力现代化若干重大问题，决定坚持和完善人民当家作主制度体系，发展社会主义民主政治，明确提出坚持社会主义协商民主的独特优势，统筹推进政党协商、人大协商、政府协商、政协协商、人民团体协商、基层协商以及社会组织协商，构建程序合理、环节完整的协商民主体系，完善协商于决策之前和决策实施之中的落实机制，丰富有事好商量、众人的事情由众人商量的制度化实践。社会主义协商民主被明确纳入人民当家作主的制度体系，被作为通过制度化实践予以坚持和完善的目标，成为推进国家治理体系和治理能力现代化的重要途径，反映出中国政治发展姿态愈发开放，以制度构建回应国家治理的实践探索更加深入。

2019 年 12 月，习近平总书记在上海考察时指出，"人民民主是一种全过程的民主"。中国的发展和中国式的现代化发展道路，为探寻政治领域新的民主原则、民主方法和民主形态提供了丰厚土壤，全过程人民民主就是这一探索的产物。一言以蔽之，中国的全过程人民民主体现了民主应注重协商和构建最大多数人共识的原则。协商在中国有着深厚的历史积淀和传统文化渊源。在中国特色社会主义制度下，有事好商量，众人的事情由众人商量，找到全社会意愿和要求的最大公约数，是中国的老百姓日用而不觉的价值，也是人民民主的真谛。① 参考借鉴国际城市协商民主创新,探索中国相关研究的发展方向,有助于对中国的协商民主道路做出客观评价,同时有助于为全过程人民民主理论奠定坚实的基础。

广州是广东省省会、国家历史文化名城,我国重要的中心城市、国际商贸中心和综合交通枢纽。② 开展社会治理协商民主创新实践并推进制度化探索,有利于广州引领带动全省社会治理发展,在全国范围内继续发挥改革开放的排头兵、先行地以及示范区作用。学习借鉴国际城市协商民主的成功经验,对广州的相关探索进行制度化梳理,有利于广州完成在营造共建共治共享社会治理格局上走在全国前列的重任,通过协商民主实践推进国家治理体系和治理能力现代化提升。

在发动社会力量参与城市治理中,存在自上而下和自下而上发起创新两种路径。前者主要是指由政府主导创新层层下达直至基层,重点在于发动社会力量让市民积极参与到政府主导的创新项目中。后者是指由社会力量主动倡议制定执行方案并全程监督执行,重点在于通过游说、宣传等方式获得公共部门和私人部门的合力支持,扩大社会力量的影响力并最终形成制度化成果。美国波士顿和西班牙科内利亚的创新实践,分别对应城市治理的上述两种模式,为广州的地方治理提供了可以参考借鉴的他山之石。

波士顿开展的"青年参与式预算"是由政府主导的针对特定人群(青年人)的激励公众参与活动。在"青年引领变革"项目中,力图使青年人成为项目的决策者和规则制定者。具体的方法是让青年人参与预算的决策过程,青年人可以接触并通过投票决定哪些社会项目能够获得资金支持,决定如何善用资金来造福市民。积极参与的青年人可以与市政府部门合作,共同审查市民意见,评估并批准提案;同时,那些可能成为未来领导的青年人有机会与波士顿当前领导人共同合作,向他们学习决策和管理经

---

① 樊鹏.全过程人民民主:具有显著制度优势的高质量民主[J].中国政治,2021(12).
② 国务院关于广州市城市总体规划的批复[国函〔2016〕36号][EB/OL].中华人民共和国中央人民政府网站.[2019-03-13].http://www.gov.cn/zhengce/content/2016-02/19/content_5043501.htm.

验。截至 2016 年,参与项目投票的青年人达 1500 人,该项目催生了 450 多个新的想法。在进入投票的 14 个项目中,有 7 个项目胜出。[①] 第三届广州国际城市创新奖评审委员会认为,在当今这个众多年轻人感到自己的意见无人聆听的年代,该创新实践通过鼓励青年人参与政策对话,以此鼓励他们参与城市事务,最重要的是培养人们终身参与地方公共事务的使命感。[②]

科内利亚的市民网络是欧洲首个市民参与城市治理实验室。其前身是由记者、教师、建筑师和工人建立的市民网络。在互联网迅速发展的背景下,这些积极参与城市治理的市民意识到其中具有巨大公众参与平台和机遇,倡议在市民中间推广普及互联网和信息交流,在社会领域形成了公共交流平台。2000 年以后,地方政府逐步开始利用互联网建立公共空间和市民对话,在构建虚拟公共空间进行城市公共设施方面的论证,并且在城市经济发展规划中加强针对儿童、年轻人和成人的互联网、信息技术和信息交流培训新模式。市民实验室的运作由基金会管理,其资金来源包括政府公共资金、通过技术活动研究和创新方面的咨询工作获得的资金以及新兴企业的回报等。[③]

"青年参与式预算"和市民实验室,都是通过扩展公众参与开展城市治理的创新实践。它们表明当居民的声音能够被倾听、居民能够参与到决策时,居民参与的积极性能够被调动起来,城市治理的效果能够得到提升。与此类似,很多国际城市通过建立街道市政厅、虚拟集会、移动决策平台、智慧城市等方

①　第二届广州国际城市创新奖入围城市案例汇编[BE/OL]http://www.chinadaily.com.cn/specials/guangzhoujiang10.pdf.

②　2016 年广州国际城市创新奖评审委员会终评报告[EB/OL]http://www.guang-zhouaward.org/uploads/Upload/ueditor/files/2019-01-03/2016％E7％AC％AC％E4％B8％89％E5％B1％8A％E5％B9％BF％E5％B7％9E％E5％A5％96％E8％AF％84％E5％AE％A1％E5％A7％94％E5％91％98％E4％BC％9A％E6％8A％A5％E5％91％8A-cb28ce54-dc50-4aa9-9580-bdd707cf102f.pdf.

③　来源:2016 年广州国际城市创新奖会议资料《合作治理:国际城市创新实践与启示》,由中山大学城市与地方治理研究中心、广州国际城市创新研究会编制。

式,使市民更加直接便利地参与公共决策,实现公众参与决策机制的创新。

在上述两种城市治理公众参与创新实践路径中,相对而言,广州通过自上而下在公权力运行领域拓展公众参与的实践案例较为突出。在理论上,公权力运行相关的领域分为四类:一是权力严格依法运行领域,法律已经做出明确规定(图5-1A区),权力部门应当严格依法用权;二是社会力量和权力部门难以独立建设的领域(图5-1B区),可以探索共建共治共享;三是法律没有做出限制性规定同时社会力量有能力自行建设的领域(图5-1C区),应当鼓励社会自治;四是私生活领域,公权力无须干涉(图5-1D区)。在权力控制与公众参与相互依存的领域内(图5-1B区),广州公权力体系通过主动引导和鼓励公众参与,开展了社会治理的协商民主探索。在立法、行政以及司法领域不断深化改革:在地方立法层面打造参与式立法,在依法行政层面推进协商式治理,在公正司法层面建设多元纠纷化解机制。

图 5-1　公权力运行空间图示

参与式立法指公众在相关制度安排和保障下,通过一定方式和渠道参与立法,表达利益诉求的立法过程。主要表现在地方立法中扩大公众参与,通过广泛吸收专家、市民意见开展地方立法,促进立法内容贴近社会实际。在地方立法活动中,广州在国内率先建立立法顾问与立法咨询专家论证制度、开展网络民主立法,在全国人大系统首先开设立法官方微博、官方微信,举行全国首个网上立法听证会。① 2006年,《广州市规章制定公众参与试行办法(草案)》首次提交审议并获得通过,这是我国首部全面、系统规范行政立法中公众参与工作的地方政府规章,这是广州市政府对当时不断兴起的公众参与热潮从制度方面作出的积极回应。② 2020年,经过两次修订的《广州市规章制定公众参与办法》规定,公众可以通过立项建议、草案征求意见、公众代表座谈会、专家论证咨询、听证会、问卷调查、基层立法联系点等多种形式,利用信函、传真、电子邮件等传统渠道和应用程序等新媒介参与渠道,全过程有序参与规章制定工作。

协商式治理主要指行政机关引入社会力量参与地方治理,通过公共协商解决社会问题,对依法行政进行拓展。广州市政府在公众参与的制度建设方面,不断出台新的举措。规定在重大民生决策之前,政府主办部门可根据需要成立公众意见咨询委员会,吸纳专业人士、市民代表等人员参与对拟议决策事项的讨论,其讨论意见作为政府决策的重要参考。广州在行业工资等事项中积极推进协商式治理模式,形成了劳资集体协商的"开萝模式"③,即每年电子及通信行业工会联合会按照既定程序与行业协会进行行业工资集体协商。此外,在老楼安装电梯、农村"三资"等管理中,政府通过引导公众参与及有序协商实现居民和权力部门共建共治。

多元纠纷化解机制指传统诉讼以外的各种解决纠纷方法的总称,以主持纠纷解决机构的性质作为标准,分为法院主导的多元纠纷化解和以仲裁、律师等为主导的社会系统纠纷化解两类。广州法院不断探索替代性纠纷处理机制,在"党委领导+法院引导+街道配合"基调下,打造"一站式"联动纠纷解决平台。④ 中国广州仲裁委员会近年来受案数量、受案

---

① 张西陆.广州市人大立法30年共制定地方性法规148件[N].南方日报,2016-11-23.

② 张国强.让公众在行政立法中发出自己的声音——全国首部规范公众参与行政立法的地方规章在广州通过[M]//.陈里程.广州公众参与行政立法实践探索.北京:中国法制出版社,2006:222.

③ 首先在开发区和萝岗地区适用,简称"开萝"模式。

④ "党委领导+法院引导+街道配合",广州荔湾区推动矛盾纠纷多元化解[EB/OL].广州政法网.[2019-03-13].http://www.gzszfw.gov.cn/article/document.do? shId=9817.

标的持续上升,并始终位于全国前列。2018 年全市受理仲裁案件总数占全国 35％,位列全球、全国双第一,其中涉外案件数量、网络案件数量均位列全国第一。2017 年最高人民法院、司法部《关于开展律师调解试点工作的意见》将广东纳入律师调解试点地区。

在公权力运行的三个主要领域中,地方立法是广州地方治理中权力运行的逻辑起点,广州通过扩展公众参与渠道,涵育了城市的法治精神和市民的参与意识,为执法和司法奠定了基础。参与式立法改善了以行政机关、执法部门为主导的立法对于公权力的倾斜状况,使地方立法向着保护人民权益、限制公权力运行的方向迈进。在行政权力运行层面,通过开展协商式治理,行政权力的覆盖范围得以拓展,依法行政在更加宽泛的意义上得以实现。权力部门和居民通过协商式治理,共同探寻更优异的制度安排,拓展行政权在地方治理中的运用空间,破解单纯依靠行政权力和居民自治无法突破的治理难题。多元纠纷化解为社会提供了司法审判以外的解决矛盾方式,通过司法权的柔性施展,解决社会矛盾并使社会力量发展成为治理主体,促进仲裁机构、律师事务所等组织履行更加积极的社会责任,发挥维护公共秩序作用。可见,广州在权力运行主要领域进行的协商式治理创新尝试,具有一定的典型示范意义,为更大范围在更高层级上推进协商式治理创新奠定了实践基础。(见图 5-2)

图 5-2　广州社会治理领域公权力运行模式创新图示

广州公权力运行领域的协商民主实践探索,对于国内同类城市的地方治理具有以下启示:一是在权力运行中吸纳社会力量参与地方治理,可以通过公共权威的多元化和政策执行主体的分散化为社会治理难题寻求破解之道。在公共设施和服务领域内,层级化的和以规则为基础的管理假设以及通过公务人员的权威来执行和实施法规的假设已经不能适应日益复杂的社会发展。完全依赖公权力运行,相对细微的利益需求难以被纳入治理视野,少数群体不能获得有效关照。此时吸纳社会力量参与地方治理可以相对精准地回应社会需求,同时实现治理体系的现代化转型。二是以协商方式开展社会治理,有助于权力体系在回应社会需求的同时实现自我修复和完善。协商式治理方式的开放性决定其可以应对不断发展变化的社会需求,使权力体系的公共政策输出适应动态的社会发展。更为重要的是,在不断向前推进的协商活动中,权力体系的回应性姿态将反作用于自身建设,从组织结构、工作流程上进行自我提升和改善。同德围公咨委所带来的治理结构扁平化、信息渠道输入快捷化的改进,体现出协商民主对于权力体系的建构作用。当前,不同城市的地方治理各有特点,但是各地权力体系在针对地方治理问题时面临一定的共性制度化难题,广州的参与式治理实践,为城市治理引入社会力量、创新工作方法破解机制难题提供了实践参考。分析广州公权力运行的协商民主实践的特点,将为权力体系在社会治理中进一步深入地开展协商式治理提供方向指引。

广州公权力运行的协商民主实践呈现出以下特点:

第一,公众参与是立法、行政以及司法领域改革创新的主线。参与式立法的核心是增加公众参与立法的人数、丰富立法信息,在地方立法中扩大参与者的数量,将市民、专家的意见纳入治理体系。协商式治理的基础和前提条件是群众参与,受到治理措施影响的相对人与权力主体共同协商形成治理措施。多元纠纷化解的实质是吸纳社会力量参与纠纷化解之中,将社会领域的专业力量发展成为治理主体。广州在立法、行政以及司法领域的改革围绕着扩大公众参与这条主线展开,体现出以人民为中心的地方治理宗旨。

第二,从参与、协商到多元的转化,体现出公众参与质量的提升。参与式立法增加了公众参与人数,但公众参与相对侧重于提供立法信息;协商式治理改善了行政权的运行模式,使社会力量与行政机关成为共同治理主体;多元纠纷解决途径增加了社会矛盾化解主体,使社会力量成为纠纷化解方——独立治理主体。在上述三种不同形态的政治参与中,公众从普通参与者、共同治理者发展成为独立治理主体。公众在社会治理中发挥越来越积极的作用,社会力量参与地方治理的质量不断提升。

第三,广州地方治理创新实践中,蕴含着公权力建构社会秩序的理念从行政管理向社会治理转型的趋势。在从参与、协商到治理主体多元化的公权力运行模式转型探索中,社会力量参与到建构社会秩序之中,与权力体系相结合,共同启动社会治理,改变了权力机关对权力运用的方式和态度。公权力与社会力量合作开展治理,打破了在国家强力支配下权力运行机制机械、僵硬的局面,使社会秩序的建构呈现出多元治理趋势。

广州社会治理领域的协商民主实践,关注公众参与和权力体系的融合而并非对抗,强调结合人民群众的参与能力探索符合国情的公众参与道路,与我国近代以来主流的公众参与理论基调一致。通过不断探索和实践,广州已经初步形成以公权力运行为引领,以人民群众广泛参与为创新主线的社会治理创新格局。

在打造共建共治共享社会治理格局的协商民主实践中,权力运行领域的改革创新发挥引领作用,是我国长期主要由公权力运行主导地方治理的结果,同时也是社会治理日趋复杂后对权力运行提出的要求。广州地方治理协商民主的实践样态和我国近代以来公众参与的理论成果共同揭示出,当前构建程序合理、环节完整的协商民主体系需要围绕着公权力运行而展开探索。为此,当前关于社会主义协商民主的制度化实践探索,应当在不同案例所呈现的矛盾冲突和权衡妥协中,着重关注协商民主的系统性实现,其中的关键之处在于:一是协商在特定治理过程的落实程度,重点在于协商内部程序是否合理;在微观上聚焦对协商民主的自身讨论,关注协商过程的效果与完善。二是协商过程与整个政治体系的结合及与其他制度的衔接,重点在于协商程序的外部衔接环节是否完整,将协商民主过程置于政治系统予以宏观考量,探讨微观协商民主实践形成的公共意见如何引发公权力运行,考察如何使协商民主有效地嵌入整个政治体系,并与其他制度形成配合。

超越哲学批判针对协商民主进行制度建构,出发点是从民主的角度判断哪些价值是至关重要的,因为对这些价值的珍视以及关照程度,决定了协商民主制度的具体内容以及走向趋势。从参与主体、主观方面、协商客体和客观方面来看,社会治理中的协商民主制度应该体现包容性、理性、公共性和开放性的价值。这种价值框架是协商民主制度的基石,可以用来考察和检测协商民主制度的价值取向、民主特性和创新特点。

从参与主体角度看,包容性是协商民主制度的首要价值。协商民主制度的包容性至少包括三个维度:一是"受影响者即有权参与",二是受影响者可以事实参与,三是制度设计有利于参与者进行公平表达。 从同德围公咨委及广州其他公咨委实践看,包容性价值的实现是地方治理探索协商民主制度的前提,受到影响的对象实质性地参与到地方治理中,是地方治理协商民主实践成功的首要因素;如果形成的公共政策并非因受到影响的对象实质参与而形成,那么即使地方治理取得成功也并非协商民主实践的成功,而是其他治理方式或治理力量取得的成果。

从主观方面看,理性是协商民主制度的核心价值。在社会治理中,理性的公共决策并非绝对的正确结论,因为人们永远无法预知公共政策最终的效果。事实上,理性既是在政策形成过程中通过协商不断追寻的价值,又是在相对中立前提下,参与者有思考、有意识,尽可能基于充分的信息做出判断的过程。同德围公咨委关于南北高架桥方案的反复讨论,就是各方参与者共同寻求理性的过程。投票在这里不具备多少替代作用。投票总是需要对替代性选择是什么做出某种事先声明,而这种说明恰恰是讨论通常需要予以揭示的,对于就事件与结果的可能关系进行复杂论证来说,投票可能是一种极其无效的方法。

从协商客体看,公共性是协商民主制度的必要价值。协商客体是协商所指向的社会关系。社会关系是人们在生产和共同生活活动过程中所形成的人与人之间的相互关系,围绕着社会关系抽离出不同类型的公共政策,人们通过协商对公共政策做出不同选择,因此形成了协商民主实践。公共性是协商客体的必要价值,如果在私人关系或者是相对较小范围团体关系中,在参与者做出的选择可以脱离公共生活的情况下,并没有通过协商民主制度做出选择的必要性。协商客体的公共性是协商民主制度建设的必要价值,公共性议题的设置潜在要求参与者具有公共精神,从而减少自私自利的判断。

从客观方面看,协商民主制度应当始终保持开放性价值。开放性主要指

① 格雷汉姆·史密斯.协商民主制度化:民主创新与协商体系[J].浙江大学学报,2018(2):5-18.

② 詹姆斯·D.费伦.作为讨论的协商[M]//约·埃尔斯特.协商民主:挑战与反思,周艳辉,译.北京:中央编译出版社,2009:51.

协商过程保持开放,可以允许参与主体的进入与退出,接纳不同类型的公共意见,并且随时可以因协商客体社会关系的发展变化而对协商议题做出调整。与此同时,开放性还意味着协商过程需要向社会领域、权力体系保持开放。社会领域是协商活动的外部环境,保持足够的开放性有助于协商活动获得源源不断的外部支持;权力体系是协商成果转化成为公共政策的重要平台,将协商成果输入权力体系并且形成公共政策是协商过程的重要环节,可以使协商成果向权力体系输送的协商制度完整而且闭合。

地方治理中协商民主的制度转化是以不同方式实现上述价值的过程。协商民主的制度建构,体现着上述不同价值的实现途径。

在社会主义协商民主制度构建中,首先需要进行协商民主内部制度的程序设计。协商民主内部程序应当着重关注以下内容:一是界定参与主体。在较为常见的几类民主制度中,人大、政协的代表选拔机制相对完善和规范;政府、自治组织和社会组织的协商主体较为广泛并且没有明确的规范机制,可以通过随机抽取、自主报名、分层次选定等方式确定参与主体,相关的制度设置需要体现协商民主的包容性、开放性价值。二是确定协商形式。协商形式主要是公开讨论、辩论等方式,协商形式的设计需要确保不同类型的参与主体可以自由表达意见,在参与者之间形成充分的信息交流,使协商过程和结果体现理性、公共性以及开放性。三是明确协商形成议案的处置流程。协商议案的处置流程既是内部程序又是外部环节,是协商民主制度化的核心环节:在协商民主制度的内部程序中,它是结束环节;在协商民主制度的外部环节中,它是开始程序。协商议案处置流程的设计,重点要体现开放性价值,确保协商过程能够影响公共决策。四是确定成本收益评估。社会治理中的协商民主制度建设以服务公共政策为导向,为了提高协商民主活动的质量,在内部制度建设中需要关注成本收益的评估,确保协商民主实践具有可持续性。

在社会主义协商民主制度建设中,当前需要重点关注将协商民主融入正式政治制度的议案输出环节建设。基于政治系统论,该环节在不同的子系统间产生衔接,相对属于外部制度设计。以实现协商民主嵌入正式政治制度为宗旨,应当重点关注以下方面:一是获取政治精英个人支持,其中最为主要的政治精英为体制内的各级党政领导。同德围综合整治前期公众内部形成的治理意见,主要是通过取得地方领导人的支持转化为治理措施;在公咨委设立后,地方领导人的支持仍然是居民意见进入权力体系的重要保障。但是在此我们需要重视的是,地方领导人的支持不够稳定,不具有长久持续性和可复制性,属于一种特殊类型的输出渠道。二是形成组织化的支持机制,主要是建立与公共部门对接的组织平台。同德围公咨委设立后,作为协商平台嵌入了公共部门。由于同德围公咨委的组织化专业性程度不足,它并非嵌入公共部门的稳定的社会组织。但在相对成熟的社会组织协商过程中,可以探索通过社会组织嵌入公共部门进行议案输出的路径。三是在公共部门设置衔接协商提案的机构,明确提案的回应程序。从同德围公咨委的实践看,公共部门设置的回应机构,既可以是常设机构,也可以是临时机构。如果协商机制属于常设机制,相应的回应部门以常设机构为宜;如果协商机制属于临时机制,相应的回应部门则以临时机构为宜。四是建设制度化的支持形式,主要是通过制定规范性文件或者开展地方立法规范公共协商。当前听证会等制度是通过立法予

图 5-3　社会主义协商民主体系框架

以规范的协商制度,通过规范性文件或者是立法授权开展公共协商是协商成果进入权力体系的稳定而且可靠保障,并已经取得了较为积极的效果。此外,媒体是协商形成的公共政策进行输出的重要渠道,尽管媒体在公共政策的输入方面不具备行政机构的专业性,但是就发挥作用的效果来看,媒体是重要而且具有普遍性意义的协商民主议案输出端口。(见图5-3)

社会主义协商民主体系尽管包括不同类型的协商活动,但是在内部程序以及输出环节中具有相对稳定的制度框架。基于包容性、理性、公共性和开放性构建协商民主内部程序,从特殊性、制度化和普遍性角度完善协商结果的输出环节,将最终形成的公共政策反馈到协商民主实践之中,通过不同类型的实践再度完善内部协商程序,可以形成循环渐进并且具有自我修复能力的社会主义协商民主体系。在政党协商、人大协商、政府协商、政协协商、人民团体协商、基层协商以及社会组织协商的微观案例中,关注协商过程的实现并提炼出共同规律,在协商议案与治理体系之间归纳出有效的互动机制,在不同领域的成功案例中分析协商式治理的程序原则和实现路径,是社会主义协商民主制度化实践的重要内容,也是中国治理协商民主实践走向远方的重要基石。

第六章　实践与探索

—— 协商式治理的程序原则及实现路径

当前我国民主创新主要发生在微观公共治理领域,由受某项政策影响引发的广泛参与而开启的相对直接、较少经过现存权力关系调节的公众协商较为多见。在一定意义上,这是一种在人民意志形成过程中从机制上建构的中介。① 在同德围综合整治中,围绕当地改造方案的制定和实施,公咨委组织群众展开了长期、细致的讨论,尤其在南北高架桥方案的设计和实施中,当地群众治理意见得到充分体现,并在进行有效协商后输入权力体系,相对于普通的公共治理方案措施,群众协商意见得到较大幅度采纳,协商程序受到较高程度尊重,可以说,公咨委在群众意见和权力体系决策之间搭建起一道桥梁抑或中介,促进人民群众的意志最终转化为公共决策。

从公共协商的内容和走向看,在我国基层治理民主创新中,具有不同的实践案例和创新模式。以公共协商的内容为标准,大致可以分为事务性、业务性和系统性解决公共问题等类别,在具有代表性的几个案例中,同德围公咨委的协商对象是当地综合整治提高公共产品和服务质量的具体治理措施,温岭泽国镇针对具有一定专业性的公共预算问题在当地群众中展开协商,梅州蕉岭村民议事会针对村庄公共事务进行系统协商。在以上几个较为成功的基层治理民主创新实践案例中,从协商意见的走向看,同德围公咨委促成居民意见与行政决策有序链接,参与式预算使群众意见进入人大决议,村民议事会使更大范围的群众参与村民自治。上述基层治理民主创新,体现出当前公共协商意见进入权力体系的不同走向,从本质上看,这是基层治理推行协商民主的不同实现路径。

在上述几个基层治理创新实践中,协商式治理取得较好成效的原因在于

---

① 詹姆斯.博曼,威廉.雷吉.协商民主:论理性与政治[M].陈家刚,等译.北京:中央编译出版社.2006:中文版序言7,10.

两个方面：一是从协商过程看，以相对规范的程序保证了参与者广泛覆盖、协商有序进行、形成协商决议；二是从协商机制与现存政治制度的关系看，公众的协商过程分别与行政体系、人民代表大会、村民自治制度进行了关联，形成对现存国家治理制度的补充和完善。

参考借鉴上述成功案例，在我国地方治理中，可以通过以下具体路径，进行更为广泛的协商民主实践与探索：在参与者的产生过程中，规范公共集会、固定组织会议、代表大会等公共协商会议；在讨论环节，对发起过程、确定组织者、发表意见予以明确；在协商程序中，对公开辩论和表决程序予以规范引导；在协商决议输入现存政治体制的民主环节，通过政治领导人支持、立法授权、社会组织嵌入公共部门、设置专门机制等方式促进协商决议输出及转化；在协商决议输入权力体系后，建构积极回应机制，确保协商式治理成为闭环制度。

第一节　制度结构

基于哈贝马斯认为民主的核心是各种偏好的改变而不是偏好聚合，约.埃尔斯特认为协商民主涉及以下内容：一是集体决策，要求所有受到决策影响的人或者其代表都参与决策；二是经由争论进行决策，要求参与者具备理性和公正的品德。[①] 可见，协商民主不仅超越了精英民主理论把选举作为最初目标的局限，[②]而且摆脱了在理性选择假设基础上建构竞争性政治过程的经济学视野[③]，力图通过公共协商产生的规范力量影响公共决策，从而在政治过程中追

---

① 约.埃尔斯特.协商民主：挑战与反思[M].周艳辉，译.北京：中央编译出版社，2009：1,9-10.

② 熊彼特"民主的另一个理论"强调，"把选民决定政治问题放在第二位，把选举作出政治决定的人作为最初目标。"参见：约瑟夫·熊彼特.资本主义、社会主义与民主[M].吴良健，译.北京：商务印书馆，1999：395.

③ 以安东尼.唐斯为代表，认为政党应当像企业家那样发挥功能，在政治消费者的市场中竞争销售自己的政策。Anthoy Downs. An Economic Theory of Theory of Democracy [M]. New York：Harper，1957；Brain Barry，Sociologists，Economists and Democracy [M].London：Collier-Macmillan，1970.

求共同的善；作为一种民主理论，其核心主张是公共协商将以某种方式改善决策质量，使结果更理性、合理、真实和公正，[①]其优势是可以在没有预设道德原则实质一致的情况下界定什么是可接受的公共理性。[②]

协商民主制度旨在将抽象价值赋予合理的程序、完善的环节，实现对民主创新实践的普遍关照。通过对同德围公咨委协商实践进行结构化梳理，可见基层治理中的协商民主制度框架大体可以分为三部分：一是参与者的范围和选择，这是协商民主实践的前提；二是协商程序，主要包括讨论和协商，这是协商民主的重要环节，侧重对协商过程的合理性、有效性考量，力图通过公共协商理性回应公共问题；三是民主环节，主要包括协商决议输出和回应，这是协商民主的关键环节，关注在协商实践中抽离出宏观制度功能，实现协商民主与其他政治制度持久互动。基于以上制度框架，本书在对广州同德围公咨委、温岭泽国镇参与式预算、梅州蕉岭村民议事会的协商治理实践进行结构性梳理的基础上对比其中的共性和差异，探索基层治理中协商民主的制度结构。

案例一：广州同德围公咨委[③]

全称为同德围地区综合整治工作咨询监督委员会，后更名为同德围公众咨询监督委员会，是广州设立的第一个"公咨委"。2012 年 2 月广州市政府批准设立同德围地区综合整治工作咨询监督委员会，拉开广州以"公咨委"开展地方治理问题的帷幕。同德围公咨委的设立是广州创新公共决策公众参与的重要探索。

从成员来看，同德围公咨委共有 37 名委员，包括居民、人大代表、政协委

---

① 詹姆斯.博曼，威廉.雷吉.协商民主：论理性与政治[M].陈家刚等译.北京：中央编译出版社.2006：中文版序言,10.

② 观点来自詹姆斯.博曼、威廉.雷吉对科恩观点的阐释。乔舒亚.科恩.协商民主中的程序与实质[M]//.詹姆斯.博曼,威廉.雷吉.协商民主：论理性与政治,陈家刚,等译.北京：中央编译出版社.2006:305.

③ 为与下文的温岭泽国镇参与式预算和蕉岭议事规则两个基层治理创新实践案例进行对比，在此对同德围公咨委的设置情况进行简述。

员、公益人士和行业专家,其中居民代表 29 人;委员首先由街道办推荐,最终由市领导选定。通过公咨委参与地方治理的群众人数较多,就当地公众产品和服务的提升问题,公咨委曾主持召开"千人大会"①,公咨委主持召开的其他各类协调会的参与者在几十人至上百人之间。

关于讨论和协商,在同德围综合整治中,公咨委通过座谈会、广场大会、问卷、网络等形式共征集 1036 条"综合整治工作任务"意见②,将其归纳成 12 项居民意见。在公咨委召集的会议中,居民提出建设高架桥解决出行难问题;为协调居民意见,建桥方案调整 30 多次,各种协调 100 多次。③ 公咨委主任韩志鹏既是各类协商的参与人、居民协商的主持人,还是居民和市政部门之间的协调人。

就协商决议输出看,针对同德围综合整治,权力体系展开机制创新。市政府设立同德围地区综合整治领导小组,由常务副市长任组长,另外两名副市长等 4 人任副组长,设市综治办等 25 个成员单位。市建委主任担任领导小组办公室主任,区长任常务副主任,市建委副主任等 2 人任副主任。④ 在市长主持召开的座谈会上,公咨委代表将 12 项居民意见汇报给领导小组,使协商决议输入权力体系。

在公共决策的输出及回应方面,针对公咨委输出的居民意见,权力体系积极反馈。一是围绕居民意见,市政府制定《同德围地区综合整治方案》;二是针对 12 项居民意见,市、区两级政府回应性输出 20 项民生项目和工程。此外,领导小组还通过向公咨委复函等形式,解释地铁站口迁移问题,并将规划等部门的意见通过公咨委告知居民。

---

① 2012 年 3 月 10 日,"同德围地区综合整治征求群众意见会"召开。由于参会居民较多,这次会议被媒体称为"千人大会"。

② 杨津,胡刚.公众参与城市治理,广州同德围解困之路[M]//潘家华,魏后凯,李恩平,王业强,盛广耀.中国城市发展报告 NO.8.北京:社会科学文献出版社,2015:311.

③ 吕楠芳,穗建,卢书桃,李庆生.同德围南北高架桥终于要通了! 就在周末! [N].羊城晚报,2014-12-24.

④ 参见 2012 年 8 月 4 日,广州市政府印发的《同德围地区综合整治工作方案》。

案例二：温岭泽国镇参与式预算

参与式预算是通过讨论表决等形式促使预算过程透明化、公开化和公众化的财政政策制定与预算收支编制方式，实现社会公众参与分配资源、决定各种社会政策优先次序并对财政收支进行监督。[①] 2005 年，浙江温岭泽国镇引入社会力量参与预算，促进预算制定、执行和监督的民主化。在工作过程中，将重心放在民众与政府的直接恳谈上，并将恳谈达成的共识与结果在人民代表大会上通过，以确保恳谈结果的合法性与执行落实。重视参与民众的代表性，抽样产生的科学性，民众意见表达的充分性，这种协商民主的典型案例被称为"泽国模式"。[②]

泽国镇参与式预算高度注重参与者产生的科学性，采取多种形式确定协商参与者。一是简单随机抽样。2005 年按照 1 千人以上每村（居）4 人、1 千人以下 2 人原则，通过摇号抽取 275 名代表。二是分层抽样与保护特殊群体等机制结合。2006 年，按照 2‰ 的比例随机抽选 240 名民意代表，从企业抽选 12 名外来工参议代表，由镇人大主席团推荐 5 名监督员。三是广泛性与专业性结合方式。2010 年，探索通过人才库方式，挑选 120 个行业代表。2012 年起，采取随机抽取与人才库结合方式，按 1‰ 比例进行摇号产生 100 名群众代表，挑选 100 名各界代表形成人才库。

泽国镇参与式预算的讨论和协商主要为民主恳谈[③]形式。2005 年，在恳谈会 15 天前将 30 个项目编写成调查问卷，与会者根据重要性打分；在会议召

---

① 马骏.中国预算改革的政治学：成就与困惑[J].中山大学学报,2007(05)36.

② 蔡瑛.温岭人大的参与式预算之路[N].浙江人大,2021(7).

③ 1999 年，温岭市松门镇举办了四期"农业农村现代化教育论坛"，围绕推进村镇建设、发展工业经济、提高人口素质等主题，进行干部与群众直接对话。参加的群众达 600 多人次，提出问题 110 件，当场解释、答复 84 件，承诺交办 26 件。2008 年，温岭市委在松门镇召开现场会，组织各乡镇、街道以及市政府职能部门负责人观摩，并将各乡镇形式多样的做法统一命名为"民主恳谈"。参考朱芳芳.基层公共预算改革：从控权到赋权[M].北京：中央编译出版社,2018:201,203,205-206,207.

开前 10 天,向与会者发送说明材料;在会议召开时,经过小组讨论、大会讨论之后,与会者再次填写相同的调查问卷。将两次调查问卷中排序前 12 个项目拟定为城建基本项目,[①]将另外 10 个项目作为备选项目。泽国镇较为典型的恳谈做法包括:一是对辖区四个人大代表工作站征询恳谈,重点对镇政府的下一年度预算收支安排和编制情况进行互动对话;二是重点是对镇人大书记、相关村书记、主任、镇政府全体领导等进行协商恳谈,讨论下一年度预算收入安排;三是选民协商民主恳谈,征求社会公众对公共财政预算的意见。

关于公共政策输出及结果,泽国镇参与式预算的程序较为明确。在 2005 年的城建项目恳谈中,镇政府将群众代表选定项目提交人民代表大会审查讨论。人大会议表决通过了代表选择的 12 个项目,并形成大会决议。同时,人大会议强化了对预算的实质性审查,2014 年大会主席团针对代表提出的两项预算进行票决,仅一项通过,另外一项没有通过。

案例三:梅州蕉岭县村民议事会

我国的村民委员会与基层政府不是直接的隶属、派生关系,而是体现着民主价值导向的自治性组织。[②] 对大多农村地区来说,村民自治制度是宏观的外部性制度介入;缺少基于村庄内生需要的多样化制度安排,是当前我国农村治理的重要问题。对此,广东梅州蕉岭县创设村民议事会[③],推动村民深度参与公共事务的管理和决策。蕉岭县根据《村组法》[④],以及《广东省实施(村组法)办法》的有关规定,在村民代表会议基本制度基础上,创设村民协商议事会,并形成了一套成熟的议事规则,借助议事规则让会议有效开展,保障了村

———————

① 邹启航.全程预算监督体系的构建之路[D].上海师范大学,2017:10-11.

② 徐勇.实践创设并转换范式:村民自治研究回顾与反思——写在第一个村委会诞生 35 周年之际[J].中国社会科学评价,2015(3).

③ 徐勇,邓大才.蕉岭创制:"四权同步"的基层治理模式[M].北京:中国社会科学出版社,2016:导论 7,29,36,126-127,276.

④ 《中华人民共和国村民委员会组织法》。

民参与村级公共事务的管理权和决策权,让自治得以有效实现。^① 长期跟踪的研究者将蕉岭的治理模式概括为"选举权、决策权、管理权和监督权'四权同步'的基层治理模式"。^②

在村民代表会议基础上,将监委会成员、村民理事长、乡贤纳入其中,参与者包括村"两委"干部、村民代表、党员议事代表、村民理事会理事长、离退休干部等乡贤。根据蕉岭《村级协商议事会议事制度》,每次协商议事会召开,必须有 2/3 以上的议事代表参加,如果达不到法定人数规模,所开会议及所作决策视为无效。议事成员通过群众自荐、群众推荐和组织推荐等形式产生。

村民议事会程序较为规范。议事代表面向主持人依次发言,时间在 5 分钟以内。如对正在发言的议事人员有意见,待其发言结束时可举手示意。针对建议、质询,主持人不得打断,不能对其进行解释,两委议事代表不能回避,需要进行解释和说明。^③ 主持人一般由村第一书记或村主任担任,发言要客观中立,主持人不能引导或暗示议事代表决策。

议事会决议,要经过代表表决。表决方式多样,票决时采用无记名投票,并在村监委的监督下唱票;无须票决时可采用举手表决方式,清点出赞同、不赞同和弃权人数。现场确定表决结果,并形成决议由村"两委"执行。^④

以上三个实践案例,在一定程度上呈现了中国基层治理协商民主的主要实践样态。尽管同属基层协商民主实践,三个案例取得成效具有不同的原因和特点:广州同德围公咨委实践取得成功的关键原因在于行政体系积极支持协商式治理模式,行政体系主导搭建了协商平台,并且在协商过程中始终与公咨委良性互动;温岭泽国镇参与式预算的显著特点是参与者的产生过程较为

① 李周、徐玉栋.议事规则:村民自治有效实现的框架基础——以蕉岭规则为研究对象[J].华中师范大学学报:人文社会科学版,2020(1).

② 参见徐勇,邓大才.蕉岭创制:"四权同步"的基层治理模式[M].北京:中国社会科学出版社,2016 年,序言.

③ 李周、徐玉栋.议事规则:村民自治有效实现的框架基础——以蕉岭规则为研究对象[J].华中师范大学学报:人文社会科学版,2020(1).

④ 徐勇,邓大才.蕉岭创制:"四权同步"的基层治理模式[M].北京:中国社会科学出版社,2016:导论,29,36,126-127,276.

规范,通过简单随机抽样、分层抽样与保护特殊群体等机制结合、广泛性与专业性结合方式保证了参与者产生的科学性;蕉岭议事会的特点在于协商和讨论流程相对完善,尤其是制定了明确的议事规则,使协商民主从价值导向走向程序规则,并在实践中日趋完善。

按照研究者对中国地方协商治理的发展阶段划分,同德围公咨委的协商式治理体现了一种治理价值转型,即权力部门的治理观念从行政管理、行政决策向合作治理、协同共治的转化。尽管在公咨委设立和运行涉及的参与者产生、协商规则构建中,权力部门发挥了重要作用;但是相对而言,地方政府通过公咨委推行的商议—合作治理模式,在权力体系与人民群众的关系范畴,降低了国家的强力色彩,体现出治理主体多元化的特点;同时,公咨委嵌入行政体系,促进了权力体系内部的民主化转型[①],较为充分地体现出权力体系治理价值向合作治理的转型。

在中国的地方治理中,始终存在着地方基层是否具有自治条件从而选择某种有效自治形式的疑惑。如关于村民自治,学者们集中反思村民自治不能有效实现的原因,一度认为主要原因在于没有适合的条件,如有适合的条件,村民自治将会有效实现。[②] 在地方治理中,这种疑惑被以"条件—形式"命名的治理模式回应,这种治理模式成为中国农村村民自治发展的一个阶段,其中温岭泽国镇参与式预算改革成为治理模式的代表。2004 年底国务院下发文件实行严格的土地管理制度,使对"土地财政"依赖较高的泽国镇城镇建设资金大幅缩减,预计可用资金不足需求总量的三分之一。泽国镇决定采取"参与式重大公共事项决策和财政预测机制",由民众直接参与协商城镇建设项目的预选。[③] 温岭泽国镇参与式预算改革实践反映出,在存在利益相关、规模适度等条件下,地方基层具备自我有效治理的可能,在基层实践中可以发展出适当形式的自我协商治理形式,促成一种"条件—形式"的地方治理模式。泽国镇的参与式预算实践,体现出基层自治从价值观念转型走向治理形式创新的发

① 赵竹茵.协商民主在基层治理中的一个案例:同德围公咨委的设立及运行[J].江汉论坛,2015(11).

② 邓大才.规则型自治:迈向 2.0 版本的中国农村村民自治[J].社会学研究,2019(3).

③ 朱芳芳.基层公共预算改革——从控权到赋权[M].北京:中央编译出版社,2018:202.

展变化,在一定程度上昭示着治理方式的实质性转型和提升。

　　相对而言,蕉岭的规则型自治超越了价值转型和形式创新,彰显基层协商自治更进一步的成熟和规范。蕉岭县经过前后相继的创制探索,从村民监督委员会制度的创导,到村民理事会制度的建立,再到后来村级协商议事会制度的创行,在不经意之中为中国基层治理提供了制度化的流程和程序性的规则,从监督过程到议事过程,再到决策过程,逐渐形成全面系统的"蕉岭规则"。按照研究者的总结,蕉岭议事会的监督规则是全面全程式监督,对村级公共事务全面监督,在事"前中后"全程监督,通过村民考核对村监委进行监督;议事规则是民主有序型议事规则,明确了议事会召开规则、客观中立的主持规则和代表发言讨论的规则;决策规则是程序规范性决策规则,对议题产生、会前准备、议题讨论和决策形成都做出明确规定。①

　　尽管存在协商制度逐步深入的程度区别,但从程序上看,以上三个协商民主实践案例具有明显共性。按照协商流程来看,三个实践都经过产生参与者、协商程序、民主环节。在此基础上,协商程序还可以细分为讨论、协商两个程序,民主环节还可以细化为输出、回应两个环节。整体看,上述流程体现了当前基层协商民主实践的程序共性,成为我们所要探讨的协商民主制度的基本结构。(见表6-1)

表 6-1　基层治理协商民主的制度结构

实践	广州同德围公咨委	温岭泽国镇参与式预算	梅州蕉岭议事规则
类型	事务性协商	业务性协商	系统性协商
参与者及产生途径	居民、人大代表、政协委员、公益人士和行业专家;委员由街道推荐,最终由市领导选定	群众代表和行业代表;通过简单随机抽样、分层抽样及与保护特殊群体等机制结合、广泛性与专业性结合方式产生	两委干部、村民代表、党员议事代表、村民理事会理事长、离退休干部等;通过群众自荐、群众推荐、组织推荐产生

　　① 徐勇、邓大才.蕉岭创制:"四权同步"的基层治理模式[M].中国社会科学出版社,2016:31.

续表

协商程序	讨论	座谈会、广场大会、问卷、网络征集形式	民主恳谈:小组讨论、大会讨论,填写调查问卷	议事会议(主持、发言、讨论、表决)
	协商	协调会交流形式	民主恳谈:小组讨论、大会讨论,互动对话	议事会议(主持、发言、讨论、表决)
民主环节	输出	行政体系设置专门机构对接同德围公咨委	镇政府将群众代表选定的城建项目提交人民代表大会审查讨论	代表通过投票、举手表决等方式确定表决结果,形成决议
	回应	市、区政府输出20项民生工程,以复函等形式回复	人民代表大会表决通过群众代表选择的项目,并形成大会决议	决议产生后,由村"两委"执行
对接领域		行政体系	人大系统	村民自治系统

通过以上几个案例可见,在我国基层协商式治理实践中探索一条规范化的制度之路时,需要着重审视以下几个方面共性问题:一是参与者的产生,即由谁来参与协商;二是讨论,即各方参与者如何发表意见呈现观点;三是协商,即各方参与者的观点交互,尤其是当存在不同观点时,如何探索一种更为理性的认识以及如何达成共识;四是输出,即如何将协商成果流转到具有执行能力的现存制度体系之中;五是回应,包括对于决议执行情况的回应以及对决议进行修正、搁置等处理的回应。将上述关键性问题予以链接是协商式治理有序推进的重要内容,也是协商式治理取得成效的根本保障。

参与者的产生是协商式治理的前提。协商不能由单一主体独立完成,它是需要包括两个或更多人才能展开的互动活动。我们可以单独地思考,但不能单独地协商。[1] 上述不同类型的协商实践,都需要首先决定参与者的产生范围、条件和程序。在参与者的产生中,既要考虑参与者与协商议题的相关性,又要考虑参与者的协商能力;在涉及相关专业性问题时,还要衡量专业参与者的产生原则和程序。此外,在协商参与者的产生中,还要关照边缘群体的参与性问题,将其作为协商参与者的一个基本组成部分予以考量。

在上述三个实践中,参与者的产生体现出不同的价值取向,而这也反映了

---

① 伊恩.夏皮罗.最理想的协商? [M]//詹姆斯.菲什金,彼得.拉丝莱特.协商民主论争.中央编译出版社,2009:129.

基层协商治理的发展趋势。在同德围公咨委中,参与者包括居民、人大代表、政协委员、公益人士和相关行业专家,上述委员由街道推荐,最终由市领导选定。可见同德围公咨委的协商一方面促了群众内部协商,另一方面体现出权力体系与社会力量开展合作治理的价值转型。相对社会领域的参与,权力体系的开放在同德围公咨委实践中同样值得关注和珍视。泽国镇协商的参与者是群众代表和行业代表,通过简单随机抽样、分层抽样及与保护特殊群体等机制结合、广泛性与专业性结合方式产生。从参与者产生程序性角度看,泽国镇居民参与协商实践的程序更为具有科学性,通过参与者选拔机制的优化,相对确保了参与者的广泛性和专业性。在蕉岭议事会中,参与者是两委干部、村民代表、党员议事代表、村民理事会理事长、离退休干部等,他们主要通过群众自荐、群众推荐、组织推荐程序产生。蕉岭村民议事会是在村民代表会议的基础上成立的,同时又扩大了村民代表会议的规模,吸收了村民监督委员会成员、村民理事长、外出乡贤等,并将其功能进一步完善和提升,使议事方式更加包容,参与主体更加丰富、多元,保证了村民民主决策与管理。[①] 由于更贴近基层广大人民群众,蕉岭议事会的参与者产生相对更加关注代表的乡村治理能力。以上三类参与者产生的过程,反映出基层治理的协商成熟程度的差异,从价值观念转变到科学选拔机制的确立再到对参与能力的关注,表征着协商治理参与者产生机制逐步走向完善。

讨论程序是协商式治理的重要环节。在基层治理中,各类协商有序进行的前提是参与者可以发表意见。相对于实质的协商乃至辩论,参与者之间顺畅地发表意见共同进行讨论是前提。在协商民主制度建构中,需要设立充分的讨论规则,依据特定的原则和标准保证讨论过程能够顺利进行,实现每位参与者充分表达自身意见和及时获取他人意见。为了与充分交流观点的协商做出区分,此处制度建构中的讨论指狭义的讨论,强调对观点的表达,关于观点交互的内容将在协商程序予以分析。

同德围公咨委的讨论通过座谈会、广场大会、问卷、网络征集等多种形式举行。由于同德围综合整治属于事务性协商,即针对具体问题开展的协商,尽

---

① 徐勇、邓大才.蕉岭创制:"四权同步"的基层治理模式[M].中国社会科学出版社,2016:35.

管公咨委章程中规定了会议规则议事流程,但是实践中的讨论过程形式多样,充分运用了会议、互联网、问卷等形式。此外,同德围综合整治由于受到媒体广泛关注,官员、群众、专家在媒体的发表意见成为当地协商治理的一种独特的讨论方式。在泽国镇的参与式预算协商中,充分运用的民主恳谈形式包括小组讨论和大会讨论,此外,填写调查问卷是参与式预算获得群众意见的重要渠道,在民主恳谈会前将备选项目编写成调查问卷发给代表征求意见。通过调查问卷聚焦问题,与其他形式的会议恳谈相结合,是温岭参与式预算讨论的重要特点。蕉岭会议的讨论程序纳入议事会议之中,议事代表在主持人的组织下依次发言。当就某一议题需要发言时,议事代表要举手向主持人示意,由主持人决定发言次序。在代表就某一议题发言时,时间一般控制在 7 分钟以内,最长不要超过 10 分钟,不能占用其他代表发言时间。① 相对而言,蕉岭议事中的讨论规则更为明确、清晰,具有程序性和规范性特点。

协商程序是协商式治理的核心环节。协商与众不同的关注点不是为每个人自己的观点提出理由,更多地在于征求别人的理由。原因之一在于这可以使集体行动具有合法性。② 在基层协商治理中,我们需要高度关注这种理由交互的协商程序构建,让人们关于观点的理由得到倾听和思考,力图实现最终形成的决议对各种理由进行充分关照。在基层治理协商民主制度建构中,完善的协商程序是最为核心的环节,正是各种意见的汇聚、交互,才最终促进公共决策的理性程度的质量提升。如果说讨论本身相对关注参与者个人意见的聚合,协商则侧重对参与者个人意见的改变。参与者正是因为通过不断协商修正、完善最初观点,促成的最终决议才更加符合理性。

同德围公咨委的协商主要以协调会的形式进行。据公咨委主任韩志鹏介绍,在改造过程中,为了南北高架桥的建设,大大小小的协调会差不多开了200 多次。通过反复协商,关于当地公共产品和服务的建设方案不断修改和完善,最终形成了尽量关照更多利益群体的治理方案,使方案在实施过程中得

---

① 徐勇.蕉岭创制:"四权同步"的基层治理模式[M].北京:中国社会科学出版社,2016:34.

② 伊恩.夏皮罗.最理想的协商?[M]//詹姆斯.菲什金,彼得.拉丝莱特.协商民主论争.中央编译出版社,2009:130.

到群众相对有效的配合。泽国镇参与式预算的协商通过小组讨论、大会讨论、互动对话等民主恳谈形式进行。在各种讨论对话中，关于预算项目选择的意见得到交互，为形成最终的公共预算决议做出准备，避免了由公共预算执行引发的矛盾和争议。蕉岭议事会议的协商，主要通过会议中的主持、发言、讨论、表决等程序进行，参会人员可以通过评价、批评、建议、质询等方式实现各种理由的互动，实现观点和理由的交互，促进最终形成的公共决策具有理性，得到当地群众支持。在基层治理实践中，讨论和协商往往没有明确的边界，参与者大多在讨论中通过观点、理由的交互实现协商，这在泽国镇参与式预算和蕉岭议事规则中体现较为明显，这也是上述两个实践中的讨论与协商程序流程基本一致的原因。但是从规则的建构上来看，讨论与协商存在理论上的区别，讨论侧重于观点的表达，协商相对关注观点的修正、变化和提升。在协商制度建构中，对二者进行关注与区分，将有助于进一步厘清相关观点，促进交流互动有序进行。

输出程序是协商式治理的关键环节。协商式治理的目的是形成公共决策。在我国当前国家治理结构下，形成决议的参与者自身一般不具有执行决议的能力，相关决议需要进入某个具有执行能力的现存体制机制中运转，才能实现公共治理效能。根据政治系统论的观点，这意味着公共协商的决议需要从社会系统进入具有一定的执行能力的政治系统，通过跨系统的输出和输入实现从公众决议向公共政策的转化。由于当前我国相对具有公共决议执行能力的系统主要体现在正式的政治制度所容纳的工作机制之中，如行政体系、人民代表大会和基层自治等制度及其关联机制之中，地方治理协商实践形成的决议需要与上述制度或其工作机制对接，才能不至于流于形式的协商，成为具有实际影响力的治理决议。

本章节列举的几个案例的协商决议输入，使群众意见分别进入现存政治体系内的不同制度机制之中。针对同德围公咨委组织开展的协商讨论，由行政体系设置具体机构同德围地区综合整治领导小组予以对接，经过行政体系接收并且回复群众意见，同德围公咨委促成了群众协商和行政体系的对接。在泽国镇参与式预算中，镇政府将群众选定的城建项目提交人民代表大会审查讨论，使群众意见进入人民代表大会制度之中。在蕉岭议事中，由于村"两委"认可议事会议程序，在代表通过投票、举手表决等方式确定表决结果形成决议的同时,村"两委"参会委员就获取了基层协商结果,群众协商即已经完成向村民自治体系的输入。可见,在基层协商中,协商决议向政治体系内不同工作机制的输入是最为关键的环节,是衔接基层协商决议和权力体系运行的重要阶段。

回应程序是协商式治理的保障环节。回应程序主要是指当协商决议进入权力体系后,相关部门对协商决议的回应,其中包括执行协商决议、接受协商决议并就此形成公共政策,也包括对协商决议提出疑问、要求进一步补充理由或者进行其他形式的回应;此外,对公共协商决议的否决也是一种回应形式。权力体系对公共协商的回应,是促进公共协商实质发生执行效力的最重要环节。只有现存制度体系能够回应公共协商,基层治理中的公众参与才能发挥实际治理效能;同时,现存制度体系对公共协商决议的回应,也是社会领域通过开展公众参与推进基层治理的源源不断的动力。

在同德围综合整治中,针对公共协商的意见,市、区两级政府不仅输出涉及 20 项民生工程的公共决策,还以复函等形式回复了公咨委提交的群众意见,其中的复函包括对地铁站口迁移等问题的解释,体现出对群众意见的高度尊重。在泽国镇的参与式预算中,人民代表大会需要表决通过群众代表选择的项目,并形成大会决议。在大会形成的决议中,既有对群众选择项目的通过决议,也有否决决议。人民代表大会通过以上两种不同形式的决议结果回应了群众意见,使群众参与得到权力体系的正式对待,促进了基层协商制度的持续运行。蕉岭议事过程中现存政治制度的回应相对直接,由于村"两委"对议事制度事先认可和参与,使议事形成的决议直接转化成为"两委"执行的依据,进入下一步的实施环节。相对而言,由于蕉岭议事制度与基层自治制度的相似、相近和融洽,蕉岭议事规则与自治制度的回应之间获得更加顺畅的衔接。

通过对几个案例的结构化分析,基层治理协商民主的制度结构总体上可以分为参与者产生、讨论、协商、输出和回应五个方面。相关的程序原则需要围绕着以上五个方面进行分析讨论;协商民主最终的实现路径,既包括上述每一个环节自身的规则建构,又包括上述不同环节之间的协调建构。

第二节　程序原则

协商民主以公共决策的理性为价值导向,为实现这一目的,在为其设计具有一定普遍适用性的制度时,要重点考虑使受到公共决策影响的人或者其代表通过交流而参与决策。可见,协商民主制度的原则属于程序性原则,在参与者选择、协商程序和民主环节中承担着为参与者提供影响决策的机会的责任。

本章呈现的较为成功的三个基层协商治理实践显示,协商民主制度在不同环节具有独立的原则性要求。在参与者产生环节,为了确保协商得以实现,需要尽量广泛地覆盖对协商决议有影响的群体。在协商制度的讨论程序中,要注重确定充分表达的原则,力图实现参与者充分和完整地表达自身观点。在与讨论可以形成理论上界分的协商环节,要确保参与者理性互动,使参与者可以根据讨论协商修正自身观点。从公共协商与权力体系的关系看,在协商民主制度建设中,关键要实现公共协商输入权力体系,使公共协商发挥影响决策的作用;为了提高公共协商的质量并确保其具有持久动力,权力体系要对公众的协商意见做出积极回应,一方面要实质性地回应公共协商的要求,另一方面要在程序上尊重公共协商,为其提供可持续的动力源泉。

针对本章上文三个基层协商实践梳理的制度结构,基层治理的协商民主程序至少包括以下五个方面原则:针对参与者产生的广泛覆盖原则,针对讨论程序的充分表达原则,针对协商程序的理性互动原则,针对协商决议的有效输出原则,针对反馈环节的积极回应原则。

原则一:广泛覆盖原则

广泛覆盖原则主要是针对参与者的范围和选定程序。在相关研究中,广泛覆盖原则往往被"包容性"原则涵盖。如格雷汉姆.史密斯认为,协商民主制度的包容性至少包括三个维度:一是受影响者即有权参与,二是受影响者可以事实参与,三是制度设计有利于参与者进行公平表达。① 事实上,上述维度中的事实参与和公平表达涉及协商的真实性、有效性等问题,由讨论、协商环节的相关原则予以保障更为适宜;上述第一个方面受影响者有权参与主要涉及协商主体的选择问题,以"广泛覆盖"作为基本原则较为符合协商民主制度的设立初衷。

本章上述三个基层协商治理实践的创新性的重要体现是利益受影响的人广泛参与其中。在理想状态下,群众通过选举将公共事务决策权委托给公务员、人大代表或村干部,受托人要根据委托人的意志行使权力;但是治理活动的复杂性使得受托人在行使权力的过程中,时常会脱离委托人的意愿,在现存的治理机制中,行政决策、人大会议和村民自治中都不同程度上存在着委托—代理关系断裂现象,即当选举完成后,集体的权力转化成为代理人的权力,使代表决议不能体现最初提供授权群众的利益。广泛覆盖原则旨在使相对广泛的人民群众直接参与行使决策权,弥合委托—代理关系断裂所导致的公共治理困境。通过人民群众对治理问题的直接参与,为公共决策赋予更加坚实的群众基础。

同德围公咨委、温岭泽国参与式预算和蕉岭规则的运行,都高度关注参与者的覆盖问题。尽管同德围公咨委中委员代表的选定方式在较大程度上体现权力体系的意志,但是其成员代表中当地居民的比例达到 78%,可见公咨委委员的选定高度关注了当地群众的代表性问题。泽国镇参与式预算的代表选定方式相对较为科学,利用抽样和专家库等方式力图保证参与者的广泛覆盖、普遍参与。在蕉岭规则中,乡村治理者的范围以村民委员会作为基础拓展,使"两委"之外的党员代表、理事会成员、村民代表和乡贤能人等都参与决策中,丰富了传统农村治理结构的参与者范围。从上述三个基层协商实践可见,基层治理协商民主创新的首要原则是拓展参与者的覆盖范围;只有真正扩大了直接参与者的范围,基层协商治理实践的创新性才能够与当前现存的其他民主形式拉开距离,体现出鼓励支持人民群众直接参与地方治理的鲜明特色。此外,从效果上看,参与者人数的增加也是协商式治理所要追求的目标,因为

---

① 格雷汉姆·史密斯,薛晓婧,郎友兴.协商民主制度化:民主创新与协商体系[J].浙江大学学报,2018(2).

越广泛的群众参与,越可能使公共协商呈现出真实、广泛的信息,更有可能呈现出理性的意见。

从原则属性上看,协商民主制度的广泛覆盖性主要包括两个方面内容:一是受影响者即有权参与公共协商,目的是保障利益可能受到决策影响的群众的参与权;二是尽可能广泛地吸纳公共协商的参与者,目的是扩大参与者的覆盖范围和人员数量。现代政治活动是个人追求自身利益实现的过程,但政治活动并非仅具有工具属性,更加广泛的公民参与同时也是政治活动的目的本身。如果政治活动在性质上界定为公共的,而在目的方面界定为工具性的,那么,政治就呈现出其在社会中的恰当位置。[①] 从促进公民参与决策的角度,也从政治活动即为目的本身出发,协商民主具有覆盖受政策影响全体人的原则性要求。基于以上原则,在参与者产生环节,协商民主要尽量为广泛的人民群众设置参与渠道,保证具有参与意愿的人民群众能够便利性地参与到公共决策之中。

原则二:充分表达原则

充分表达原则主要针对协商程序中的讨论过程。在公共决策形成中,充分表达原则使协商与投票及其他决策规则形成了明显的区别。投票以直接表态屏蔽了参与者细微的立场、观点和态度,无法呈现做出肯定性选择的参与者究竟是出于强烈支持还是仅仅不反对而已;与其类似,以交易达成共识的公共决策形成规则,也不需要充分呈现个人观点,参与者内部对交易条件进行讨价还价即可。可见,投票仅呈现特定范围内的选择结果,以交易达成共识掩盖了参与者的真实意图,而协商民主中的充分表达却能够相对真实和完整地呈现参与者的观点及理由,这是协商民主所形成的公共决策具有理性的前提。

充分表达原则是协商民主制度的关键原则。协商民主制度的显著特点是具有包容性,在理论上,所有参与者都被赋予平等的可以就公共决策发表意见的权力,同时参与者对个人所持的观点负有进行论证的义务和责任。由于需

---

① 乔恩.埃尔斯特.市场与论坛:政治理论的三种形态[M]//詹姆斯.博曼,威廉.雷吉.协商民主:论理性与政治.陈家刚,等译.北京:中央编译出版社.2006:26.

要表达观点并且说明理由,协商民主制度相对减少了参与者仅仅以自我为中心去决定公共决策的可能性,而在做出判断的时候要求参与者对集体的利益做出考量,这为探讨什么是公共决策应当追求的共同利益奠定了基础。充分表达原则的意义还在于,由于表达观点是开放的和非强制的,每个参与者都需要事先形成可以公开的关于共同利益的判断,所以参与者在受到他人观点影响之前就需要具有自己明确的主张和态度,而这将有助于个人观点、集体利益和公共决策选择之间的关系更为自洽,在个人意见和公共决策之间形成相对理性的逻辑关系。

在同德围综合整治中,公咨委通过不同的信息渠道和形式征集群众意见,使居民就治理方案作出相对充分的表达。部分参与者在会议和报纸上发表治理建议,在表达观点的同时呈现了充分的理由,对自身利益、集体利益和治理方案进行了一定论证。泽国镇关于预算的小组讨论、大会讨论以及填写问卷调查,促进群众就城镇建设项目表达意见,尤其在小组讨论中,参与者就预算项目的选择不仅发表了意见,而且表明了理由,成为对最终项目选择的基础论证。在蕉岭议事会中,议事代表的发言实现了村民参与和表达,这些表达在公开会议中对乡村治理的决策阐述了理由,从而形成了论证,这在一定程度上促进了相关决策的顺利推进和实施。当前基层治理决策实施推进面临的一些阻碍,部分原因是决策本身的科学性合理性待商榷,部分原因在于人民群众对于决策的理解认识不充分,而同德围公咨委等三个案例中的上述做法创新,既有助于提升公共决策的科学性和理性,也有助于加强人民群众对公共决策的理解,推动基层治理取得进步成效。

协商民主制度中的充分表达原则要求参与者不仅要表明观点,还要呈现相关理由。在公共决策中,充分表达的积极意义包括:一是细微地呈现参与者对政治选择所拥有的私人信息,促进全体参与者对公共决策做出全面认知;二是限制或克服有限理性,允许个人或群体从其他人从未考虑或想到的立场、境遇、有利位置等方面描述"事情看起来如何",促进参与者换位思考,从而减少想象力不足所带来的有限理性;三是推动或鼓励一种为需求或要求进行正当性辩护的特殊模式,超越私利展开论述,促进参与者提出具有公共精神的理由和建议,在理论上它们将有助于促进所有人的利益。① 以充分表达原则为指导,协商民主制度的讨论程序中,需要对参与者表达观点做出时间、方式等程序要求,同时还要为促进讨论对参与者做出陈述理由等实质性规定。

原则三:理性互动原则

理性互动原则主要针对公共协商过程。公共决策的形成不是个体意见的持续累积和有选择性的定向过滤,协商民主通过公共讨论中的思想碰撞改变参与者的个人偏好,使私人的、异质性主张在关乎公共利益的讨论中得到调整和清理。如果充分表达是协商民主制度对参与者个体的要求,旨在规范个体行为,使个体意见的表达自洽和具有逻辑性;理性互动则是对参与者全体的要求,旨在规范集体行动,促进最终形成的公共决策符合理性。

如果民主制度止于发表意见和呈现理由,然后即根据参与者的选择做出决策,那么这个过程仅仅是提升了公共决策的透明度,并没有实质性提升公共决策的理性。在协商民主的理论界分中,讨论在决策过程中尽量呈现参与者的个人观点,倾向于对公共决策民主性的关注,而参与者之间互动的协商过程将使公共决策围绕公共利益形成集体判断,同时由于观点交互,协商可以在理论上增加公共决策的理性程度,使协商环节成为协商民主制度区别于代议民主等其他民主形式的核心关键。由此也可见,在发表意见之后所展开的深入协商,是参与者通过互动形成尽量响应集体判断的公共决策的重要程序。

参与者之间的互动是协商民主制度追求理性的核心环节。理性互动是协商民主与相对关注投票的聚合民主②的本质区别,理性互动原则是协商民主制度根本性原则。在同德围综合整治中,公咨委成为居民交流意见的平台,促进居民在互动中修正自身观点,最终形成治理共识。在泽国镇预算恳谈对话

① 詹姆斯·D.费伦.作为协商的讨论[M]//约·埃尔斯特.协商民主:挑战与反思.周艳辉,译.北京:中央编译出版社,2009:45-58.
② 聚合民主将个人偏好看作是既定的,因而仅仅将这些偏好聚合成集体偏好,因此形成公共选择。参考约翰.费尔约翰.建构协商民主制度[M]//陈家刚.协商民主.上海:上海三联书店,2004:198,209.

中,参与者通过逐步交流,调整自身偏好,形成最终预算意见。在蕉岭恳谈中,在主持人的组织下,发言方的交流使不同观点有序呈现,加深参与者之间相互理解。正是上述环节的观点交互,提升了决策方案和参与者自身的理性程度,使这些治理方式同传统的非协商式治理形成区别,充分呈现出协商民主追求理性的特质。

理性互动原则要求在公共决策形成的协商过程中,参与者进行有效互动,而不仅仅是在程序上各自发表意见;通过有序的信息交互,将促进参与者不断修正自身偏好,并尽可能达成共识。民主论坛的典型结构是信号的多个发出者和接受者围绕可知信息进行的反复公开互动,而不是双边关系中就不可知信息而进行的一次性私人互动。① 正是这些多方参与因素,使协商民主与个人表达观点和双方之间的讨价还价形成区分,形成追求超越于自身利益的理性互动价值导向。作为协商民主制度的核心原则,理性互动具有以下积极意义:一是通过尽可能多的意见交互修正个体偏好,促进协商群体的决策理性;二是通过辩论等互动方式避免更高权威的力量支配普通参与者,促进决策程序合理;三是提高参与者的道德素养和知识水平,促成一种与政治结构相适应的参与者政治文化。② 在聚合民主中,由于每个人都是独立的,所以个体意见也都是独立的、原子化的,通过累积以代数加法的方式聚合。在协商民主中,由于每个人的意见都要诉诸理由,因此个体意见被全体参与人所考量,不同意见之间的关系是交互的、网点式的,最终以几何倍数进行聚合而形成最终决

---

① 格里·迈吉.所有人都是说谎者:民主是无意义的吗?[M]//约·埃尔斯特.协商民主:挑战与反思.周艳辉,译.北京:中央编译出版社,2009:87.

② 参与者政治文化,是社会成员往往公开地取向作为一个整体的系统以及政治的和行政的结构与过程(换言之,取向于政治系统的输入和输出两方面)的一种文化。参与者的政体的单个成员,对政治对象的各个层次可以持赞成的取向或不赞成的取向。……他们往往取向于政体中自我的"积极分子"角色,尽管他们对这样一个角色的感情和评价可能由接受转变为拒绝。参见加布里埃尔·A.阿尔蒙德,西德尼·维巴.公民文化——五个国家的政治态度和民主制[M].徐湘林,等译.北京:东方出版社,2008:18.

策。① 在理性互动原则指导下,协商民主实施机制要着力在促进观点交互方面做出设计。在公共决策的观点交互中,公开辩论是一项非常重要的机制,在协商制度中要明确辩论的程序规则,使协商民主制度实质地触及观点交互的重要环节。

原则四:有效输出原则

有效输出原则主要涉及协商决议进入公共决策的主流体系,实质性地影响公共决策。基于系统论的观点,伊斯顿将政治生活看作一个行为系统,它处于一个环境之中,本身受到这种环境的影响,又对这种环境产生反作用。② 相比于其他社会系统,政治系统的主要功能一方面是为社会分配价值,另一方面是设法使大多数成员至少把这种分配作为义务予以接受。可见,协商民主中的公共讨论和协商不能流于参与者的自娱自乐,而是要将讨论和协商形成的共识输出到政治系统中,从而赋予公共协商治理价值,这也意味着有效输出是协商民主落实成为一项政治制度的关键环节。事实上,只有将公共决策输入到现存政治体系之中,社会领域的协商民主活动才可以实质性地丰富和拓展现存治理体系,通过与现存政治制度的协调推进从而真正提升治理能力。

大众媒体的繁荣,尤其是近年来新型网络社交媒体的广泛使用,为公众参与公共决策搭建了有效平台。在电视、报纸和各种网络社交媒体上形成的正式和非正式的公共参与平台,具有极其强大的公众影响力。这些平台为协商民主制度的推广和实施提供了非常有力的空间条件,当前很多决策部门高度关注新型网络社交媒体的运用,将其作为获取信息、引导协商、传递决策的重要工具,使这些平台中的公共协商与现存政治制度形成有效衔接关系,促进了公共协商走向制度化推进,实现社会公众对国家治理的有效参与,促进协商制

---

① 聚合民主将个人偏好看作是既定的,因而仅仅将这些偏好聚合成集体偏好,因此形成公共选择。参考约翰·费尔约翰.建构协商民主制度[M]//陈家刚.协商民主.上海:上海三联书店,2004:198,209.

② 戴维·伊斯顿.政治生活的系统分析[M].王浦劬,等译.北京:华夏出版社,1998:21,28.

度对现存政治制度发挥有效补充作用。值得关注的是,这些公共空间的协商讨论对社会舆论的走向具有非常重要的影响,如果现存政治体制不能对这些公共协商平台的意见予以关照,极其容易引发各种舆论事件,在相当多的基层协商治理案例中,都存在着因公众参与没有得到妥善应对,而引起事态走向不确定的潜在风险。因此,无论是从促进协商决议转化还是从避免公共舆论风险维度,促进公众意见的有效输出都是协商民主制度建构的关注重点。

本章中三个基层治理协商实践的成功案例显示,在公共协商形成具体决议并输入权力体系后,决议不仅承载着公众的广泛期待,而且在相当程度上具备了转化为执行依据的高度可能性。同德围公咨委通过将居民意见提交给行政体系专门设立的机构——综合整治领导小组办公室,完成了协商决议输出,实现了协商民主机制与行政体系对接。泽国镇预算方案形成后,通过人大会议表决导入相关部门实施。蕉岭议事中的村民决议,直接进入村民自治体系。可见,上述三个民主创新实践中的协商决议分别导入行政体系、人大系统和村民自治体系中,由此输入现存政治体系,其积极效果在于:一方面促进了协商决议的转化,另一方面也避免了相关问题引发潜在的社会稳定风险。

哈贝马斯认为,具体的协商民主制度是使公民通过交往话语形成社会意见以及国家意志的过程。话语理论在更高层次上提出了一种关于交往过程的主体间性,它……表现为政治公共领域交往系统中的商谈制度形式……让关于整个社会重大议题和需要管理内容的意见和意志能够形成,并且多少具有合理性。非正式的意见形式贯彻在制度化的选举抉择和行政决策当中,通过他们,交往权力转换成为行政权力。公共权威获得了坚实的合法性基础,公共权力领域与公民社会领域有机地联系在了一起。[①] 公共协商形成的决议输出到政治体系并转化成为公共决策,不仅促成公众意见转化,也实现了社会系统和政治系统的有机关联,使公共协商从社会治理的信息渠道,转化成为政治体系中与其他制度持续互动的治理制度,成为现存制度的有益补充。在有效输出原则的指导下,协商民主制度建构要重点关照公共协商决议的输入走向,要结合我国治理实际情况,探索具有中国特色的程序化及非程序化协商输入机制,实现公共协商与现存政治制度的对接整合,完善国家治理体系并提升国家

---

① 尤尔根·哈贝马斯.包容他者[M].曹卫东,译.上海:上海人民出版社,2002:289.

治理能力。

原则五：积极回应原则

积极回应原则面向的是政治体系对协商成果的回应。协商共识输入政治体系，对于参与者而言，其目的在于得到公共政策的输出。政治系统中的权力部门由于职责所在，在理论上负有将反映参与者需求的决议转换为实际作为行动的义务。但是，并不是所有的公共协商决议输入都能获得对应的公共政策输出转化成为具体的执行措施，否则政治系统将失去行动的独立性。在不确定政治系统能否妥善对待社会领域输入的公共政策的情况下，为了确保公众协商具有实质意义，将积极回应作为协商民主制度的保障性原则较为符合实际，其不仅有助于协商民主成为制度闭环，避免协商流于空谈，而且将为协商参与者提供完善协商决议的机会，促进参与者通过权力体系的回应审视最初的决议，从而为协商过程提供源源不断的动力。

协商治理中的积极回应原则对于社会治理体系的优化和完善具有双重促进作用。一方面，积极回应可以激发社会力量的参与动力。在当前我国基层治理协商实践中，在一定程度上存在着群众协商意见输入到权力体系之后，没有得到相应回应的情况，这种现象不仅影响了治理决策的公信力，而且也影响了公众参与的积极性，这往往成为基层协商失去动力无法形成长久机制的重要原因。另一方面，积极回应可以实现权力体系的自我完善。事实上，在地方治理中，现存制度时常呈现出一定的衰退现象，如组织结构僵化、工作人员老化等现象，这些现象有可能导致公共政策的制定及执行与外部环境不协调、不适应。对于上述现象，除了通过对现存工作机制进行调试和优化，加强权力体系自身建设之外，重要的改进动能是加强权力体系同外部环境的互动性，通过这种互动拓展现存制度体系中工作人员的认知范围、反应能力。在当前我国国家治理的重要现存制度体系中，无论是行政体系、人大体系还是基层自治体系，与外部环境互动的方式在获取信息之外，针对外部输入信息开展的积极回应活动相当重要，当权力体系具有了积极回应的态度和能力，一方面将有助于从长远上鼓励社会治理体系成长，另一方面将有助于权力体系自身在当下发展、成熟和完善。

在同德围综合整治中,行政体系的回应主要体现在输出 20 项民生措施以及对群众意见的复函中。在泽国镇参与式预算中,人大系统对群众代表决议的回应部分以人大会议决议形式体现,相当一部分群众意见通过行政机关的执行措施得以实现;同时,还有部分人大决议对代表议案提出了否决,在协商民主制度的建设中,这同样是具有积极意义回应,通过否决形式对群众意见做出直接回应,一方面尊重了群众参与治理的行为,另一方面为人民群众进一步修正和完善公共协商决议提供了的动力。在蕉岭议事中,由于村两委对议事会决议的事先认同和参与,使得村民自治体系对议事会决议的回应与常规的意思表达形式不同,而是直接体现为"村两委"的实施。从制度建设上看,上述回应机制使公共协商实质地影响了权力部门的行动。

根据阿尔蒙德以行为方式作为标准,将政治输出划分的四种类型:一是提取资源,包括金钱、产品、人员或服务等;二是分配活动,包括经济产品、服务以及价值观;三是行为管制,如惩处犯罪;四是象征性方面的实际作为,包括政治性演讲、典礼和仪式等。① 以上四种输出都是政治系统的积极回应,协商参与者将受到以上行为的影响。此外,在未输出回应性政策的情况下,政治系统对协商决议同样负有回应义务,具体表现为公布未能采纳群众决议的理由等形式。可见,积极回应是政治体系对公众决议的广义回应,包括回应型政策输出,也包括在没有相应政策输出情形下的解释。

协商产生的背景是人们对于形成或未形成协商共识的情况下将会发生什么,具有基本的共同理解。至少当政体需要做出决策时,协商需要一种体制来规范讨论以保证讨论的有序和规范。协商制度的目的在于规范协商能够成功地进行的条件。② 我国基层治理的协商民主实践,通过多样化的公众参与在不同层面促进公共决策具有理性,并由此抽离出协商民主的制度功能在于打造议事平台、制定议事规则和明确议事流程,为民主协商提供组织载体、制度规范和运行机制,通过激发受到决策影响人的内驱力,促进经由争论的集体决

① 加布里埃尔·A.阿尔蒙德,小 G·宾厄姆.鲍威尔.比较政治学——体系、过程和政策[M].曹沛霖,等译.北京:东方出版社,2007:299-300.

② 参考约翰.费尔约翰.建构协商民主制度[M]//陈家刚.协商民主.上海:上海三联书店,2004:209.

策,形成地方治理的内部制度供给。为此,协商民主制度的实现路径需要关照参与者的产生、集体决策、争论过程,而且还需要顾及将决策延展到现有政治体系中,促进政治体系回应。(见图 6-1)

图 6-1　基层协商的实现路径

从我国基层民主协商实践案例可见,在协商民主制度建构中,我们一方面要考虑各个不同环节的程序性原则,使协商制度分解出的各个程序能够有序进行;另一方面要关注各个原则之间的衔接关系,使不同的原则彼此关照,促进完整、闭合的协商民主制度的形成。在本书前文所述我国社会主义协商民主框架的基础上,从同德围公咨委等三个基层协商治理实践中梳理出的广泛覆盖、积极表达、理性互动、有效输出和积极反馈等程序原则,为协商式治理的实现路径提供了方向指引。

第三节　实现路径

协商民主具有综合性的理论内涵和分领域的实践路径,关于民主、公众参与和社会治理等多层次的内容和成果对相关实践路径的设计具有重要的参考借鉴意义。1981 年美国学者提出协商民主概念,2001 年哈贝马斯将其带入中国,此后协商民主在中国从学术理论向基层治理模式机制延伸。党的十九届四中全会强调,构建程序合理、环节完整的协商民主体系。从提出到实践,协商民主在国内外相关研究中始终在不同维度上进行使用,主要集中在以下层面:

一是协商民主理论。约瑟夫.毕塞特最先提出协商民主概念,认为美国宪政既尊重多数原则,又对大众的多数形成制衡;伯纳德.曼宁和乔舒亚.科恩从公民参与、合法性与决策角度拓展了协商民主概念的内涵[①];罗尔斯、吉登斯和哈贝马斯通过讨论协商民主理论本质、反思重建自由民主[②]和提出交往话语理论[③],对协商民主赋予动力。国内研究者俞可平指出协商民主的国际政治学前沿地位[④],陈家刚等在翻译西方著述基础上对其与中国政治的关系进行阐释。这些研究整体偏向处于规范化、抽象化的哲学层次,尚待进一步精确和深化才能对国内协商民主体系构建发挥指导作用。

二是协商民主制度。在治理领域影响较大的是巴西的参与式预算制度[⑤],

---

① 乔舒亚.科恩.协商与民主合法性[M]//詹姆斯·博曼,威廉·雷吉.协商民主:论理性与政治[M].陈家刚,等译.北京:中央编译出版社.2006:305.

② 安东尼·东尼斯.超越左与右[M].北京:社会科学文献出版社,2009:116-117.

③ 尤尔根.哈贝马斯.包容他者[M].曹卫东,译.上海:上海人民出版社,2002:289.

④ 俞可平.当代西方政治理论的热点问题:下[J].学习时报,2002(12).

⑤ Un-habitat.72 frequently asked questions about participatory budegt[J]Urban governance toolkit series,2004 july.

国际区域治理的欧盟议事规则；此外还包括公民陪审团①和协商民意调查②。国内的制度研究主要集中在人大、政协以及基层自治制度的协商拓展，基层治理中的民主恳谈会、民主理财会以及基层参与式预算等非正式制度；还有听证会、公共讨论、网络论坛等研究。这些研究关注治理领域的公众参与，在一定程度上实现了协商民主的制度转向，但是对程序完整和环节合理方面的细节讨论相对薄弱，除了部分听证会外没有构建相对完善的协商制度。

三是协商民主案例。国内关于协商民主的个案研究相对繁荣，包括较早期的上海街道与居委会开展的权力共建③、浙江温岭解决农村公共问题的民主恳谈、广东农村"外嫁女"争议解决④、村委会、党支部成员选举⑤，以公咨委为代表的近年来各地的公共咨询议事机制⑥、乡贤会和集体工资协商等研究。事实上这些民主创新案例并非完全是协商民主理论的产物，当前的部分研究一方面夸大了它们与协商民主的关联程度，另一方面忽视了在案例中抽离出广义的制度功能进而实现协商民主与政治体系中的其他制度互动。

四是拓展协商民主实现的对策。包括地方治理转型建设回应型政府，在维稳、公安以及审计等不同领域工作开展中对协商民主进行认知与构建和培育社会组织进而建设公民社会等对策研究。但是不同领域相关研究的视角割裂，所使用的协商民主内涵存在较大偏差；对策和理论脱节，侧重对社会治理协商的微观回应，讨论往往在宏观上游离于协商民主范畴之外；而且时常忽略

① 伊森.里布.美国民主的未来：一个设立公众部门的方案[M].朱昔群，李定文，余艳红译.北京：中央编译出版社，2009：15.

② Fishkin J.S.When the people speak：deliberative democracy and public consulation[M].Oxford：Oxford niversity Press，2009.

③ 刘晔.公共参与、社区自治与协商民主——参与、社区自治与协商民主为的分析[J].复旦学报，2003(5).

④ 何包钢.协商民主和协商治理：构建一个理性且成熟的公民社会[J].开放时代，2012(4).

⑤ 清华大学公共管理学院社会管理创新课题组.乌坎事件始末[J].中国非营利评论，2014(2).

⑥ 杨津，胡刚.公众参与城市治理，广州同德围解困之路[M]//潘家华，魏后凯，李恩平，王业强，盛广耀.中国城市发展报告[R].北京：社会科学文献出版社，2015：311.

社会主义协商民主的中国特色,从公权力运行和制度建设方面展开的协商民主理论探讨相对薄弱,关于推进协商民主的对策应用性不足。

本书以国内几个较为成功的地方治理实践案例为对象,相对关注协商民主的系统性实现:一是协商在特定治理过程的落实程度,二是协商与整个政治系统的结合及与其他制度的衔接;着重探讨协商民主的内部程序建设和外部衔接机制,试图从具体案例中概括出具有包容性、大众控制、审慎判断、公共性和可行性①的协商民主程序,同时探究协商民主嵌入、关联其他制度的关键环节,提出构建社会主义协商民主体系的建议;在此基础上,对协商民主在中国的实现路径进行思考,提出符合中国国情的拓展和实践协商民主进而落实全过程人民民主的对策建议。

本书在呈现广州同德围公咨委的设立、运行、动力基础和发展来路的基础上,通过对比具有一定相似度的不同领域协商民主实践案例,力图梳理出具有共性的制度结构及程序原则,并将其转化为具有实施性的规则机制,探索将协商民主愿景落实成为具体行动的路径。从协商民主概念的运用维度来说,本书着重强调通过案例研究,提出拓展协商民主的对策建议。根据上文的梳理,本书的协商民主实现路径主要涉及参与者产生、协商程序以及民主环节的具体规则,着重阐述基层治理中协商民主在以上几个阶段的规则建构以及衔接问题。

第一,在参与者产生环节,广泛覆盖原则在不同的实践类型中具有不同体现,要重点规范公共集会、固定组织会议、代表大会等公共协商会议的参与者产生机制。

协商民主实践活动形式多种多样,既包括个人通过信函等形式进行书面交流,也包括多方参与者通过会议等形式进行直接协商。其中前者的互动性程度不强,多样性、个性化的参与者产生方式有助于协商推进,对于产生参与者的明确具体规则需要不强烈;相对而言,后者的影响力大、涉及面广,对于参与者身份、产生程序的规则要求较为严格,有必要通过相应制度予以规范,将广泛覆盖原则具体落实在参与者直接交流的各种会议之中的需要相对直接。

---

① Smith G.Democratic Innovations:Designing Institutions for Citizen Participation [M]Cambridge:Cambridge University Press,2009.

一般来说,参与者直接交流的形式主要有公众集会、固定组织会议和代表会议①。在以上几种不同类型的协商民主实践会议中,参与者产生程序不同,即使是同一次民主创新实践,也时常涉及不同类型的协商形式。但是,无论在哪种实践形式中,基于协商民主制度原则,参与者产生的关键都在于尽量广泛覆盖受公共政策影响的人。

根据《中华人民共和国游行示威法》,公众集会指公众聚集于露天公共场所、表达意愿的活动②。基于上述规定,在同德围综合整治中,公咨委主持召开的"征求群众意见会"属于公众集会。会议在露天公共场所同德广场召开,参会人员有退休工程师、教师、拆迁户居民和小学生等,他们就改善地方环境提出建设性意见,明确表达对同德围综合改造的意见。公众集会参与者一般不需要经过特定产生程序,任何对集会主题和立场感兴趣的人都可以参加,公共集会的召开目的是参与者就相同主题发表意见。为此,公共集会应当尽量广泛宣传,扩大影响力,使受到公共政策影响的人具有获取信息的渠道,在具有表达意愿的情况下可以便利地参与集会。

固定组织会议是指固定组织机构成员参加的会议,如果组织规模本身不大,一般为全体会议;如果组织规模较大,固定组织会议一般是指部分成员参与的基层会议。在本章的几个协商治理实践中,蕉岭的村民理事会、村民议事会都是固定组织会议,同德围公咨委成立后,依据《工作规则》定期召开的会议也属于固定组织会议。在固定组织会议中,参与者必须出现在成员名册上,而且需要具有表决权,参与者可以通过自主报名、随机选择、受委托或者指定等方式产生。自主报名是固定组织会议的根本规则,为广泛覆盖居民意见,会议成员要具有制度化的参与渠道。为了解决成员的代表性问题,固定组织会议可以以随机选择的方式作为辅助途径,按照比例随机抽取代表。委托或指定是指通过推举、任命等方式确定固定组织会议的成员,旨在弥补参与者的积极性、专业性不足问题。

在参与者的产生中,代表会议程序要求相对较为严格。代表会议指由"代

---

① 亨利.罗伯特.罗伯特议事规则:第11版中文版[M].袁天鹏,等译.上海:格致出版社,上海人民出版社,2015:4-5.

② 《中华人民共和国集会游行示威法》第二条。

表"参加、以包括参会及未参会的全体人员名义举行并做出决策的会议,代表
会议往往是为特定事项召开的一次性会议;如果"代表"人员明确,每次召开会
议的人员、时间固定,则代表会议就发展成为固定组织会议。在泽国镇参与式
预算协商过程中召开的部分会议,即属于代表会议。在代表会议中,参与者的
"代表"性体现在数量和类别两个方面。协商式治理参与者的代表性问题尤为
重要。在同德围综合整治中,南北高架桥的施工曾因遭到当地"疍民"①居民
的强烈反对,一度导致停工。② 一位地方领导在反思综合整治过程时,专门对
前期协商中对疍民代表的忽视表示遗憾。在泽国镇参与式预算中,通过简单
随机抽样、分层抽样及与保护特殊群体等机制相结合等方式,实现了代表的广
泛性与专业性结合,产生了群众代表和行业代表参与者。在代表会议中,为保
证参与者数量的代表性,一般要求代表数量达到总人数一定比例;同时,为保
证不同身份类别人员的代表性,往往还需要决策覆盖的每个群体都能够有"代
表"出现。

第二,在讨论程序中,充分表达原则需要得到贯彻落实,要对发起讨论、确
定组织者和发表意见等流程予以明确。

在我国,协商民主创新主要发生在传统政治体系之外。一般而言,经由参
与者内部讨论、决议等技术方法累积而形成的交流制度,需要经过漫长的内生
过程,而且这个过程具有一定的偶然性。为此,我们需要探讨使公共讨论可以
反复实施的制度安排,使参与者充分表达,通过对讨论发起、确定主持人和秘
书、发表意见等流程予以规范来促进讨论质量的提升。

讨论发起是指以某种正式形式发起讨论及确定主题,往往被称为"动议"
或"提议"。在"罗伯特议事规则"里,"动议"是由会员提出的正式建议和主张,
会议必须给予响应。"动议"的主题可以是主张某种实质性的行动,也可以是
表达某种看法。③

---

① 海防街附近的居民,以早期在新市涌、石井河中生活后来上岸定居的"疍民"为主。
疍民是对在沿海港湾和内河上从事渔业及水上运输的"水上居民"的统称。

② 同心搭建民意桥,同德围起高架桥[N].南方日报,2013-08-02.

③ 亨利·罗伯特.罗伯特议事规则:第11版中文版[M].袁天鹏,等译.上海:格致出
版社,上海人民出版社,2015:4-5,16,20.

　　我国民主创新实践的讨论发起,包括基于参与者提议和主导部门指令两种形式。但实际中,讨论发起如果能够在前期取得参与者和主导部门双方认同——大多数参与者接受讨论议题、同时主导部门认可讨论程序——协商式治理实践走向成功的概率相对较高。如在同德围综合整治、温岭泽国镇民主恳谈中,群众参与者和官方对协商议题和程序的设置具有基本共识,在讨论发起之前双方已经开展了有效互动,所以协商式治理实践成效相对较好。

　　在我国基层协商实践中,由于权力部门在社会治理中具有优势地位,为贯彻充分表达原则,应当相对强化参与者在讨论发起中的积极作用,尽量使参与者能够确定并影响讨论议题的走向。因为在协商式治理实践中,如果公众讨论过多依赖主导部门施加影响,将导致参与者影响力不足,这也往往会导致讨论过程流于形式。如广州设立的其他公咨委由于组建机关的意志过于凸出,导致委员缺乏履职积极性,公众参与并没有形成体现群众意志的决议。在这种参与者积极性没有得到充分调动的情况下,即使地方治理取得成功,也不能说明基层治理转型成功。

　　为了贯彻充分表达原则,在具体讨论制度中,应当明确议题发起程序,如会议主任、普通成员的发起范围、条件和方式,使讨论发起程序尽可能广泛地体现群众意志,为后续协商提供基础和保障。同时由于基层民主创新往往是以问题为导向的治理机制改革,在相关规则的设置中,对于临时的协商发起和议题确定要做出一定程度关照,为其做出具体制度安排,使其能够进入讨论程序。

　　在公共议题进入到参与者讨论环节后,为了保证讨论程序有序进行,需要进一步明确召集人、主持人和秘书的确定及工作原则。一般情况下,上述组织者的产生方式包括自荐、选拔、投票、指定等形式,在组织者产生机制中,要充分尊重参与者的表达权利,通过科学机制促成既有参与积极性又有组织能力的参与者承担讨论环节的主要工作。

　　讨论程序的召集人往往是由具有一定影响力、较高社会认可程度的人担任。召集人不仅需要具有较高程度的参与热情,同时还要具备上传下达、筹备组织的能力。在制度化的公共协商程序中,还需要明确固定的会议召集人,并对会议召集人发生特殊情况不能履行职责的情形做出规定。

　　讨论会议的主持人是协商程序有序推进的关键组织者。公众集会的主持人一般是较有影响力的群众参与者;固定组织会议一般由组织主要成员担任主持人,如主任、主席等;代表会议可以由前两者担任主持人,也可以委托专业主持人。主持人的参会形式应当突出,主持人要可以看到整个会场,同时能被所有参会者看到。① 在会议中,主持人要保持中立,在讨论进入分歧阶段,主持人不能体现出倾向性;主持人的会议称谓为"主持人",而非个人姓名或者其他职务及个人身份。

在讨论会议中,需要设置会议秘书承担会议记录、形成书面"会议纪要"的职责。会议秘书需要具有较强的文字功底、高度责任心,能够完成会议纪要、整理资料档案等工作。在一般情况下,会议组织者可以交叉担任,如召集人和主持人可由同一人担任。

在讨论程序中,参与者单方发表意见环节较为重要,在此阶段公众意见与公共决策产生勾连,促成参与者对公共决策产生影响。因此,在发表意见环节需要对发言程序、内容以及纪律维护方面予以规范,落实参与者的充分表达原则。

发表意见程序的基本要求是,发表意见应当在主持人的组织下进行,参与者不得随意发言。发表意见的主要程序包括:一是主持人介绍议题;二是确定发表意见人员,可以由全体参会者轮流发言,也可以由对此议题关注度较高的成员发言;三是确定发言时间,发言时间要尽量简短,每一次发言的最长时间应当予以明确,一般不宜超过 5 分钟,如果发言超时,主持人应当予以提示;四是确定发言顺序,尽量确保有意向的参与者都能够发言,当存在多名参与者要求发言时,要保证尚未发言的参与者优先发言。如果存在与决策高度相关的特殊权益参与者,主持人应当保障其发言权益,并可给予特殊参与者保留发言权、延长发言时间、更多发言次数等特权。

发表意见的内容应当紧密围绕着协商议题。为了确保发言内容有助于促进公共决议的理性,如果发言内容明显脱离议题,主持人应当及时指出。在发表意见时,发言人要首先简要提出个人观点,并进行解释。此后,发言人应当扼要说明理由,为了对理由进行论证,发言人可以展示视频、音频等资料。在

---

① 亨利.罗伯特.罗伯特议事规则:第 11 版中文版[M].袁天鹏,等译.上海:格致出版社,上海人民出版社,2015:4-5,16,20.

发言过程中,发言人应当着重突出个人观点,不得驳斥和挑战他人观点。如果发言人准备了书面材料,书记员应当予以记录,并收集归档。

第三,在协商程序中,要充分落实理性互动原则,通过较为详尽的辩论和表决机制设计,确保参与者在理性交换观点的基础上能够形成决议。

协商程序是基层协商治理的关键程序。相对而言,在参与者单独发表意见的讨论发起以及参与者的前期讨论环节要遵循充分表达原则,而理性互动原则相对关照参与者之间的观点互动和交流。由于在实践中,讨论和协商往往是杂糅、交替的关系,所以充分表达和理性互动在实践中大多作为共同原则体现在包括讨论在内的广义的协商程序之中。在广义的协商程序中,要将充分表达、理性互动原则贯彻在讨论发起,召集人、主持人及秘书的确定,发表意见,辩论和表决等环节。而在此处狭义的协商程序,即辩论和表决环节中,要强调通过明确的规则设置,着重确保理性互动原则得以实现。

辩论是协商程序的关键环节,参与者通过辩论交流,实现个人偏好改变,体现出协商民主在公共决策中的核心优越性。辩论阶段观点相对聚焦,需要全体参与者共同努力才能取得较好效果。由于有序辩论的组织难度较大,在我国公众参与中,规范的辩论程序运用并不多见,这也在一定程度上导致提升公共协商辩论能力的难度加大。在辩论环节中,规范相关程序、纪律规则尤为重要,在我国地方协商民主实践中,迫切需要通过设置科学机制贯彻理性互动原则促进辩论环节的广泛运用。

在参与者完成发表意见之后,公共协商中的辩论程序,可以具体包括以下几个方面:一是由主持人归纳争议焦点并公开。二是确定持不同意见的正反方,双方可以推举代表参与辩论,也可以组织队伍辩论。三是主持人介绍参与者基本情况和观点,着重介绍利益优先人等特殊参与者。四是实质辩论阶段:首先由各方陈词立论,要求辩论发言者观点明确,逻辑清晰;其次是攻辩,先发言一方指出对方观点漏洞,对方积极回答问题,辩方不得反问,攻方不得回答问题,给予双方同等次数攻辩机会,攻辩程序以一方不再发言结束,如果辩论较为激烈,在双方发言机会对等情况下,主持人可以根据时间、进展结束程序;其三是攻辩小结,双方根据辩论态势进行小结,可以修改己方观点,通过充分交流完善己方观点;其四是自由辩论,正反方自动轮流发言,以问答方式进行,不得重复提问,不得拒绝回答问题。五是参与者提问,双方各回答一定数量的观众参与者提出的问题。六是总结陈词,与攻辩小结要求一致,重点给予参与者完善己方观点的机会。

为了保证公共协商辩论程序顺利推进,辩论纪律的维护尤为重要。一是要在会议召开前印发辩论规则,组织方要告知参与人相关会议规则;二是要在会议召开时,强调各方参与者尊重主持人;三是要在会议召开前、中、后不同环节,通过多种形式宣传协商规则,提升参与者对辩论规则的接受程度。此外,需要注意的是,与讨论程序不同,由于承担的任务相对繁重和复杂,在协商程序的主要环节辩论阶段,主持人和秘书不能由同一人担任。

公共协商的目的是促进公共决策的理性,为此需要通过正式程序形成决议。在大多数协商程序中,在不能取得广泛一致意见的情况下,最终仍然需要通过表决环节形成协商决议,对协商过程进行总结。在表决环节,其中的关键规则是确定表决额度和方式,对表决结果进行统计和公开。

一般情况下,参与表决和具有表决权成员的票数"超过半数"是表决额度的基本要求。根据表决事项的影响力以及重要性等指标,部分议题可以设置三分之二、四分之三等特殊表决额度。当存在多位参与者情况下,以得票最多作为决议结果的是相对多数表决额度;如果相对多数没有达到"过半数"标准,表决结果一般不能体现代表集体意志的效力,对于没有过半数的"得票最多"规则的运用应当尤为慎重。

表决在主持人的组织下进行,表决方式多种多样,包括口头表决、举手表决、起立表决、书面不记名表决、点名表决、电子表决以及默认一致等方式。表决过程的原则是一人一票,所有成员都被赋予平等权利。对如何解决相关的集体问题或大量问题而投票,少于全体统一的投票结果就可以做出决定。[①]在一般的协商讨论会议中,口头表决较为常见,由参与者口头表示"赞同"或"反对"。其中举手表决一般用于小规模会议,也可以用来验证口头表决结果。起立表决可用于确认口头表决结果,一般用于"三分之二"额度的表决,参与者以站立方式表达态度。书面不记名表决主要运用于可以标记表决人意见的情形。点名表决实际上是"记名表决",一般运用于代表会议中,通过记录参与者

---

① 菲利普·佩迪特.协商民主、话语困境和共和理论[M]//詹姆斯·菲什金,彼得·拉斯莱特.协商民主论争.张晓敏,译.北京:中央编译出版社,2006:147.

观点,促进选民监督代表行动。电子表决指运用现代通信设备进行的投票和表决,一般设置成保密模式。默认一致表决,主要针对反对可能性较低的议题,在没有人提出反对意见之后,以"默认一致同意"方式处理。

表决统计和结果公布,是协商治理的重要环节。在表决完成后,在主持人、计票员、监票员、会议秘书参与下,形成计票报告,并记录在会议纪要之中。无论以任何形式形成的决议,都公开公布。

当前我国各地的协商治理形式多种多样,处于摸索尝试阶段,在贯彻积极表达、理性互动的原则下,对于发起、主要参与人、发表意见、辩论和表决等环节进行探索和创新,将为协商民主制度带来新的活力。

第四,在民主环节的探索中有效输出原则需要得到贯彻落实,可以通过政治领导人支持、立法授权、社会组织嵌入公共部门、设置专门机制等方式促进协商决议输出及转化。

协商民主制度的重点是将公共协商与现存政治制度衔接,使公共协商与公共决策的制定形成互动。在政治系统理论中,将公共协商决议导入权力体系,属于政治过程输入,该环节实现社会系统和政治系统衔接;在协商决议输入政治体系之后,相应的公共政策输出和其他类型回应,为公共协商赋予发挥社会治理作用的实际意义。公共协商的有效输出和积极回应原则是人民群众实质参与地方治理的核心环节,是协商民主程序的民主特性的重要体现。

人民是否享有民主权利,要看人民是否在选举时有投票的权利,也要看人民在日常政治生活,是否有持续参与的权利;要看人民有没有进行民主选举的权利,也要看人民有没有进行民主决策、民主管理、民主监督的权利。[①] 基层治理中的协商民主创新,为人民在日常政治生活中的持续参与,进行民主决策、民主管理、民主监督提供有效途径。在协商决议输入政治体系的民主环节中,以下几种方式较为常见:一是政治领导人支持,这是协商决议输入政治体系的特殊渠道,相对效率较高;二是通过立法授权开展公共协商、社会组织嵌入公共部门和公共部门设置专门机制等方式实现公共协商决议输入权力体系,在未来这种渠道应当发展成为常规的制度化渠道;三是媒体传播渠道,这是促进部分协商结果输入转化的普遍性渠道。

---

① 习近平在政协成立 60 周年会议上的讲话。

政治领导人支持是当前协商民主走向实践的主要动力。有研究者指出，中国地方协商民主是由精英推动的，领导的意志和决心是决定协商民主能否生存和发展的关键因素。务实的地方政府何时以及为何选择协商民主，取决于协商民主能否解决当地经济社会问题。① 政治领导人的支持在一定程度上与领导人的个人偏好、兴趣关注有较大关系，但是，在地方治理现实条件下，在协商民主实践探索阶段，获取政治领导人支持无疑是最为高效、快捷的途径。当前应当增加政治领导人直接面对社会系统的机会，一方面实现领导人对社会公众意见的感知，另一方面使协商决议在领导人关注下进入体制内的决策环节。

社会组织嵌入公共部门是通过社会组织开展基层协商有序进入权力体系的另外一个制度化渠道。有相当一部分公共协商发生在社会组织内，此时社会组织与权力体系内相关部门的对接关系将直接影响协商决议走向。如果二者在协商决议层面形成嵌入关系，将有助于公共部门进行决策。当前，社会组织嵌入权力体系可以采取以下方式：一是通过相关部门的行政主管、业务指导等权限加强二者联系，使社会组织与行政主管部门、行业主导部门形成更为紧密的信息传递关系；二是将社会治理与基层党建深入结合，通过各种类型的党组织建设活动，打通不同领域的信息壁垒，充分运用党组织的灵活性，使基层党组织在社会治理中发挥政治领导作用的同时深入发挥具体治理组织作用。

通过立法授权开展公共协商是基层公共协商输入治理体系的制度化渠道。通过国家和地方立法授权在特定领域内开展公共协商，并对协商程序和权力体系接受协商决议的程序作出明确规定，可以实现公共协商的规范化，并保障协商决议有效输出。从实践探索角度出发，当前可以通过在设区的市制定地方政府规章，进行协商民主制度规范探索实践，待到成功经验成熟后，再将先行先试实践上升为地方性法规，乃至国家法律。

在公共协商的传输渠道中，媒体是社会治理民主创新的重要催化剂。媒体的关注，能够使协商决议获得广泛传播效力。一是部分党媒、官媒本身就是权力体系获取公众信息的重要渠道，协商决议可以通过媒体公开实现向权力

---

① 何包钢，吴进进.社会矛盾与中国城市协商民主制度化的兴起[J].开放时代，2017(3).

体系的输入；另一方面，媒体对协商议题的广泛关注可以扩大参与者范围，间接影响公共协商的理性。当前社会领域的非制度性协商，在很大程度上是通过媒体影响权力体系，将公共决策最终输入到权力体系之内。因此，未来应当积极鼓励媒体对公共协商的持续观察、深度报道，通过媒体力量加持，促进公共协商良性发展。

第五，建构权力体系的回应机制，明确权力体系要以正式形式对公共协商决议做出回复，通过对回复机构、期限、方式和问责等程序的规范，确保基层协商民主成为制度闭环。

在协商民主制度建设中较为薄弱的一个重要环节，是权力体系回应机制的设置。当前公共协商广泛存在，但是其发挥的社会治理实效参差不齐的关键性问题在于，现有的公共协商未能与权力体系形成稳定互动关系，有相当一部分公共协商止步于权力体系的外部协商，并没有实际影响公共决策。还有一部分公共协商形成的群众意见进入了权力体系，但是没有得到回应，不仅使公共协商流于形式，还影响了群众参与的积极性。

协商程序关涉的议事规则既包括正式的、成文的议事规则，也包括非正式的、不成文的规则，如在协商活动中具有个人能力较为突出的"能人"参与者的情况下，往往会涉及非正式规则的运行。这种能人型协商，一般由体制外社会精英组织开展，同时由于"能人"往往具有一定的经济、文化和社会资源，其在协商活动中事实上经常处于主导地位，所以在能人型协商中，以"能人"个人力量为主要因素的非正式规则往往较为普遍地发挥作用，而这些规则一般不会以成文的形式体现。如同德围公咨委的治理实践，在很大程度上就属于能人型协商，导致其受非正式议事规则影响明显。在能人型协商中，由于社会精英具有一定的个人影响力，协商决议往往通过其个人力量获得广泛关注，得到权力体系回应。但是在普通协商中，由于缺乏引发社会关注的特别力量，为了确保公共协商实际发挥社会治理作用，对权力体系回应机制的规范就显得尤为重要。从温岭恳谈会和蕉岭村民议事会的制度化实践看，随着基层协商走向规范，其对于常规的、稳定的回应机制的设立要求愈发明显，而上述两个协商实践的稳定运行，在很大程度上也是因为权力体系提供了稳定可靠的回应机制。可见，从基层协商民主实践发展的视角看，非能人主导的普通协商是未来发展趋势。

　　事实上,无论是在能人型协商,还是在普通协商程序中,权力体系的回应机制都尤为重要,为了保证协商能够真实有效持续进行,都需要建立适当的程序规则。在回应机制的设置中,权力体系需要着重建立正式的、稳定的规则。即使是在"能人"发挥主要影响力的协商中,也需要通过正式稳定的程序规则对"能人"的个人感召力予以补充,因为从社会治理体系和治理能力现代化提升的角度看,我们需要从长远上形成制度化机制,逐渐将"能人"的公共政策影响力转化成为稳定的规则贯彻力和制度执行力,将基层协商治理中的个人化、偶然性因素转化为群体性、常态化规则。通过权力体系认可并对其予以实质回应,促进公共协商长期稳定持久运行。

　　尽管我国相关法律规定了公民具有批评、建议的权力,但是在实践中,在权力体系内外涉及具体的批评、建议等信息传递时,制度化途径并不多见。同时由于现有的信访等渠道主要运用于社会矛盾的疏导和解决,常规的公共利益需求导入权力体系的途径并不畅通,时常导致因为信息不对称引发一定的社会矛盾和社会问题。事实上,对于社会系统复杂的利益需求,权力体系可以尝试对现有工作机制进行开放式转型,有针对性地回应公众对特定治理问题的协商决议,以此为出发点形成的权力体系积极回应的制度化协商治理机制。

　　在积极回应原则的指导下,权力体系对公共协商的制度化反馈,应当设置正式的、成文的规则:一是从程序上,明确权力体系对公共协商决议以接收为原则。在相关部门拒收公共协商决议时,需要作出书面回复;对于该回复,相对人可以向有关部门申请复议。二是建立权力体系接收公共协商决议的常规渠道,如行政机关设置指定窗口接收相关决议,并提供书面回执。可以由不同部门单独设立接收公共决议的窗口,也可以在公共服务中心等平台设置统一接收窗口,由该窗口向不同部门予以分发转送。三是规定相关部门在特定的时间内,对公共协商决议的走向予以回复,如公布决议的转交部门及该部门目前的处置方式等。四是要求相关部门对公共协商决议进行实质性回复,重点是要说明理由。如果权力体系采纳了协商决议,要将形成及受到协商决议影响的公共决策告知决议提交人或进行公示;如果权力体系未采纳协商决议,需要告知提交人未予采纳的原因和理由。五是问责机制,即在权力体系没有对公共协商决议做出回应或者回应程序不规范时,通过内部纪律规定予以处置,对相关部门及责任人员进行追责。通过以上机制,确保协商民主成为闭环制度,使权力体系的回应环节既是一次公共协商程序的结束,也可以作为新一轮协商程序的开始,为公众参与社会治理带来源源不断的动力。

结 语

在同德围公共设施和服务不足问题中,我们可以看到,在信息传播迟缓的年代,从居民提出治理需求到权力体系做出回应的时间相对宽裕。但随着网络空间日益扩展、新媒体的广泛应用,社会结构急剧变化下的人口和利益需求增加,不仅超越了当地公共设施和服务的提升速度,也超越了权力体系的回应速度和回应能力,曾经由于信息传输迟滞带来的权力运行余地接近干涸。为此,我们需要以更加开放的视角、更加广阔的思路来面对城市治理,通过促进公众参与寻求城市治理模式的根本性变革与创新。我们需要创造性地激活和运用各种治理资源,使居民的治理需求有序地进入权力体系并促进公共决策输出,这是地方治理对党的群众路线、密切联系人民群众的法律规定以及人大、政协制度的落实和补充,也是地方治理对协商民主理论的实践探索。

回望同德围综合整治,我们可以看到,这是在地方党委和政府的领导下,在媒体、社会精英和党政官员的推动引导下,由当地居民和地方政府共同演绎的地方治理协商民主实践,它延展了行政权力的覆盖范围和深度,同时也见证了公众参与在地方治理中的建设性。广州以公权力为引领,扩大公众参与的协商民主实践,遵循了我国近代以来公众参与理论的核心,印证了中国公众参与的本土特性,同时也融入了近年来国际城市开展公众参与地方治理的滚滚洪流。在国家治理体系和治理能力现代化道路中,在协商民主、公众参与和共建共治共享社会治理格局之间,以公权力为引领扩展公众参与的空间,是广州将协商民主从理论转化为治理实践的积极探索;在共建共治共享社会治理格局建设中,以公权力为引领而扩展公众参与幅度,是广州地方治理回应协商民主理论的道路选择。

近年来,习近平总书记对广东多次提出"走在前列"要求。2014年,习近平总书记提出广东要继续发扬敢为人先的精神,勇于先行先试,大胆实践探索,在全面深化改革中走在"全国前列";2017年,习近平总书记对广东做出

"四个坚持、三个支撑、两个走在前列"重要批示,要求广东努力在加快建设社会主义现代化新征程上走在前列;2018年,习近平总书记对广东提出"四个走在前列"要求,其中包括在营造共建共治共享社会治理格局上走在全国前列。从"全面深化改革"到"社会主义现代化新征程"再到"营造共建共治共享社会治理格局",习近平总书记对广东的"走在前列"要求明确落实到社会治理领域。为了当好改革开放的排头兵,广州需要务实创新、探索经验,在社会治理领域展开协商民主制度化实践。以同德围公咨委为代表的广州创新公众参与决策建立公众意见征询委员会制度获得了第三届"中国法治政府提名奖",广州围绕着公咨委展开的协商民主探索对于建设法治政府呈现出了积极的示范效应。

在2021年的中央人大工作会议上,习近平总书记指出:"我国全过程人民民主实现了过程民主和成果民主、程序民主和实质民主、直接民主和间接民主、人民民主和国家意志相统一。"以同德围综合整治为代表的协商式治理实践,在参与者产生、公共决策的制定、实施、完善和监督等不同环节,体现出人民群众的参与所带来的基层全过程人民民主新气象。相对于其他民主实践形式,在基层治理中通过人民群众广泛协商开展的地方治理,更加充分地体现出中国式民主全链条、全方位、全覆盖的全过程人民民主特点。在未来,我们需要进一步完善协商于决策之前和决策实施之中的落实机制,丰富有事好商量、众人的事情由众人商量的制度化实践,通过开展更加深入的制度创新,推进构建程序完整、环节合理的社会主义协商民主体系,践行和丰富全过程人民民主实践,引领和推动广东完成党和国家赋予的"走在前列"的重任。

附 录

附录一 同德围地区综合整治工作方案①

　　根据市委、市政府的决策部署,为全面建设幸福广州,加快完善城市交通、教育、卫生、消防、环卫等公共基础设施和服务体系建设,增强区域城市综合服务功能,改善同德围地区人居环境,切实解决同德围地区居民出行难、上学难、看病难、如厕难等问题,制定本工作方案。

一、指导思想

　　以科学发展观为统领,深入贯彻落实市委、市政府加快建设幸福广州的工作部署,本着"立足当前,着眼长远,标本兼治,突出重点"等原则,以"同心同德建设幸福围"为目标,坚持发扬民主,广开言路,积极采取"问需于民、问计于民、问政于民"的有效方式,做到民主决策、科学建设、为民服务,坚持"两增两减"(即:增加交通设施和交通便利服务,增加市政配套设施,减少人流量,减少车流量),完善公共基础设施和服务体系,着力提升公共设施和服务水平,切实做好同德围地区综合整治工作。

二、组织领导

　　成立同德围地区综合整治工作领导小组(以下简称领导小组),统筹协调同德围地区综合整治工作。

　　组　　长:陈如桂常务副市长

---

　　① [EB/OL]广州市人民政府网站.[2019-06-06].http://www.gz.gov.cn/gzgov/s2812/201208/956316.shtml.

副组长:欧阳卫民副市长　　王东副市长　　冼伟雄市政协副主席　潘安市政府副秘书长

成员单位:市综治办,市发展改革委、教育局、科技和信息化局、财政局、国土房管局、环保局、建委、交委、水务局、文化广电新闻出版局、卫生局、规划局、城管委、体育局、工商局、林业和园林局、住房保障办、"三旧"改造办、公安局交警支队,越秀区、白云区政府,市建筑集团、地铁总公司,广州供电局。

领导小组下设办公室,负责日常统筹、协调、检查、督办和统计汇总等工作。办公室设在市建委,由市建委主任侯永铨担任主任,白云区区长马文田担任常务副主任,市建委副主任龚海杰、白云区副区长龚辉担任副主任。办公室人员由市建委和白云区政府相关工作人员组成。

三、工作思路与目标

工作思路:按照"两增两减"原则,突出"三个控制"(控制人口、控制物流、控制交通),积极稳妥地推进同德围地区综合整治各项工作。

工作目标:区域交通状况有较大改善,配套公共基础设施建设基本满足居民需求,建成与服务需求量相适应的配套服务体系。

四、工作任务与分工

同德围地区综合整治工作,按照工作任务开始实施时间,分为近期(2012年至2013年底)、远期(2014年至2016年)两个阶段组织实施,工作任务分为重点综合整治工作任务和跟踪督办的日常建设与管理工作任务两部分。

重点综合整治工作任务共计16项(近期任务13项,远期任务3项)。

(一)近期任务

1.广清高速庆丰收费站辅道工程。2012年4月动工建设,2012年10月完成。(牵头单位:市建委;配合单位:白云区政府,市发展改革委、规划局、国土房管局、财政局、环保局、交委等)

2.整治北环高速公路上步桥底人行涵洞。对北环高速公路上步桥底人行涵洞漏水、积水和通行高度低等问题进行整治改造,规范交通标示、标识。

2012年4月动工,2012年9月完成。(牵头单位:市建委;配合单位:白云区政府,市交委、交投集团)

3.建设同德花园同雅东街通往石井河岸边道路。对同德花园同雅东街通往石井河岸边现有土路进行硬化改造。2012年6月完成。(牵头单位:市建委;配合单位:白云区政府)

4.地铁八号线北延段(文化公园—白云湖)建设工作。由市地铁总公司结合西湾路扩建、西槎路升级改造工程实施情况制订地铁八号线北延段(文化公园—白云湖)工程建设工作计划,提前做好一系列前期工作。积极跟踪、协调国家审批环节,确保国家审批同意后及时开工建设。在地铁施工期间,同步优化同德围地区临时道路交通组织,保障道路有序通行。2012年4月底组织钻探;2012年6月前提出项目征地拆迁范围及工期要求,并争取完成地铁新线线网规划审批;2012年10月前沿线辖区政府负责完成房屋征收补偿工作;2012年12月完成工程可行性研究报告审批;确保2016年底建成通车。(牵头单位:市发展改革委、地铁总公司;配合单位:白云区、荔湾区政府,市规划局、国土房管局、财政局、环保局、建委、交委、城管委、公安局交警支队,广州供电局等)

5.医疗卫生配套。2012年4月启动泽德花园配建医院建设,2014年完成。(牵头单位:市住房保障办;配合单位:白云区政府,市卫生局、发展改革委、建委、财政局、规划局、国土房管局等)

6.环卫基础设施建设。2012年6月前完成计划编制并组织实施,2012年4月底启动1座垃圾压缩站、1座公共厕所的建设,2013年6月前完成。按照规划和计划实施环卫基础设施建设,2016年全部完成。(牵头单位:市城管委;配合单位:白云区政府,市发展改革委、财政局、建委、规划局、国土房管局等)

7.改造进出同康路路口。对西槎路与同康路交界的路口进行优化改造,增设红绿灯;拆除增槎路进入同康路入口处辅道绿化隔离带,完善交通标示、标线等,方便车辆进入同康路。2012年4月动工建设,2012年6月完成。(牵头单位:市建委;配合单位:白云区政府,市公安局交警支队等)

8.变电站等电力设施建设。编制变电站等电力设施建设专项规划和建设计划,并组织实施,属地政府负责维稳工作。2012年7月完成110千伏南德变电站规划选址和有关报建审批工作,力争2012年8月开工建设,2013年3月底建成投产。(牵头单位:广州供电局;配合单位:白云区政府、市规划局、发展改革委、建委、国土房管局、环保局等)

9.西湾路扩建工程。结合同德围南北向高架路工程建设,研究制订西湾路按双向六车道拓宽、升级改造工程实施计划,2012年7月完成。适时开工,结合高架路建设同步完成。(牵头单位:市建委;配合单位:白云区、荔湾区政府,市发展改革委、规划局、国土房管局、财政局、环保局、交委等)

10.公交站场建设。对同德围地区现有公交站场进行摸查,根据市民出行交通实际需求,新增、调整公交站点设置,合理设置港湾式停靠站。2012年6月完成摸查及计划方案制订,并按计划组织实施建设;2014年底至少完成1个公交首末站的建设任务,房屋征收补偿工作由属地政府负责。研究提出西湾路、西槎路港湾式公交停靠站建设规划,2012年6月前提交道路建设部门,由道路工程实施单位结合道路建设同步完成。(牵头单位:市交委、建委;配合单位:白云区、荔湾区政府,市发展改革委、规划局、财政局、国土房管局等)

11.教育配套。对同德围地区幼儿园、小学、中学等教育资源和配套的教育服务体系进行全面摸查,深化调整相关教育规划,制定优质学校对口帮扶措施和实施计划,并组织实施。将位于现富康中学西侧和南侧的市地铁总公司保障性住房项目地块调整为教育用地,与现富康中学地块合并建校,2014年完成建设。将现富康中学建设成为高标准的完全中学(可引进市第六十五中学等优质学校),主要面向同德围地区招生,2012年4月挂牌、9月份招生。(牵头单位:市教育局、白云区政府;配合单位:市财政局、发展改革委、建委、规划局、国土房管局,市地铁总公司等)

12.公园建设。将市建筑集团保障性住房项目地块调整为绿地,与相邻已规划绿地合并建设公园,并同步配套文体健身设施。2012年4月启动,2012年底完成。(牵头单位:白云区政府;配合单位:市发展改革委、林业和园林局、财政局、国土房管局、住房保障办、土地开发中心、规划局、建委、体育局、文化广电新闻出版局,市建筑集团等)

13.文化配套。对同德围地区的文化资源和文化服务体系进行摸查,研究提出工作方案,并组织实施。2012年4月完成地铁拆迁安置小区配建的文化站移交、装修和管理工作,对市民开放并逐步完善配套设施、设备;2012年8

月完成产权移交白云区政府。(牵头单位:白云区政府;配合单位:市文化广电新闻出版局、建委、规划局、国土房管局,市建筑集团、地铁总公司等)

(二)远期任务

1.消防站(执勤点)等消防配套设施建设。2012年6月完成消防配套设施核查工作,并提出建设需求和计划;属地政府根据建设计划完成房屋征收补偿工作,建设业主及时组织建设,2016年完成。(牵头单位:市公安消防局、建委;配合单位:白云区政府,市发展改革委、规划局、财政局、国土房管局、环保局等)

2.西槎路升级改造工程。结合地铁八号线北延段(文化公园—白云湖)工程建设,研究制订西槎路升级改造并配建港湾式停靠站工程实施计划,2012年7月完成。适时开工并结合地铁建设同步完成。(牵头单位:市建委;配合单位:白云区政府,市发展改革委、规划局、国土房管局、财政局、环保局、交委等)

3.给排水设施建设。完善供水系统,保证供水质量;逐步完善污水收集管网,推进雨污分流,提高防洪排涝能力和水环境质量;按照"地面上湿地过滤、地下污水处理"的要求,规划建设"现代生态循环净水厂"(污水处理厂)项目。2012年完成相关前期工作,2016年底完成建设。(牵头单位:市水务局;配合单位:白云区政府,市国土房管局、规划局、城管委、交委、建委、环保局,市水投集团等)

纳入领导小组一并跟踪督办的日常建设和管理工作任务15项(其中近期任务14项,远期任务1项)。

(一)近期任务

1.修编区域控制性详细规划。结合田心村城中村改造等工作,修编区域控制性详细规划,重点加强公共基础设施配套规划,缓解目前配套设施不足的局面。该项工作2012年8月完成规划编制并上报市规委会审议。(牵头单位:市规划局;配合单位:白云区政府,市交委、城管委、国土房管局、教育局、"三旧"改造办,广州供电局等)

2.修改区域土地利用总体规划。在符合国家、省调整土地利用总体规划政策的条件下,结合田心村城中村改造等工作,深入研究同德围地区土地利用规划调整问题,对配套公共基础设施建设涉及的土地利用总体规划进行局部修改,为同德围地区综合整治项目提供用地保障。该项工作按照各建设项目

工期要求开展。(牵头单位：白云区政府；配合单位：市国土房管局、规划局等)

3.动态优化公交线网和公交运营组织。优化调整常规公共交通线网,合理新增、调整公交线路;根据早晚高峰客流变化特点,适时调整大站快车、空车切入、短线开行、开通村巴等公交运营组织形式,满足市民出行需求。该项为长期工作,2013年底见成效,未来持续完善改进。(牵头单位：市交委；配合单位：白云区政府)

4.加强交通管理,全面整治非法停车行为。完善道路交通视频监控设施,加强对西槎路、西湾路、同康路等道路沿线及人行道非法停车的整治力度,整治非法经营路边停车场(点),规范停车行为,杜绝人行道、车行道被占用现象。该项为长期工作,2012年底见成效,未来持续完善改进。(牵头单位：市公安局交警支队；配合单位：白云区政府,市交委、城管委等)

5.持续整治"五类车"。打击"五类车"专业队和属地联合执法队要市区联动,持续开展整治行动;完善"五类车"整治长效机制。从出租屋管理、维修停放点治理、完善公共交通运行网络、整治奖励机制等方面加强源头管理。该项为长期工作,西湾路、西槎路、同康路等主次干道2012年底见成效,未来持续完善改进。(牵头单位：市公安局交警支队；配合单位：市综治办,白云区政府,市交委、残联等)

6.完善道路交通标示指引。规范道路标牌、标示指引、隔离护栏等,减少社会车辆违法通行,2012年完成。未来持续完善改进。(牵头单位：市交委、公安局交警支队；配合单位：市建委,白云区政府等)

7.通信配套设施建设。移动通信网络覆盖同德围地区,WLAN(无线局域网)无线网络覆盖政府办事大厅、医院等公共设施和服务场所。2013年底基本完成。(牵头单位：市科技和信息化局；配合单位：各业主单位、白云区政府等)

8.省邮政局车辆维修停放点和市长途汽车运输公司客运分公司整治搬迁或转型。制定综合整治、搬迁或转型计划,并组织实施。2012年底完成综合整治;远期结合同德围的控制性规划调整完成搬迁或转型工作。(牵头单位：市交委；配合单位：白云区政府,市国土房管局、规划局等)

9.汇富工业区转型改造。协调业主转型改造。2012年启动,力争2013年底前完成。(牵头单位：越秀区政府；配合单位：市国土房管局、规划局、城管执

法局等）

10.西城鞋业市场转型。该市场产权单位为石井街,地属同德街。引导该市场转型为商业。该项工作 2012 年启动,2015 年完成。(牵头单位:白云区政府;配合单位:市工商局、城管执法局、规划局、"三旧"改造办、经贸委,市地铁总公司等)

11.治安监控。统筹编制区域治安监控规划和建设计划,结合环境整治同步完善治安监控探头、治安视频监控中心等设施建设。该项工作 2012 年启动,2013 年完成。(牵头单位:白云区政府;配合单位:市科技和信息化局、发展改革委、交委、城管委、规划局等)

12.清理拆除区域违章建筑和到期临建。对同德围地区的违章建筑物、到期临时建筑物进行全面清理摸查、造册登记,结合区域规划实施,逐步拆除所有违章建筑和到期临时建筑。(牵头单位:白云区、越秀区政府;配合单位:市城管委、城管执法局、规划局、国土房管局等)

13.交通噪音整治。针对北环高速通行车辆对同德花园一带居民产生的噪音扰民问题,督促业主单位完善北环高速同德花园相关路段隔音设施的安装。2013 年底前完成。(牵头单位:市建委、交投集团;配合单位:白云区政府,市环保局、交委、公安局交警支队,北环高速公路管理公司等)

14.控制保障房、经适房、商品房等新增居民点。按照"两增两减"的原则控制新增居住用房的建设,在配套设施(特别是交通设施)不能承载的情况下慎重研究新批复建设保障房、经适房、商品房等项目,避免新增大量居住人员对区内交通的影响。2012 年 6 月底完成梳理工作,并对已批在建项目进行公示。(牵头单位:市国土房管局;配合单位:白云区政府,市规划局、住房保障办、"三旧"改造办等)

（二）远期任务

万发物流园搬迁或转型。地属越秀区矿泉街,协调业主搬迁或转型。该项工作 2012 年启动,待大田铁路货运中心建成后完成。(牵头单位:越秀区政府;配合单位:市国土房管局、规划局、城管执法局等)

五、保障机制

（一）建立例会制度。各牵头单位根据工作进展情况及时组织召开专题会议，收集项目进展情况和存在问题，协调解决项目推进过程中的问题和困难。每季度根据需要由领导小组组长主持召开工作例会，听取各成员单位进展情况汇报，协调问题，总结经验，完善措施，部署下一步工作。

（二）建立检查督办制度。领导小组办公室会同市监察局建立检查督办工作机制，每半年组织 1 次现场检查，督促各责任单位切实按工作方案，按时、按量、按质完成工作任务，检查情况及时向市委、市政府报告。各单位工作完成情况纳入年度行政效能考评。

（三）建立信息报送制度。各项目牵头单位要指定 1 名信息报送联络员，每月 25 日（节假日顺延）前将当月的工作情况和存在的问题及时报送领导小组办公室，以便汇总情况编辑工作简报，并将存在的问题报领导小组协调解决。

六、工作要求

属地区政府和市各相关单位，一定要把同德围综合整治工作列入重要议事日程，作为建设幸福广州的重大任务来抓，科学谋划，细化实施方案，加快开展相关工作，抓紧落实，千方百计解决同德围居民的民生诉求，务求在 2013 年底前使同德围地区的交通、环境、民生等方面得到明显改善。同时，要及时总结经验教训，创新工作思路，不断完善工作措施，有效推进整治工作。

（一）制订详细工作方案。各牵头单位，根据工作职责和分工，按照近期、远期两个阶段制订详细工作方案、建立台账，科学安排进度，明确时间节点，分解细化项目任务，具体实施单位要将责任落实到人，并严格按照项目任务和时间节点抓好落实。

（二）加强统筹协调。各牵头单位和配合单位要建立有效沟通协调机制，加强联系，密切配合，收集掌握工作进展情况和存在问题，及时组织会议协调解决，确保综合整治工作任务顺利推进。

附录二　广州市重大民生决策公众意见
征询委员会制度(试行)

第一条　为进一步规范公众参与重大行政决策过程,提高政府行政决策的科学性、民主性和准确性,全面推进法治政府、服务政府、责任政府建设,根据《中共广东省委办公厅、广东省人民政府办公厅关于开展为民办事征询民意工作的指导意见》(粤办发〔2012〕18号)、《广州市重大行政决策程序规定》(市政府令第39号)及有关法律、法规和规章的要求,结合工作实际,制定本制度。

第二条　公众意见征询委员会制度是政府重大民生决策征询民意制度的重要实现形式,是政府决策过程中问需于民、问计于民、问政于民,尊重并保障公众知情权、参与权、表达权、监督权的重要载体和平台。

第三条　关系市民切身利益且涉及面广的重大民生决策事项,原则上均应成立公众意见征询委员会,先征询民意后作决策。重大民生决策事项具体包括:

(一)政府提供基本公共设施和服务保障重大政策措施的制定与调整。

(二)政府保障重要民生事项的财政资金安排及社会筹集资金使用方案。

(三)涉及群众利益的重要区域(专项)规划和重大城乡基础设施建设。

(四)涉及群众切身利益的土地利用、征地拆迁、环境保护、劳动就业、社会保障、人口计生、文化教育、医疗卫生、食品安全、住房保障、交通运输、城市管理、社会治安等方面的重大政策的制定与调整。

(五)其他与人民群众利益密切相关、社会涉及面广、需要广泛征询民意的民生决策事项。

(六)市民提议设立,且经政府主办部门同意设立公众意见征询委员会的其他决策事项。

上述重大民生决策事项均应纳入市政府年度重大行政决策目录实行统一

管理。具体决策事项是否属于上述范畴,政府主办部门不能确定时,应商政府法制机构后确定。

第四条 公众意见征询委员会由专业人士、利益相关方代表、市民代表、人大代表和政协委员组成。

公众意见征询委员会成员一般不少于15人,其中利益相关方代表不少于1/3。

第五条 针对具体决策事项成立的公众意见征询委员会遵循"一事一会"的原则,由主办决策事项的政府部门发起,于决策事项拟议阶段成立,至决策完成时终止。

政府主办部门发起成立公众意见征询委员会时,应于本地电视、平面媒体和该部门官方网站同时发布公告,并同时公布收集公众意见、反馈和公布征询意见结果的渠道,包括但不限于官方网站网址、办公地址和办公电话等。

第六条 公众意见征询委员会设主任、副主任各一名,由委员会全体成员选举产生,并由政府主办部门委任。

公众意见征询委员会下设秘书处或办公室,由政府主办部门指定工作人员负责日常运作,包括与各委员的联络,协助委员调研和获取与拟议事项相关的资料,整理委员提出的意见建议,向委员反馈意见采纳情况,协调和组织会务,起草会议纪要以及资料立卷归档等。

第七条 公众意见征询委员会享有以下权利:

(一)完整地知晓与拟议事项相关的所有情况。

(二)收集并如实地反映各利益相关群体的意见、建议。

(三)与政府主办部门之间会商、讨论与决策事项相关的议题。

(四)督促政府主办部门充分听取和吸纳市民合理意见和建议。

(五)受政府主办部门委托或经政府主办部门同意,向媒体和社会公众通报、说明相关情况。

第八条 政府主办部门应为公众意见征询委员会委员查阅相关资料、开展调查研究、了解相关情况提供必要的便利。

政府主办部门应充分尊重公众意见征询委员会的意见和建议,对委员会提出的意见建议无论采纳与否均应及时反馈。委员会提出的意见建议因故未能采纳的,政府主办部门应如实向其说明理由。

政府主办部门将决策草案提交给专家论证、政府法制机构进行合法性审查、领导集体讨论时,应同时以书面形式提交公众意见征询委员会的意见、建议详情及其采纳情况,并作必要的说明。

第九条　公众意见征询委员会委员的产生应本着公开、透明的原则,依照以下方式产生:

(一)专业人士代表可个人自愿报名,可以由高校、科研机构和行业协会推荐,亦可由政府主办部门邀请。

(二)利益群体代表可由利益群体中的个人自愿报名,亦可由利益群体或利益相关法人、机构推荐。

(三)市民代表可由个人自愿报名。人大代表、政协委员由人大和政协推荐。

公众意见征询委员会委员名单由政府主办部门从报名者、被推荐者中遴选拟定并向社会公示,经公示无争议后,由政府主办部门委任。

公众意见征询委员会委员因故退出委员会的,按退出者所属界别,从原自愿报名者、被推荐者中遴选递补。

第十条　公众意见征询委员会委员应符合以下条件:

(一)有较强的社会责任感,能够客观真实地反映意见。

(二)热心社会公益事业,有奉献精神。

(三)有足够的时间和精力参与委员会活动并完成相关工作。

(四)专业人士代表为决策事项所涉专业的专家、学者,或有长期从业经验的其他类别专业技术人员。

(五)利益相关方代表为与决策事项有直接利益关系的个人或法人、机构的代表。

第十一条　公众意见征询委员会委员自愿参与并义务从事公众意见征询委员会活动,不领取薪酬。政府主办部门可按次酌情补贴其市内交通费用。

第十二条　公众意见征询委员会委员享有以下权利:

(一)查阅相关档案资料、列席有关会议、参加相关调研,以完整掌握拟议事项的情况。

(二)就相关议题充分表达意见、提出建议,不受行政机关和其他外部因素影响。

（三）非经本人请辞或因第十四条第二、三、四款规定的情形，政府主办部门不得以其他任何理由取消其委员资格。

第十三条 公众意见征询委员会委员在充分享有知情、参与、表达意见等诸项权利的同时，应当履行以下义务：

（一）按时参加委员会会议及相关活动。

（二）积极收集民情民意，据实反映市民各种声音、意见和诉求。负责、公正、主动提出意见，认真建言谋策。

（三）在决策事项拟议过程中，未经政府主办部门授权或同意，不得以任何形式、任何渠道公开发布与决策事项相关的信息。

（四）不得利用公众意见征询委员会委员身份参与、从事商业活动或其他任何形式的营利性活动。

第十四条 有下列情形之一的，经公众意见征询委员会会议决议，可取消其委员资格，并向社会公布：

（一）本人要求请辞的。

（二）连续两次或两次以上无故缺席委员会活动的。

（三）拒不履行委员义务，不适合继续担任委员的。

（四）经查实有违法、违纪行为的。

第十五条 成立公众意见征询委员会征询民意的事项，法律、法规、规章规定需要听证的，应当依照法律、法规、规章的规定，履行听证程序。

第十六条 应依而未依本制度征询民意的重大民生决策事项，不得提交领导集体决策。

第十七条 公众意见征询委员会不另列财政经费，所需经费在政府主办部门相关经费中列支。特殊情况另行申请。

第十八条 本制度自发布之日起试行，有效期两年。试行期间，本市其他行政规范性文件与本制度不一致的，按本制度执行。

广州市人民政府办公厅秘书处 2013 年 4 月 12 日印发

附录三 广州市重大民生决策公众咨询监督委员会工作规定

第一条 为进一步规范公众参与重大行政决策过程,提高政府行政决策的科学性、民主性和准确性,全面推进法治政府、服务政府、责任政府建设,根据《中共广东省委办公厅广东省人民政府办公厅关于开展为民办事征询民意工作的指导意见》(粤办发〔2012〕18 号)、《广州市重大行政决策程序规定》(市政府令第 39 号)及有关法律、法规和规章的要求,结合工作实际,制定本工作规定。

第二条 公众咨询监督委员会是政府重大民生决策征询民意制度的重要实现形式,是政府决策过程中问政于民、问需于民、问计于民,尊重并保障公众知情权、参与权、表达权、监督权的重要载体和平台。

第三条 关系市民切身利益且涉及面广的重大民生决策事项,均应成立公众咨询监督委员会,先征询民意后作决策。重大民生决策事项具体包括:

(一)政府提供基本公共设施和服务保障重大政策措施的制定与调整;

(二)政府保障重要民生事项的财政资金安排及社会筹集资金使用方案;

(三)涉及群众利益的重要区域(专项)规划和重大城乡基础设施建设;

(四)涉及群众切身利益的土地利用、征地拆迁、环境保护、劳动就业、社会保障、人口计生、文化教育、医疗卫生、食品安全、住房保障、交通运输、城市管理、社会治安等方面的重大政策的制定与调整;

(五)其他与人民群众利益密切相关、社会涉及面广、需要广泛征询民意的民生决策事项;

(六)市民提议设立,且经政府主办部门同意设立公众咨询监督委员会的其他决策事项。

具体决策事项是否属于上述范畴,政府主办部门不能确定时,应商政府法制机构确定。

第四条 公众咨询监督委员会由专业人士、利益相关方代表、市民代表、人大代表和政协委员组成。

公众咨询监督委员会成员一般不少于 15 人,其中利益相关方代表不少于 1/3。

第五条 公众咨询监督委员会针对具体决策事项,遵循"一事一会"的原则,由主办决策事项的政府部门发起,于决策事项拟议阶段成立,至决策完成时终止。

政府主办部门发起成立公众咨询监督委员会时,应在本地电视、平面媒体和该部门官方网站发布公告,并同时公布收集公众意见、反馈和公布征询意见结果的渠道,包括但不限于官方网站网址、办公地址和办公电话等。

第六条 公众咨询监督委员会设主任一名、副主任若干名,由委员会全体成员选举产生,负责领导和组织委员会自主开展工作。

公众咨询监督委员会可下设秘书处或办公室,由政府主办部门指定工作人员协助主任、副主任开展日常运作,包括与各委员的联络,协助委员调研和获取与拟议事项相关的资料,整理委员提出的意见建议,向委员反馈意见采纳情况,协调和组织会务,起草会议纪要以及资料立卷归档等。

第七条 公众咨询监督委员会享有以下权利:

(一)完整地知晓与拟议事项相关的所有情况;

(二)收集并如实地反映各利益相关群体的意见、建议;

(三)与政府主办部门会商、讨论与决策事项相关的议题;

(四)督促政府主办部门充分听取和吸纳市民合理意见和建议;

(五)向媒体和社会公众通报、说明相关情况。但政府主办部门明确暂时不宜公开的信息除外。

第八条 政府主办部门应为公众咨询监督委员会委员查阅相关资料、开展调查研究、了解相关情况提供必要的便利。

政府主办部门应充分尊重公众咨询监督委员会的意见和建议,对委员会提出的意见建议无论采纳与否均应及时反馈。委员会提出的意见建议因故未能采纳的,政府主办部门应如实向其说明理由。

政府主办部门将决策草案提交给专家论证、政府法制机构进行合法性审查、领导集体讨论时，应同时以书面形式提交公众咨询监督委员会的意见、建议详情及其采纳情况，并作必要的说明。

第九条　公众咨询监督委员会委员的产生应本着公开、透明的原则，依照以下方式进行：

（一）专业人士可由个人自愿报名，或由高校、科研机构和行业协会推荐，也可由政府主办部门邀请；

（二）利益相关方代表可由利益相关群体中的个人自愿报名，或由利益相关群体或利益相关法人、机构推荐；

（三）市民代表由个人自愿报名；

（四）人大代表、政协委员由人大和政协推荐。

公众咨询监督委员会委员由政府主办部门从报名者、被推荐者中遴选，并向社会公示，经公示无异议后确定。确定后的名单向社会公告。

公众咨询监督委员会委员因故退出委员会的，按退出者所属界别，从原自愿报名者、被推荐者中遴选递补。

第十条　公众咨询监督委员会委员应符合以下条件：

（一）有较强的社会责任感，能够客观真实地反映意见；

（二）热心社会公益事业，有奉献精神；

（三）有足够的时间和精力参与委员会活动并完成相关工作；

（四）专业人士为决策事项所涉专业的专家、学者，或有长期从业经验的其他类别专业技术人员；

（五）利益相关方代表为与决策事项有直接利益关系的个人或法人、机构的代表。

第十一条　公众咨询监督委员会委员自愿参与并义务从事公众咨询监督委员会活动，可按次领取误餐和市内交通补贴，补贴标准参照市有关规定执行。

第十二条　公众咨询监督委员会委员享有以下权利：

（一）查阅相关档案资料、应邀列席政府相关会议、组织和参加相关调研，以完整掌握拟决策事项的情况；

（二）就相关议题充分表达意见、提出建议；

（三）非经本人请辞或因第十四条第二、三、四、五款规定的情形，政府主办部门不得以其他任何理由取消其委员资格。

第十三条 公众咨询监督委员会委员在充分享有知情、参与、表达意见等诸项权利的同时,应当履行以下义务:

(一)按时参加委员会会议及相关活动;

(二)积极收集民情民意,据实反映市民各种声音、意见和诉求。负责、公正、主动提出意见,认真建言谋策;

(三)不以任何形式、任何渠道公开发布政府主办部门明确暂时不宜发布的信息;

(四)不得利用公众咨询监督委员会委员身份从事、参与商业活动或其他任何形式的营利性活动。

第十四条 有下列情形之一的,经公众咨询监督委员会会议决议,可取消其委员资格,并向社会公布:

(一)本人要求请辞的;

(二)连续两次或两次以上无故缺席委员会活动的;

(三)拒不履行委员义务,不适合继续担任委员的;

(四)滥用委员身份,造成严重不良影响的;

(五)因严重违纪或违法行为受到司法处分的。

第十五条 成立公众咨询监督委员会征询民意的事项,法律、法规、规章规定需要听证的,应当依照法律、法规、规章的规定,履行听证程序。

第十六条 应依而未依本规定征询民意的重大民生决策事项,不得提交领导集体决策。

第十七条 公众咨询监督委员会所需活动经费,包括专项会议和本地调研活动经费,委员会成员误餐、市内交通补贴,经委员会主任确认、政府主办部门负责人审批后,在政府主办部门部门预算中列支。

第十八条 本规定自 2015 年 10 月 1 日起施行,有效期 5 年。本市之前行政规范性文件与本规定不一致的,按本规定执行。

广州市人民政府办公厅秘书处 2015 年 8 月 13 日印发

附录四　广州市重大民生决策公众意见咨询委员会工作规定

第一条　为进一步规范公众参与重大行政决策过程,提高政府行政决策的科学性、民主性和准确性,全面推进法治政府、服务型政府、责任政府建设,根据《中共广东省委办公厅广东省人民政府办公厅关于开展为民办事征询民意工作的指导意见》(粤办发〔2012〕18号)、《广州市重大行政决策程序规定》(市政府令第39号)及相关规定,结合工作实际,制定本工作规定。

第二条　公众意见咨询委员会是政府重大民生决策征询民意制度的重要实现形式,是政府决策过程中问政于民、问需于民、问计于民,尊重并保障公众知情权、参与权、表达权的重要载体和平台。

第三条　关系市民切身利益且涉及面广的重大民生决策事项,可成立公众意见咨询委员会,先征询民意后作决策。重大民生决策事项具体包括:

(一)政府提供基本公共设施和服务保障重大政策措施的制定与调整;

(二)政府保障重要民生事项的财政资金安排及社会筹集资金使用方案;

(三)涉及群众利益的重要区域(专项)规划和重大城乡基础设施建设;

(四)涉及群众切身利益的土地利用、征地拆迁、环境保护、劳动就业、社会保障、人口计生、文化教育、医疗卫生、食品安全、住房保障、交通运输、城市管理、社会治安等方面的重大政策的制定与调整;

(五)其他与人民群众利益密切相关、社会涉及面广、需要广泛征询民意的民生决策事项;

(六)市民提议设立,且经政府主办部门同意设立公众意见咨询委员会的其他决策事项。

具体决策事项是否属于上述范畴,政府主办部门不能确定时,应商政府法制机构确定。

第四条 公众意见咨询委员会由专业人士、利益相关方代表、市民代表、人大代表和政协委员组成。

公众意见咨询委员会成员一般不少于 15 人，其中利益相关方代表不少于 1/3。

第五条 公众意见咨询委员会针对具体决策事项，遵循"一事一会"的原则，由主办决策事项的政府部门发起，于决策事项拟议阶段成立，至决策完成时终止。

政府主办部门发起成立公众意见咨询委员会时，应在本地电视、平面媒体和该部门官方网站发布公告，并同时公布收集公众意见、反馈和公布征询意见结果的渠道，包括但不限于官方网站网址、办公地址和办公电话等。

当决策事项完成时，由发起成立公众意见咨询委员会的政府部门宣布该委员会终止。

第六条 公众意见咨询委员会设主任 1 名、副主任若干名，由委员会全体成员选举产生，负责领导和组织委员会自主开展工作。

公众意见咨询委员会可下设秘书处或办公室，由政府主办部门指定工作人员协助主任、副主任开展日常运作，包括与各委员的联络、协助委员调研和获取与拟议事项相关的资料、整理委员提出的意见建议、向委员反馈意见采纳情况、协调和组织会务、起草会议纪要以及资料立卷归档等。

第七条 公众意见咨询委员会享有以下权利：

（一）完整地知晓与拟议事项相关的所有情况。

（二）收集并如实地反映各利益相关群体的意见、建议。

（三）与政府主办部门会商、讨论与决策事项相关的议题。

（四）督促政府主办部门充分听取和吸纳市民合理意见和建议。

（五）向媒体和社会公众通报、说明相关情况。政府主办部门明确暂时不宜公开的信息除外。

第八条 政府主办部门应为公众意见咨询委员会委员查阅相关资料、开展调查研究、了解相关情况提供必要的便利。

政府主办部门应充分尊重公众意见咨询委员会的意见和建议，对委员会提出的意见建议无论采纳与否均应及时反馈。委员会提出的意见建议因故未能采纳的，政府主办部门应如实向其说明理由。

　　政府主办部门将决策草案提交专家论证、政府法制机构合法性审查、领导集体讨论时,应同时以书面形式提交公众意见咨询委员会的意见、建议详情及其采纳情况,并作必要的说明。

　　第九条　公众意见咨询委员会委员的产生应本着公开、透明的原则,依照以下方式进行:

　　(一)专业人士可自愿报名,或由高校、科研机构和行业协会推荐,也可由政府主办部门邀请;

　　(二)利益相关方代表可由利益相关群体中的个人自愿报名,或由利益相关群体或利益相关法人、机构推荐;

　　(三)市民代表自愿报名;

　　(四)人大代表、政协委员由市人大常委会和市政协推荐。

　　公众意见咨询委员会委员由政府主办部门从报名者、被推荐者中遴选,并经向社会公示无异议后确定。确定后的名单向社会公告。

　　公众意见咨询委员会委员因故退出委员会的,按退出者所属界别,从原自愿报名者、被推荐者中遴选递补。

　　第十条　公众意见咨询委员会委员应符合以下条件:

　　(一)有较强的社会责任感,能够客观真实地反映意见;

　　(二)热心社会公益事业,有奉献精神;

　　(三)有足够的时间和精力参与委员会活动并完成相关工作;

　　(四)专业人士为决策事项所涉专业的专家、学者,或有长期从业经验的其他类别专业技术人员;

　　(五)利益相关方代表为与决策事项有直接利益关系的个人或法人、机构的代表。

　　第十一条　公众意见咨询委员会委员自愿参与并义务从事公众意见咨询委员会活动,可按次领取误餐和市内交通补贴,补贴标准参照市有关规定执行。

　　第十二条　公众意见咨询委员会委员享有以下权利:

　　(一)查阅相关档案资料、应邀列席政府相关会议、组织和参加相关调研,以完整掌握拟决策事项的情况;

　　(二)就相关议题充分表达意见、提出建议;

（三）非经本人请辞或因第十四条第二、三、四、五项规定的情形,政府主办部门不得以其他任何理由取消其委员资格。

第十三条 公众意见咨询委员会委员在充分享有知情、参与、表达意见等诸项权利的同时,应当履行以下义务:

（一）按时参加委员会会议及相关活动。

（二）积极收集民情民意,据实反映市民各种声音、意见和诉求。负责、公正、主动提出意见,认真建言谋策。

（三）不以任何形式、任何渠道公开发布政府主办部门明确暂时不宜发布的信息。

（四）不得利用公众意见咨询委员会委员身份从事、参与商业活动或其他任何形式的营利性活动。

第十四条 有下列情形之一的,经公众意见咨询委员会会议决议,可取消其委员资格,并向社会公布:

（一）本人要求请辞的;

（二）连续两次或两次以上无故缺席委员会活动的;

（三）拒不履行委员义务,不适合继续担任委员的;

（四）滥用委员身份,造成严重不良影响的;

（五）因严重违纪或违法行为受到司法处分的。

第十五条 成立公众意见咨询委员会征询民意的事项,法律、法规、规章规定需要听证的,应当依照法律、法规、规章的规定履行听证程序。

第十六条 应依而未依本规定征询民意的重大民生决策事项,不得提交领导集体决策。

第十七条 公众意见咨询委员会所需活动经费,包括专项会议和本地调研活动经费,委员会成员误餐、市内交通补贴,经委员会主任确认、政府主办部门负责人审批后,在政府主办部门的部门预算中列支。

第十八条 本规定自印发之日起施行,有效期3年。现有公众意见咨询平台一律纳入本规定管理,本市之前行政规范性文件与本规定不一致的,按本规定执行。

广州市人民政府办公厅秘书处 2018 年 4 月 9 日印发

后 记

　　同德围综合整治曲折辗转。在喧嚣的城市中，蜿蜒起伏的南北高架桥缓解了当地居民的出行困扰。经过居民协商促成和推进的各项治理措施，汇聚了周边的悠悠民意，浓缩了旧城改造的艰难，体现出共建共治共享的城市治理智慧。同德围综合整治中的地方治理价值，值得珍视。

　　感谢在写作中给予我帮助的每个人。感谢张跃国先生的指导，感谢杨再高先生的修改意见。感谢韩志鹏先生、李伟庭先生数次接受访谈调研。感谢孙占卿博士、彭林博士和邢照华博士的交流启发。感谢罗雪飞博士提供的参考书目。感谢甘世恒先生提出的写作规范指引。感谢陈莉春女士数次校对，感谢赵静波先生的修改建议。文稿的不妥不达之处，由我本人负责。

　　感谢我的家人。

赵竹茵

2019 年 7 月